DRC
国务院发展研究中心 研究丛书2015
Development Research Center of the State Council

丛书主编 • 李 伟

引入农产品目标价格制度的理论、方法与政策选择

秦中春 著

THE THEORY, METHOD AND POLICY CHOICE ON
ESTABLISHING
THE TARGET PRICE SYSTEM
OF AGRICULTURAL PRODUCTS

中国发展出版社
CHINA DEVELOPMENT PRESS

图书在版编目（CIP）数据

引入农产品目标价格制度的理论、方法与政策选择/秦中春著.
北京：中国发展出版社，2015.8
（国务院发展研究中心研究丛书.2015／李伟主编）
ISBN 978-7-5177-0362-4

Ⅰ.①引… Ⅱ.①秦… Ⅲ.①农产品价格—价格制度—研究—中国 Ⅳ.①F323.7

中国版本图书馆 CIP 数据核字（2015）第 169236 号

书　　　名：引入农产品目标价格制度的理论、方法与政策选择
著作责任者：秦中春
出 版 发 行：中国发展出版社
　　　　　　（北京市西城区百万庄大街 16 号 8 层　100037）
标 准 书 号：ISBN 978-7-5177-0362-4
经　销　者：各地新华书店
印　刷　者：北京科信印刷有限公司
开　　　本：710mm×1000mm　1/16
印　　　张：21
字　　　数：252 千字
版　　　次：2015 年 8 月第 1 版
印　　　次：2015 年 8 月第 1 次印刷
定　　　价：50.00 元

联 系 电 话：(010) 68990642　68990692
购 书 热 线：(010) 68990682　68990686
网 络 订 购：http://zgfzcbs.tmall.com//
网 购 电 话：(010) 68990639　88333349
本 社 网 址：http://www.develpress.com.cn
电 子 邮 件：fazhanreader@163.com

版权所有·翻印必究

本社图书若有缺页、倒页，请向发行部调换

DRC

2015
国务院发展研究中心研究丛书
编 委 会

主　编：李　伟

副主编：张军扩　张来明　隆国强　王一鸣　余　斌

编　委：（按姓氏笔画为序）

丁宁宁　马　骏　王一鸣　卢　迈　叶兴庆

包月阳　吕　薇　任兴洲　刘守英　米建国

贡　森　李　伟　李志军　李善同　余　斌

张小济　张军扩　张来明　张承惠　陈小洪

赵昌文　赵晋平　侯永志　夏　斌　高世楫

郭励弘　隆国强　葛延风　程秀生　程国强

总 序

推进高端智库建设　引领中国经济新常态

国务院发展研究中心主任、研究员　李伟

去年，中央提出我国经济发展进入"新常态"的重要判断。认识新常态，适应新常态，引领新常态，成为当前和今后一个时期我国经济发展的大逻辑。

一年来，面对错综复杂的国际国内环境，在经济下行压力加大、经济发展结构性矛盾凸显的形势下，党中央、国务院带领全国各族人民和干部群众，全面贯彻党的十八大和十八届三中、四中全会以及中央经济工作会议精神，坚持稳中求进的工作总基调，加强和创新宏观调控，深入推进改革开放，力求实现稳增长、促改革、调结构、惠民生、防风险的综合平衡。同时，重点推进"一带一路"、京津冀协同发展、长江经济带重大发展战略，大力推进"中国制造2025"的工业强国战略和"互联网+"行动计划，鼓励和促进"大众创业、万众创新"。这些战略部署和政策措施取得了积极成效，在一定程度上对冲了经济下行压力。从今年上半年各项经济指标看，经济增长与预期目标相符，结构调整继续推进，农业形势持续向好，发展活力有所增强。同时，经济下行压力依然较大，一些企业经营困难，经济增长新动力不足和旧动力减弱的结构性矛盾依然突出，需要我们继续保持战略定力，持之以恒地推动经济结构战略性调整；

同时加强危机应对和风险管控，及时发现和果断处理可能发生的各类矛盾和风险。

一年多来，国务院发展研究中心对我国经济进入新常态问题进行了深入研究。我们认为，新常态是我国经济运行度过增速换挡期、转入中高速增长后的一种阶段性特征。我国经济发展进入新常态，符合后发追赶型国家经济发展的一般规律，是后发优势的内涵与强度、技术进步模式发生变化后的必然结果，其实质是追赶进程迈向更高水平的新阶段。

新常态下的经济发展，增长速度已经不是核心问题，关键是要提质增效。只有做好认识新常态、适应新常态、引领新常态的大文章，才能实现我国经济向形态更高级、分工更复杂、结构更合理的阶段转换。而实现这一阶段转换的重要标志，一是经济体制改革的阶段性任务基本完成，二是结构调整及发展方式转变取得实质性进展，三是新的经济增长动力基本形成。如果不能完成这样的转换，我们的"两个一百年"目标将很难实现，也难以跨越类似一些拉美国家曾经遭遇的"中等收入陷阱"。

新常态下，风险、挑战与机遇并存。一方面，我们要看到，过去30多年中国经济在快速增长的同时，也积累了不少风险。在经济快速增长时期这些风险往往被掩盖，一旦速度降低后可能会逐渐暴露出来。制造业严重的产能过剩问题，面临资产重组和结构调整，不可避免地会引发产业更替、企业劣汰、员工转岗。在地方政府性债务、影子银行、房地产、企业互联互保等方面都潜伏着不少风险，"高杠杆、泡沫化"，最终都会向财政金融领域聚积。同时，当经济达到中等收入水平之后，不仅经济问题会更加复杂，政治、社会问题也会更加突出。人们的温饱问题基本解决之后，就会对公平、正义提出更高的要求，相应的政治诉求也会不断提升，过去长期存在的贫富差距问题、腐败问题、环境问题、食品安全问题、社会信用缺失问题等，都有可能成为引发社会动荡的诱因。一旦社会稳定不能得到有效维持，追赶进程就会被迫放缓甚至中断。

在看到风险与挑战的同时，我们更应重视新常态下蕴藏着的新机遇。经济发展进入新常态，没有改变我国发展仍处于可以大有作为的重要战略机遇期的判断，改变的是重要战略机遇期的内涵和条件；没有改变我国经济发展总体向好的基本面，改变的是经济发展方式和经济结构。经济结构调整难免阵痛，但调整成功了就会提升资产质量，提升产业结构，并创造新的工作岗位和更大的价值。虽然一些传统产业需求饱和了，面临转产调整，但一些新兴技术、新的业态和新的需求正在涌现，供给创造需求的空间十分巨大。虽然国际市场对我国传统出口商品的需求增长放缓了，但我们利用装备能力、产业配套能力和资本输出等优势，在新一轮国际分工中，迎来向产业链中高端迈进的历史机遇。保护环境、治理污染表面看会增加成本，但提供需求快速增长的生态产品，走低碳、绿色发展道路，环保技术、新能源等领域则会带来新的增长动力。

总之，中国经济发展所处的新常态，既是由过去时发展而来的现在时，更是蕴含着巨大变革和创新活力，迈向历史发展新阶段的未来时。在这个演化过程中，认识新常态很重要，适应新常态也很重要，但更重要的是引领新常态，推动中国经济发展迈上新台阶。作为直接为党中央、国务院重大决策提供研究咨询服务的智库机构，国务院发展研究中心应该、也有信心能够对此发挥重要而独特的作用。

当前，国务院发展研究中心自身的建设与发展正在迎来一个新的历史机遇期。继2013年4月和2014年1月习近平总书记两次对国务院发展研究中心有关智库建设工作的报告作出重要批示之后，今年1月中办、国办公布的《关于加强中国特色新型智库建设的意见》将中心列为第一批国家高端智库建设试点单位，同时又列为负责联系协调智库的党政所属政策研究机构。我们深感使命光荣、责任重大、前景广阔。

在这样的背景下，"国务院发展研究中心研究丛书"连续第六年与读者见面了。今年的中心研究丛书包括19部著作，集中反映了过去一年多中心的优秀研究成果。其中，《信息化促进中国经济转型升级》全面、深入地研究了新一代信息技术正在对产业结构产生的深刻影响，分析了信息化推动中国经济转型升级的有利条件与挑战，并提出了实施信息化推动经济转型升级的"2+2"战略及政策建议，有助于人们理解和落实2015年政府工作报告提出的"互联网+"和"中国制造2025"战略；《国家（政府）资产负债表问题研究》《支撑未来中国经济增长的新战略性区域研究》等10部著作，是国务院发展研究中心各研究部（所）的重点研究课题报告；还有8部著作是优秀招标研究课题报告。

不久前，国务院发展研究中心刚刚度过了35岁生日，正从"而立"走向"不惑"。根据我们已经上报中央的国家高端智库建设试点方案，中心将实施"政策研究与决策支持创新工程"，推进研究提质、人才创优、国际拓展、保障升级四大计划。我们真诚地欢迎读者朋友们对这套丛书不吝批评、指正，提出宝贵的意见和建议；并热切地期待在今后的工作中继续得到社会各界的关心、支持与帮助，使我们在建设国际一流的中国特色新型智库、服务于改革开放和经济社会发展、推动国家治理现代化的道路上不断进步，为国家、为社会作出更大的贡献。

2015年8月1日

目录 Contents

内容摘要 / 1

第一章
问题的提出与新型制度框架的建构
一、我国农产品市场流通形势发生重要变化 / 6
二、我国农产品市场运行面临深层次问题 / 11
三、引入农产品目标价格制度的问题 / 16
四、问题的根源 / 18
五、国家既要解决问题，又不能出现新问题 / 23

第二章
农产品市场价格形成机制的特殊性
一、蛛网现象：农产品供给调节需要相当时间 / 28
二、固定价格：价格管制必然发展到数量管制 / 31
三、激励悖论：市场机制存在激励不相容问题 / 34
四、价格从属：价格本身不是目标而只是手段 / 36

第三章
国外农产品目标价格制度的主要做法
一、发达国家主要情况 / 41

二、典型做法——以美国为例 / 44
三、基本的经验教训 / 58

第四章
国内农产品目标价格制度的重要探索
一、我国探索总体概况 / 66
二、新疆棉花目标价格制度改革试点 / 67
三、黑龙江大豆目标价格制度改革试点 / 124
四、苏州粮食收购价外补贴制度 / 136
五、北京生猪价格指数保险制度 / 161
六、上海绿叶菜成本价格保险制度 / 171
七、张家港蔬菜价格指数保险制度 / 191
八、对现行探索的总体评价 / 205

第五章
引入农产品目标价格制度的基本原理
一、基本思想：市场决定价格，政府决定补贴 / 219
二、基本观念：基于有限政府，帮助分担损失 / 222
三、基本定义：一种补贴合约，参加条件严格 / 226
四、基本模型：一种长效机制，内在自动平衡 / 235
五、基本形式：适应不同情况，四种制度安排 / 247

第六章
引入农产品目标价格制度的科学方法
一、主要的影响因素：考虑三个方面 / 250
二、涉及的关键问题：突破六大难题 / 254
三、关键问题的解决：作为在边际上 / 261
四、主要方法的选择：显示隐含条件 / 264

第七章
引入农产品目标价格制度的合理政策
一、政策目标：市场的归市场，政府的归政府 / 269

二、改革原则：问题导向，总体设计，长期运作 / 272
三、隐含前提：健全市场体系，完善市场服务 / 278
四、重要思路：保留临时收储，改造临时收储 / 282
五、重大举措：下决心转方式，建设基础数据 / 285
六、核心内容：财政、行政与社会改革相结合 / 287
七、关键支撑：建立票证管理系统，促进企业参与 / 289
八、长远方向：整合各种补贴资金，统一补贴项目 / 291
九、配套措施：法制化，资金拨备，经办系统，信息化 / 295

第八章
对降低农产品目标价格制度操作成本的政策建议

一、提高对农产品目标价格制度操作成本的认识 / 299
二、降低农产品目标价格制度操作成本的基本思路 / 302
三、对降低农产品目标价格制度操作成本的几点建议 / 309

致 谢 / 314
参考文献 / 316

内容摘要

本书是国务院发展研究中心2014年度副研以上招标课题"引入农产品目标价格制度的理论、方法和政策研究"的研究成果。

改革开放30多年来，我国农业农村经济发展取得重要成就，已经建立了一套基本完整的强农惠农富农的农业支持保护政策体系，这些政策在实践中发挥了重要作用。但随着社会经济条件和国内外发展环境的变化，这些政策也还存在不足或缺陷，亟须进行完善和创新。引入农产品目标价格制度是深化改革的一个重要方向。

本课题从深入界定引入农产品目标价格制度需要解决的问题入手，系统分析了农产品市场价格形成机制的特殊性，考察了国外农产品目标价格制度的主要做法，调查了国内农产品目标价格制度的重要探索，研究了引入农产品目标价格制度的制度设计原理，探讨了在引入农产品目标价格制度过程中解决关键问题的科学方法，提出了我国现阶段引入农产品目标价格制度的政策目标、改革原则、隐含前提、重要思路、重大举措、核心内容、关键支撑、长远方向和配套措施，以及降低农产品目标价格制度操作成本的政策建议。

课题研究发现,农产品市场价格形成机制存在明显的蛛网现象、固定价格和价格从属三大特殊性,存在着"农业增产减少悖论",导致在农业生产发展上形成激励不相容。国外农产品目标价格制度大致在20世纪70年代开始建立,它不是一个孤立或单独实行的制度安排。这个制度虽然促进了市场机制发挥作用并完善了农业支持保护政策,但也是有前置条件和成本代价的,目前在设计上并非完美无缺。国内目前对建立农产品目标价格制度的探索还比较有限,但内容非常丰富,试点试验产品涉及棉花、大豆、水稻、小麦、生猪、绿叶菜等,建立这些制度在实践中取得了重要成效,但也存在一些突出问题。主要是对市场失灵的可能性缺乏充分认识,简单放弃临储政策;对政府补贴的合理性缺乏科学认识,对参加者资格设定欠公平;对目标价格的条件缺乏明确界定,在科学合理性上存在差距;对个人补助的峰值缺乏必要限制,制约稀缺资源配置效率提高;对补贴标准的确定缺乏全面解释,对财政风险的化解存在不足,对基础数据的处理缺乏管理规范,在制度形式上以文件式政策为主,导致行政管控手段比较低效等。

课题研究认为,建立农产品目标价格制度的政策目标是要解决市场机制所不能解决的在利益分配上存在的失灵问题,以及与此相关的政府在解决问题上的失灵问题。这一制度的隐含前提是国家全面放开农产品市场交易,实行市场决定价格。制度的核心是实行政府决定补贴,补贴在价外筹资和给付。在这一制度中,尽管补贴资金在形式上是政府提供的,实际上不是最终来源于政府,政府的真正角色是一个中间人或公共管理服务者。对农民而言,所获得的补贴在本质上是从农产品消费者到农业生产者的一种转移支付,是对农业生产性努力在市场机制下无法获得基本回报提供的一种补偿,是国家对从事农业生产劳动、提供市场商品贡献者在农产品市场价格下降时所提供的一种补助。

课题研究指出，农产品目标价格制度的主要内容是一种具有特殊针对性的农业补贴制度。在建立制度过程中，要将政府的角色从全能政府转变为有限政府。在现实社会中，政府不是全能，农民不是傻瓜。在市场经济条件下，政府的能力和所掌握的可分配资源是有限的，只能做有限的事，但也要将有限的事做好和做到位；农民是理性的，在行为上既会有生产性努力，也会有分配性努力。在制度设计上，要将人作为制度设计的出发点和落脚点，将现实社会中具有复杂性的人作为参加者，将政策制定背后的思想和方法给老百姓说清楚和明白，宁愿多写一些内容把隐含条件明确化，也不省掉这些内容给人提供投机寻租空间。不是以简单的号召、规定和要求促进发展，而是要以严密设计的完整政策激励和保障发展，减少参加者在制度内进行投机寻租的可能性，保证制度设计科学、合理、公平和高效。

课题研究强调，农产品目标价格不是一种价格目标、预测价格或参考价格，而是一种政策性补贴价格计算标准；建立农产品目标价格制度的过程绝不是简单地由政府先确定一个价格然后就按差价进行补贴，而是一连串的行动；制度建立后，有补贴支付固然重要，但没有补贴支付的公共管理服务也很重要。农产品价格问题非常复杂。在农产品目标价格制度中，个人补贴由多方面因素决定，包括农业生产品种、农业生产区域、申请者个人身份、申报核准手续、农作物种植面积、农产品质量、农产品产量、农产品市场销量、农产品销售价格、农产品（生产）目标价格、农产品（消费）目标价格、农产品消费品种、国家财政可支付能力、个人补贴调节系数、个人直接补贴限额、年度总体补贴权利份额、政府补贴实际筹资、政府补贴支付方式等。

相比面积和产量，销量更能准确地反映农业生产者的商品贡献并且可通过下游市场交易方来查实，是决定补贴数量的重要依据。此外，在确定个人补贴过程中，引入个人补贴调节系数、个人直接补贴限额、年度总体补贴权利份额、政府补贴实际筹资、政府补贴支付方式也是非常重要的。在制度设计上，国家要建立一种长效机制，通过对农业生产经营者由于农产品生产价格下降产生的市场损失按照约定条件和程序提供限额补助，对低收入贫困群体由于农产品消费价格上升产生的市场损失按照约定条件和程序提供限额补助，实现一定时间周期内实际财政支出负担和需要进行农业补贴的金额保持内在自动平衡。

　　课题研究建议，对现有的农业政策框架要实行保留、取消与修改相结合，合理引入条件，逐步建立农产品收购市场全面放开制度、农产品最低收购价及临时收储制度、农产品目标价格制度"三位一体"的新型管理制度总体框架。在实践中，要将农产品目标价格制度的具体内容设计为一个长期稳定实行、详细明确规定前提条件和隐含条件的农产品市场损失补助制度，将制度形式从文件式转变为法案式。转变政策设计理念，对农产品目标价格以及目标价格制度的内容进行严格而规范的解释。以周期为长度，以大数据为支撑，按照限额交易合约方式，对参加者在制度内申领补贴过程中的定性、定损、定量、定补和定责的条件和内容进行准确、明确而细致的规定。对农产品加工者、仓储保管者、物流运输者、市场建设管理者和中介服务组织等的资质审查和在制度内的责任进行准确、明确而细致的规定。将政策条件规定得科学合理且具有可操作性，将管理流程设定得环环相扣且高效运转，将参加者的投入回报结合起来，实现激励相容，让参加者和政府都在严格的条件约束下办事。这些条件在制度内容中充分显示出来，而显示这些条件以及相应要求就使制度形式从党和政府的文件转变为国家法案，可以降低两个不确定性（行为上的不确定性和结果上的不确定性），提高制度设计的科学性和制度实施的有效性。

本课题研究的创新：一是将政府的可用财政投入作为一种稀缺资源，将人作为制度设计的出发点和落脚点，将促进人的生产性努力并保护其获得报酬作为目标，将农产品目标价格制度的性质归类为具有特殊针对性的一种农业补贴制度并具体化为农产品市场损失补助制度；二是将农产品目标价格制度作为一种限额交易合约，将国家作为一个有限责任政府，将参加者作为现实社会中既可能诚实守信又可能投机寻租的复杂人，推进政策形式从文件式转变为法案式；三是将建立农产品目标价格制度作为手段而不是目的，提出实行问题导向、总体设计和长期运作，健全市场体系、完善市场服务，保留临时收储体系、改造临时收储制度，下决心转方式、建设基础数据，推进财政改革、行政改革和社会改革相结合，建立高效票证管理系统，促进企业参与，整合各种补贴资金、统一补贴项目，加强法制化、资金拨备、经办系统、管理信息化和责任追究等措施综合配套。

第一章
问题的提出与新型制度框架的建构

改革开放30多年来,我国农业农村经济发展取得重要成就,已经建立了一套基本完整的强农惠农富农的农业支持保护政策体系,这些政策在实践中发挥了重要作用。但随着社会经济条件和国内外发展环境的变化,这些政策也还存在不足或缺陷,亟须进行完善和创新。引入农产品目标价格制度是深化改革的一个重要方向,但并非引入农产品目标价格制度就能完全解决问题。我国在建立农产品目标价格制度的过程中,需要在思想、理论和方法上进行整体创新,既要解决市场机制所不能解决的在利益分配上的失灵问题,也要解决与此相关的政府在解决问题过程中存在的失灵问题。

一、我国农产品市场流通形势发生重要变化

自2004年以来,我国粮食生产实现"十一连增",农民收入增长实现"十一连快",农业政策改革取得重要成功,做出了重大贡献,但随着国内外市场形势的不断变化,农产品价格运行也面临深层次矛盾和突出问题,出现了最低收购价格"不最低"、临时收储"不临

时"。特别是以棉花为代表的部分农产品价格已经"破顶",国内价格显著高于国际价格,不仅造成国内储备高企和财政损失,而且冲击到整个纺织业的健康发展。在国内农产品价格超过国际市场价格成为常态后,现行的托市收购方式问题很大,隐含了巨大风险。由于农产品价格改革问题具有复杂性,关系粮食安全,关系农民收入,关系民生福利,关系经济长期增长,关系社会和谐稳定,应着眼长远、全局、战略、综合,加快解决当前我国农产品市场流通中存在的深层次矛盾和问题,改革创新国家农业支持保护制度,具有重要性和紧迫性。

(一)农业生产率提高,年度性、结构性和地区性产品过剩增多

改革开放以来,我国农业生产水平持续提高,在差不多同样的土地上,粮食和主要农产品产量大幅增长,目前农产品市场供应非常充足,而且品种丰富多样。发生这种变化的重要原因是农业生产的经营主体、发展方式、品种结构和制度环境发生了重大变化,核心是农业生产率大幅提高。由于这种农业生产率的提高,改变了过去农产品供求关系以供不应求为主的性质和状态,增加了农产品供求关系的多样性和复杂性。现在的环境条件不是过去的环境条件,现在的农民不是过去的农民,现在的农村不是过去的农村,现在的农业不是过去的农业,工业化、城市化快速发展,私人和国家对农业发展的投资都不断增加,农业生产发展大量使用新知识、新技术和新要素,农业科技进步贡献不断增大,农业资源配置效率显著提升,过去农产品供给绝对短缺的状况发生根本改变。但农民之间的差异还很大,发展不平衡,农业投入和回报之间既有一致的时候,也有不一致的时候。特别是农产品的供求关系不断变化和复杂化,对农业生产积极性影响和冲击很大,有时候是阶段性供不应求,有时候是阶段性供过于求,有时候是

全面性供求失衡，有时候是结构性供求失衡，有时候是供求数量和价格反应同步，有时候是供求数量变化与价格反应不同步。

(二) 农产品消费结构升级，社会需求更高、更广和更多

农业是国民经济的基础，承担着为每个人的生活提供最基本的食物来源、为工业提供纺织品加工原料和为社会提供生态环境元素等农产品和相关服务的重要任务。农产品消费问题不仅是一个经济问题，而且是一个社会问题和政治问题。作为一个具有13亿人口的大国，新时期我国农产品消费日益多样化，农产品需求持续增长，要保障农产品供给充足而稳定，任务非常艰巨。随着人们收入水平的不断增长，不仅人人都需要有数量充足的农产品供应，而且对农产品供应的质量的要求也不断提高，对花色品种的要求不断丰富，在供应方式上要求不断提高效率。目前，尽管我国农业生产发展和整体经济发展取得重要成就，但人均国民收入总体还比较低，一般城乡居民对农产品价格上涨承受力不强，人多地少水缺，农村劳动力不断向非农产业和城镇转移，要保障农产品市场充分供应，压力很大。在工业化、信息化和城市化快速发展过程中，农业生产发展任务越来越重，促进农业生产稳定发展、持续提高农业综合生产能力始终是治国安邦的头等大事，始终是国家需要解决的重大问题，调动广大农业生产经营者从事农业生产的积极性，一刻也不能松懈。

(三) 农产品购销市场化，需要引入新的管理工具和管理方式

2004年以后，我国全面放开农产品市场购销，实际上已经引入了市场决定价格的机制。与以前相比，农产品的流通渠道、交易方式和定价都是自由的。总体上，从一个较长时间来看，目前我国农产品定

价机制已经发生根本变化，除了棉花等个别产品外，粮食等主要农产品价格的总水平及其变化是反映市场供求总量变化的，存在的主要问题是近几年来由于国际农产品价格回落而我国农产品价格不断上涨，国内外农产品价格水平接近，但我国农产品价格在管理上面向全球定价和调节，比较困难，在新形势下需要引入新的管理工具和创新管理方式。

一方面，实行市场经济并不意味着政府完全退出市场管理调节。市场有多种多样，我国农产品市场体系不完善，农产品加工和流通企业的国际经营力不足，目前市场机制在资源配置中还存在失灵现象，在市场失灵的地方，价格需要管控。另一方面，在市场经济条件下政府的能力是有限的，代理人的行为是复杂的，由于信息不对称的存在以及政策设计的缺陷等，国际上政府机制在资源配置中存在失灵现象，我国政府在干预市场行为上也存在失灵问题，比如国内棉花加工企业自主经营一度陷入困境，进口低价棉花占领市场，国产高价棉花加工后销售困难，经营者担心价格下降不敢采购等，这些失灵也需要改变。为了搞好我国农产品市场供求管理，既要顺势而为，继续放开农产品市场购销，发挥市场在资源配置中的决定作用，也要重视解决市场失灵问题以及由此引起的政府干预中的失灵问题。

（四）国内外市场一体化，国际投资、贸易和价格影响增大

我们处在一个快速变化的现代社会，大的趋势是从农业社会转变为以工业与城市为中心的社会，再发展到信息化社会，各国经济发展既相互独立，也相互依存，既有专业化、分散化和多样化，也有相互合作、联合和融合。目前我国已经加入世界贸易组织十多年，同时我国还加入了很多区域性经济贸易合作组织，农业对外开放程度很高，国内外两种资源和两个市场的发展加速迈向一体化，国际影响显著增

大。我国对国际市场的开放，连接了国内外资源，一方面为缓解我国农产品供求矛盾带来机会，另一方面也带来挑战。国际生物能源产业的大发展开辟了一个新的农产品需求市场。近几年国际农产品价格的总体高涨，拉动了世界农业生产整体增长。由于目前世界农业生产仍未摆脱天气因素的影响，天气因素变化是不可预知的，造成了世界农产品产量天然的不确定性，加上一些国家调整农产品进出口政策，加剧了农产品价格的大起大落，刺激了投机，放大了价格波动，干扰了价格信号，使世界农业生产和农产品价格发展变化难测。

（五）政府市场管理规范化，对公开、公平和公正要求更高

在现代社会市场经济条件下，社会分工日益深化、细化和复杂化，政府掌握和支配的资源是有限的，政府的能力和理性都是有限的，政府在农产品市场管理中的合理角色是代表国家，在有限责任政府框架内、按照公开、公平和公正的要求进行规范管理，以提高管理的科学性和有效性。2013年党的十八届三中全会做出的《中共中央关于全面深化改革若干重大问题的决定》和2014年党的十八届四中全会做出的《中共中央关于全面推进依法治国若干重大问题的决定》，都对深化政府管理体制改革提出了明确要求。这意味着，随着改革的深入和依法治国的推进，今后社会公众对政府在公共管理服务活动中遵循公开、公平和公正原则的要求更严、标准更高，今后政府对农产品市场流通的管理工作将更加趋于科学、合理和规范。近年来，我国农产品供求管理和价格支持方式改革成效显著，但目前仍然存在不足或缺陷，今后需要进一步改革完善。同时，在现代技术手段支撑下，国家通过引入新的管理理论和制度安排，一些过去无法实行的改革措施有可能可行，一些过去无法解决的问题有可能迎刃而解。

二、我国农产品市场运行面临深层次问题

（一）价格复杂，价格偏高和价格偏低都有问题

价格问题是农产品市场运行的核心问题，但目前一般学者和社会大众对农产品价格的认识还太简单，基本观点是农产品价格由市场供求关系决定并反作用于市场供求，只要农产品价格确定合理，整个市场机制就顺了。这一理论的隐含假设是市场合理价格是独立存在的或人们可以设计出一个理想价格。在社会现实中，农产品交易是多元化、多层次和多形式的，而不是标准化、简单和一次性的，农产品价格内生于具体的农产品交易，与农产品交易的具体情况紧密相关，农产品价格问题具有复杂性，不同的交易条件、不同的交易主体和不同的交易部位对农产品价格的要求都是不同的。在一般情况下，买农产品的人（普通消费者）希望价格越低越好，卖农产品的人（普通农民）希望价格越高越好。在特殊情况下，买农产品的人也有可能希望价格高一点而不是偏低（因为价格高的农产品品质好、有品牌、质量安全等），卖农产品的希望价格降低而非居高不下（因为农产品质量一般、存在市场过剩、需要获得现金收入等）。

换言之，在社会现实中，从公共管理角度看，其实没有所谓的严格科学意义上的合理价格，农产品价格的合理性是相对的而不是绝对的，是因人而异的而并非所有参加者完全一致同意的，是针对特定产品条件和市场条件严格限制的价格水平而不是泛指缺乏特定产品市场条件限定的价格水平，价格偏高和价格偏低可能都有问题。我国农产品价格平均水平过去长期偏低，目前国内外比较接近，未来应有所提高。但农产品生产形势、消费情况和国内外市场交易条件不断变化，

究竟提高多少、如何提高、哪些提高、哪些降低很难确定。此外，目前农产品价格的变化不仅受传统因素影响，而且受非传统因素影响。在开放的农产品市场上，如果农产品生产支持价格定高了，对农业生产者是有利的，可以激励农业生产，但对农产品消费者可能不利，消费者的购买力会因农产品价格提高而有所下降，有可能形成过剩性供求失衡，浪费社会稀缺资源。反之，如果农产品生产支持价格定低了，对农产品消费者是有利的，但对农业生产者不利，会制约农业生产发展，有可能会形成短缺性供求失衡，结果引发投机或寻租盛行，也会浪费社会稀缺资源。

（二）国际影响，未来我国农产品供求形势难以预测

目前我国农业发展和农产品市场已经对外开放，国内外两种资源和两个市场相互影响，我国很难完全按照过去行之有效的管理政策和简便易行的管理方法（比如粮食最收购价格制度和重要农产品临时收储制度）对国内农产品市场价格的发展变化进行适当调控和有效调控，在保护农民基本经营收益的同时，也保护社会消费者的基本利益，防控农产品市场价格的大幅波动。我国目前已经是世界上第二大经济体和人口最多的中等收入国家，我国的经济社会发展的各方面情况无时无刻不被世界上其他国家（包括大国和小国、发达国家和欠发达国家等）进行跟踪、分析、研究、预测和前瞻，我们制定和执行的任何农业政策在某种程度上不仅受国际市场较大影响，而且深刻影响世界市场。换言之，我国是一个大国，我们制定的农产品市场及价格管理政策只能是带有前瞻性、长期性、综合性、全局性和战略性的政策，而不能是带有投机性、短视性和临时性的政策，因为我们不可能进行投机或者很难从投机上获得好处。实践证明，在实行临时性、短视性和投机性的政策时候，对国家造成的经济损失非常大。我们在制定完善国内农产品市场管理及价格调控政策时，需要充分考虑国际市场农产品生产消费情况及其发展变化趋势，而国际农产品市场是不断变化的，存在很多不确定性及很大的投机性，由于我国对玉米、小麦、棉花、大豆等粮食和重要农产品的国际定价权有限，导致我国对农产品市场管理政策特别是价格调控政策的改革完善比较困难。

（三）农村分化，对不同经营主体发展利益需求要统筹兼顾

在工业化、城市化持续发展的背景下，我国农村劳动力持续减少，农村土地流转加快，农村经济基础发生重要变化，农民不再是均质化个体。现在的农民与过去有所不同，未来的农民与现在也会有所不同，一批跨国企业、工商资本和农村能人等看好农业发展前景，进入农村发展优质特色种植业、现代畜牧业、农产品加工业、农产品仓储运输业和现代农机作业服务等新产业。农村出现了一批经营能力比较强、经营规模比较大的新型经营主体，实行跨行业、跨地区和跨领域生产经营，引领农业现代化的快速发展，在整个农业农村经济发展中所占的比重不断增大，对完善国家农业支持保护政策提出了新的要求。

我国过去的农业政策比较注重扶持小农户，特别是支持保护小农户的基本经营收益。从发展趋势看，新型农业经营主体和过去的小农户的生产技术有所不同，政策需求也有所不同，在促进现代农业发展过程中，既需要支持保护小农户做大做强，促进其联合和合作，发展农业社会化服务体系，提高农业集约化经营水平，也需要支持新型经营主体的发展，帮助其融通资金、分散风险和提高产品质量安全水平，保障国家粮食安全和重要农产品供应保障安全。这种既要平等对待（体现公共政策的公平性）又要差别对待（更多考虑种养大户面临的

生产经营风险和长期可持续性）的发展政策需求，以及由此引起的对农业支持保护制度的改革创新在我国还是一个新领域，在制度设计上是比较复杂的，对制度实施过程的要求也比较高。

（四）企业不强，农民弱势，国家调控不能轻言退出

企业是市场经济的主体并决定了市场活力和市场效率。在发达国家，经过多年发展，农产品市场流通体系非常发达，农业企业经过市场竞争和兼并重组，已形成少数经营规模比较大和市场竞争力很强的品牌企业，在农产品收购、仓储、物流、分销和定价上具有较大影响力。我国农业产业化企业的发展历史较短，长期主要在国内市场打拼，与国际市场的跨国公司相比，农业经营的产品的范围窄、产业链短、品牌影响力低，农业经营的组织管理的现代技术支撑不发达，单个农产品经营企业的实力都还比较有限，市场竞争力非常有限。特别是不少主产区农产品流通企业实力弱，规模较小，仓储流通实力不足，加工程度不高，供应链不完善，融资困难，谈判力弱，与跨国企业差距很大，在国际竞争中处于弱势。有自主定价能力的产品和企业也极为有限，在农产品消费高端市场和整个农业价值链中所占的市场份额小。与农业企业相比，我国农民是弱中之弱，无论是在农业生产发展中，还是在农产品产后流通中，都离不开国家的大力支持保护。

总体上看，小农户仍是目前农业生产经营的最重要的主体，存在产后处理、运输、装卸、仓储和议价等多种困难，特别是在与流通企业的谈判中总体上处于弱势。农民数量多，农民之间差异化太大，商品生产经营规模小，产业化经营设施缺乏，组织化程度低，很多地方依靠经纪人提供购销服务，在农产品流通和价格谈判中处于弱势地位，所以国家对农产品市场运行不完善进行的调控作用绝不能轻言退出或简单退出。

(五) 政府有限，财政支付能力和行政管控能力均存不足

在市场经济下，政府具有支持保护农业发展的重要责任，但本身所占有的资源和所具备的能力也是有限的。在实践中，近年来国内外农产品市场发生巨大变化，这些变化已经逐步超越了政府的可预测和可控制能力，迫切需要对现行政策体系进行改革创新。目前我国以棉花为代表的部分农产品价格已经"破顶"，国内市场价格显著高于国际市场价格，不仅造成国内储备高企和财政损失，而且冲击到整个纺织业的健康发展。与发达国家的市场机制相比，我国政府承担的责任和参与的业务管理环节太多，公共财政可支付能力和行政可管控能力建设还比较滞后。在政府的公共管理工作中，农业支持方式还比较简单粗放，科学决策缺乏全面扎实的基础数据支撑，问题界定不深不准，制度设计不完善，参加者在制度内选择性执行或进行投机寻租的空间很大，造成制度执行结果偏差很多，稀缺资源使用存在浪费。

(六) 政策困境，粮食最低收购价及临时收储制度运行进退两难

我国从 2004 年开始建立粮食最低收购价制度，从 2008 年开始建立重要农产品临时收储制度。2005~2006 年、2009 年和 2012~2014 年，国家启动了籼稻最低收购价执行预案，2007 年、2012~2014 年启动了粳稻预案，2006~2009 年、2012~2014 年启动了小麦预案。2008 年、2012~2014 年，国家启动了玉米临时收储，2008~2013 年启动了大豆和油菜籽临时收储，2011~2013 年启动了棉花和食糖临时收储。这两个制度对增加农民收入、促进农业生产发展、保障市场供应、稳定价格水平发挥了重要作用。但这两个制度的补贴因素为价内补贴，

在实践中，由于国内外市场发生变化，其下一步实施都面临挑战。在这两个制度中，要保证制度合理运行的隐含假设是，国内价格低于或等于国际市场进口成本价，同时国内价格的确定本身要合理，否则就可能受到国际市场冲击。前几年，由于国际农产品价格发生大幅波动，我国农产品价格显著低于国际市场，国家"调控价格"主要考虑保护国内农民基本经营收益只增不减，对国际农产品价格的大幅波动及其影响估计和考虑不足，在政策操作中并没有实现"最低"和"临时"。目前我国农产品市场价格普遍高于国际价格，导致农产品进口快速增长，开始形成对价格变化合理性的扭曲和国际市场冲击，如果不及时引入对农民利益进行保护的新机制，下一步的农业生产发展、市场调控和政府支出将陷入进退两难的境地。

三、引入农产品目标价格制度的问题

（一）引入农产品目标价格制度是解决问题的一个重要方向

我国学术界从20世纪就开始研究农产品目标价格制度。在政策制定领域，2008年出台的《国家粮食安全中长期规划纲要（2008 - 2020）》就提出要探索研究目标价格补贴制度。2014年党中央、国务院1号文件明确提出，要探索建立农产品目标价格制度，主要内容是：继续坚持市场定价原则，探索推进农产品价格形成机制与政府补贴脱钩的改革，逐步建立农产品目标价格制度，在市场价格过高时补贴低收入消费者，在市场价格低于目标价格时按差价补贴生产者，切实保证农民收益；2014年，启动东北和内蒙古大豆、新疆棉花目标价格补贴试点，探索粮食、生猪等农产品目标价格保险试点，开展粮食生产规模经营主体营销贷款试点。2015年党中央、国务院1号文件提出，要总结新疆棉花、东北和内蒙古大豆目标价格改革试点经验，完善补贴方式，降低操作成本，确保补贴资金及时足额兑现到农户；积极开展农产品目标价格保险试点。

（二）引入农产品目标价格制度并不能完全解决问题

如果真是引入农产品目标价格制度就能容易地解决问题，这一制度恐怕早就开始实施了，不至于到现在才开始进行试点。多年来，我国无论在理论界，还是在政策制定领域，都对目标价格制度能否实施及其有效性都存在怀疑，目前也并未达成完全一致的意见。这个制度的内容非常特殊，在实践中存在很多隐含假设和前置条件，目前人们对它的理论认识并不完善。从研究文献看，学术界对农产品价格制度的解释主要集中在确定合理价格目标或者预测价格及参考价格上，这在理论上存在缺陷。因为如果是要政府制定价格目标或预测价格或参考价格，那就隐含着是政府定价，与党的十八届三中全会提出的让市场在资源配置中起决定作用和由市场决定价格是冲突的。同时，由于现实社会中的政府是有限政府，政府很难对价格的变化趋势进行准确预测，而且价格本身是多种多样的，以价格目标或预测价格为依据来进行管理缺乏合理性。如果对这个制度的理论解释不进行完善和创新，从制度设计上就难以根本解决问题，这在实践中将两面为难，不仅可能解决不了问题，而且可能会出现新的更难以解决的问题。

（三）我国建立农产品目标价格制度在设计上要进行创新

我国目前还没有完全建立农产品目标价格制度。建立这项制度对制度设计及其执行管理有严格的要求，否则很容易产生新问题。一是有可能制度设计存在缺陷，考虑因素太少。社会上对这项政策内容的认识不准确或存在偏差，认识简单，解释简化，忽视隐含假设条件的作用，忽视现实中的人的行为的复杂性，有可能造成舆论误导，使政府夹在不同品种、不同环节、不同地区、不同单位的人中间两面为难，引发社会不满或矛盾。二是有可能制度执行变样或困难，产生投机或寻租。制度执行效率不高，国家财政支付能力和行政管控能力不足，补贴不足、不到位、不准确、不及时，致使投机或寻租或违法犯罪，财政难以承受。三是有可能制度效果脱离目标预期，浪费政府稀缺资源。制度实施投入大，效果不佳，农产品市场流通混乱，价格有可能一哄而上，一哄而下，流通企业为了保险起见过于压低价格，增加政府补贴压力，小生产与大市场矛盾加深。

四、问题的根源

（一）市场有作用，但市场机制可能失灵

市场经济是一种开放经济，核心是参加者尊重对方、购销自由、资格开放、自主经营、自负盈亏、平等交易、各取所需和充分竞争，能够给高水平生产经营者提供更多机会，促进社会分工合作。在市场经济中，价格由参加市场交易的供需双方协商确定，合理的价格是一种均衡价格，价格一旦确定，只要需求和供给不变，它也保持不变，而如果需求和供给发生变化，价格也需要有所变化并反作用于供求重新实现均衡，价格因而具有刺激生产（弥补生产投入获得工资、薪金、利息和红利等）、供给资源（将价格定高一些自动地为消费者提供合理供给）和充当信号机（价格的变化指示有必要将资源从一种用途转移到另一种用途）的功能。市场机制的核心是市场交易价格的确定要放开并充分反映市场供求关系及其变化和充分反作用于市场供求

变化以调节生产分配活动，市场机制对稀缺资源的配置是重要的，但市场机制合理发挥作用也是有隐含假设条件的，如果相应条件不具备或存在一定缺陷，就有可能存在市场失灵（见表1-1）。

表1-1　　　　　　　现代经济活动中可能的市场失灵

主要问题	基本内容
经济不稳定问题	预期混乱
竞争缺乏问题	垄断盛行
外部性问题	溢出或相反
公共物品问题	供给不足
市场设施欠缺问题	交易成本高及无法交易
利益分配不合理	劳动增产不增收及亏损
信息和知识问题	逆向选择与道德风险

在现实社会中，对农产品市场流通和市场交易，不仅存在外部性问题，而且存在内部性问题，不仅有农产品购销、仓储、物流体系、市场设施、交易结构等是不完善和不健全的，还有信息不对称、垄断因素、不合理预期、投机炒作、利益分配不合理、交易短视等因素影响，这些都可能导致市场失灵。比如，农产品严重过剩出现物流周转障碍和农产品严重短缺会出现社会抢购，价格信息并不完全反映总体供求变化或者反映总体供求变化不完善，如果以这种价格信息为依据引导资源配置，就会存在错配。同时，农业生产经营状态和农产品市场供求关系是不断变化的，每时每刻都在变化，不同地点、品种、交易条件下的市场都有所不同或有所变化，导致价格信息本身具有复杂性，表面简单的价格变化背后其实隐含了纷繁复杂的不可比较的内容，如果简单地以价格数据的高低做决策有可能产生误导甚至南辕北辙。此外，在市场经济条件下，由于农产品需求弹性小，农业增产往往价格下降而不增收，这与人们的生产性努力发生矛盾，产生激励不

相容，形成"农业增产减收悖论"，如果不引入政府机制进行调节，对从事农业生产劳动的人员是非常不利的，结果也会反作用于农业生产发展，影响农产品市场稳定供应，损害消费者的福利。

（二）政府有作用，但政府行为可能失灵

在市场经济条件下，由于各种参加者的生产经营活动在决策上是分散的、在利益上是独立的，社会经济运行主要由"无形之手"引导调节，在很多领域、地区和条件下存在市场失灵。政府机制对于稀缺资源的配置和经济社会的发展也是重要的，主要功能是界定个人的行为空间、促进人与人之间的合理分工和相互合作、促进个人的生产性努力并保护其获得报酬、协调个人之间的矛盾和冲突、平衡人与人之间的利益关系、解决市场机制所不能解决的在利益分配上失灵的问题（如特定农业生产经营者因为农产品生产价格过度回落而可能破产形成有劳无获、特定低收入贫困群体因为农产品消费价格过度上涨而可能崩溃形成两极分化）、提供必要的公共管理服务、建立良好稳定的社会秩序和社会结构等。

但现实中，政府的能力有限和所能承担的责任有限。现代国家不是全社会收入和财富的所有者，政府代表国家所享有的可支配资源主要是公共财政，可分配资源是稀缺的或者非常有限的，社会分工日益复杂，不同个人之间的客观差异和主观需求相差悬殊，政府不可能或者很难充分掌握或理解个人的差异性情况、差异性需求并在资源配置上予以充分协调，同时政府工作人员之间参差不齐，政府负责人存在任期制，政府本身在公共管理活动中的理性也是有限的，加上市场经济中存在信息不对称、预测出错、政府行为被利益集团捕获等问题，导致政府在发挥作用过程中具有不完全能力，客观上存在政府失灵或

公共政策失败的风险。如果以一个简单假定或理想的全能政府的角色来考虑和设计现实中的农业政策，很有可能出现政府失灵，达不到预期效果，或者政策执行效果可能大打折扣甚至南辕北辙（见表1-2）。

表1-2　　　　　　　　现代经济活动中可能的政府失灵

主要问题	基本内容
政府的能力问题	政府本身所能直接支配的资源是有限的，公共财政资金和公共行政可管控能力是有限的
不完全信息问题	参加者之间的信息不对称，在交易之前和交易过程中隐瞒信息
激励约束问题	与私人不同，政府具有强制权，这些权力有可能被滥用。对工作人员的激励规则常常缺乏灵活性，在最有效招收和管理职员方面，政府能力一般是有限的
政府的浪费问题	政府工作机构和工作人员是代理人，有可能为了方便工作、减轻责任和增加福利而增加公共支出
政府预算和支出程序的效率问题	软预算约束，年度拨款程序，为执行严格的成本控制而执行的某些程序所具有的反效率作用
政府行动的意外后果问题	人的行为和社会发展具有不确定性，私人对公共项目的反应难以预料，政府行动对私人部门的激励可能产生意料之外的影响

（三）社会有作用，但社会机制可能失灵

在市场经济条件下，由于市场机制和政府机制可能存在失灵，社会机制对稀缺资源的配置和经济社会发展也是重要的，主要做法是加强社会规制，激发个人和单位的社会责任，严格遵章守纪，严守质量安全，严控机会主义，自觉按照现代公民社会、资源节约型社会和环境友好型社会的发展要求主动约束自己的生产经营行为或消费行为，积极从事社会服务、参与社会管理、提供社会救助、发展社会组织、建设服务社区，建立自愿服务、合作互助和扶贫济困体系等。

但引入社会机制发挥作用也是有隐含假设条件的，在管控不当时也有可能出现失灵（见表 1-3）。

表 1-3　　现代经济活动中可能的社会失灵

主要问题	基本内容
个人复杂，在个人行为上既会有生产性努力，也会有分配性努力	在个人及其家庭和单位申报补贴过程中很容易产生投机或寻租等分配性行为，影响资源分配
社会分化，人以类聚，形成利益冲突或矛盾	从环节社会发展到组织社会，形成不同的利益群体，差异扩大，各单位分离，产生政治压力
社会断裂，人际冷漠，产生彼此隔绝或分开	从环节社会发展到分散社会，部分人跟不上时代发展需要，被甩出去
社会组织官僚化，成为行政机构附属或垄断机构	在组织行为上政府化，追求垄断权力或资源，排斥他人
社会组织商业化，成为盈利性企业或私人组织	在组织行为上企业化，追求盈利或利润，公共事业淡化
社会组织政治化，成为社会压力或政府阻力	在组织行为上对抗化，干扰或诋毁政府作为和社会秩序

我国的社会建设总体上比较滞后，个人和单位的社会责任意识还不强，在申报政府补贴过程中普遍存在投机或寻租现象，对现代社会建设的参与能力不足、参与范围狭窄、参与行为复杂、参与发挥的作用有限。社会组织本身的发展受所在团体、社区、地缘、血缘、宗族等因素影响表现参差不齐，不同社会组织的发展背景、资产收益、运作机制和社会功能差异很大。以志愿者为代表的大量社区性、公益性社会服务组织已经在社会经济生活中发挥重要作用，但也有不少单位以社会组织名义跨界活动，带有很强的功利性、政治性或其他特殊性质，在实践中不仅没有发挥正能量作用，反而可能扩大社会差距、引发社会矛盾和影响社会稳定。从我国农产品市场运行发展的需要看，

在农业政策设计中需要发挥社会机制的重要作用，鼓励社会组织、个人和单位积极参与现代社会建设，但如果对社会组织、个人和单位在参与社会管理服务中的隐含假设条件和可能失灵重视不够，也有可能出现社会失灵，达不到预期效果或者说政策效果大打折扣甚至南辕北辙。

五、国家既要解决问题，又不能出现新问题

我国建立农产品目标价格制度在方法上具有特殊性。与西方发达国家不同，我国农村正处于快速分化阶段，农业从业人员数量大，占全部就业人员的比重目前还在30%上，农业生产经营规模小，农民收入低，农产品市场流通体系不健全，农产品生产、交易和价格统计不完善，小生产与大市场的矛盾仍然突出。如何在小生产基础上引入农产品目标价格制度是一个难题，这就需要在方法上进行突破。在引入制度过程中，需要深入界定问题，严格规定享受政府补贴的对象、范围、条件和要求，加强政府能力建设，建立专门的生产者、流通者、消费者登记备案制度和价格、成本、费用等调查统计报告制度。在我国，这就要加强市场建设管理和利用加工企业及部分国有企业的力量，与粮食最低收购价和重要农产品临时收储制度组合配套实施。

我国建立农产品目标价格制度需要在政策体系上进行创新。一方面，我国农产品流通管理体制市场化改革取得了很大成就，目前农产品市场购销已经全部放开，同时政府建立粮食最低收购价和重要农产品临时收储制度，对市场的调节也是有效的，这些政策在实践中尽管还存在不完善之处，但在经济上具有合理性，特别是符合中国国情，操作简单有效，不能简单抛弃，这些政策是下一步改革的重要基础。

另一方面，与西方发达国家不同，我国现行农业政策以文件形式为主，主要是从政府管理而不是合约治理角度考虑问题，对于政策实施过程中面临的投机或寻租问题以及可能出现的风险或危害重视不够，在制度设计上太简单，考虑因素太少，忽视现实社会的个人及单位在行为上的复杂性，忽视现实社会中的政府能力有限、理性有限、决策复杂和有可能犯错误等，对政府行为缺乏必要的限定和必要的保护。建立农产品目标价格制度是深化改革的方向，但对政策设计理念、政府的财政补贴能力和行政管控能力也提出了很高要求。如果政策设计和执行管理不周密和不严谨，不仅可能解决不了问题，反而可能会带来更大的新问题，特别是流通障碍、财政风险和社会风险问题等。

为确保既要解决问题又不能出现新问题，本课题从现代经济学特别是制度经济学的角度进行研究，深入界定问题，将人作为制度设计的出发点和落脚点，将制度作为一种限额交易合约，创新地提出了我国建立农产品目标价格制度的一套新思路、新方法和新框架。

（一）引入特殊补贴，明确制度内容

与一般的理论解释不同，本课题提出，在本质上，农产品目标价格制度不是一种价格支持制度或者政府定价调价制度，而是一项具有特殊针对性的农业补贴制度或者农产品市场损失补助制度。国家实行价（格）补（贴）分离，同时又将补贴与价格的变化联系起来，主要针对价格变化给符合政策法规要求的特定生产者和消费者造成的农产品市场损失提供限额补贴，补贴在价外运行，解决市场机制所不能解决的在利益分配上的失灵问题以及与此相关的政府在解决问题上的失灵问题。解决前一个问题的途径是政府要从价格以外进行补贴筹资和为符合条件的参加者提供补贴给付。解决后一个问题的途径是政府的

作为要讲究科学，强调规范量化和考虑细节，准确、详细而明确地规定及解释参加者的资格条件及其申报核准要求、补贴资金及个人支付标准从何而来、到哪里去、如何确定、如何平衡和如何调节，在个人补贴支付与国家财政投入之间建立内在关联和总体平衡关系。

（二）引入因果关系，区分两种制度

本课题提出，农产品目标价格制度是长期运作的制度。按照参加对象和补贴性质的不同，这种制度分为两种基本类型：一种是针对农业生产者的制度安排，实行有劳而获和因劳而获，主要是对从事符合政策要求的商品农产品经营生产者按照其对社会做出的劳动贡献提供市场损失补助，在制度实施中设立农产品（生产）目标价格并以此为依据进行定损、定量和定补，这种补助实际上是一种劳动报酬；另一种是针对低收入消费者的制度安排，实行无劳而获和因贫而获，主要是对符合政策要求的收入低于最低生活保障水平的消费者提供市场损失补助，在制度实施中设立农产品（消费）目标价格并以此为依据进行定损、定量和定补，这种补助实际上是一种低保救济。

（三）引入有限政府，界定政府角色

本课题提出，农产品目标价格制度是由有限政府组织实施的。在市场经济条件下，现实社会中的政府角色不是全能政府，而是有限财力、有限能力、有限理性、不可预知未来和有可能犯错误，政府只能代表国家在约束条件下做事，做有限的事，将有限的事规划好、设计好和组合好，将应做的每一件小事都做好，将做好的事向社会公开宣传披露。在制度设计上，政府对农民提供的补助是有限的，不是完全按照农民需求以及所谓的农产品目标价格与市场价格的差额进行补

助，而是以农产品目标价格与市场价格的差额为参考、结合财政实际筹资等确定年度补贴总体支付和对参加者个人实行补贴支付。

（四）引入交易合约，显示制度性质

本课题提出，农产品目标价格制度的性质是一种交易合约。但这种合约既不是自由交易合约，也不是管理交易合约，而是一种限额交易合约①。这种合约的参加者是有条件限制的，参加者在制度内的权利是有前提条件和隐含责任的。在这个交易合约中，一方是符合政策法规要求的农业生产者以及低收入消费者，申请参加制度并在约定条件出现时获得补贴，另一方是政府代表国家，核查申请者的资格条件和申报内容并按照约定条件和标准提供补贴。这个合约旨在提供一种国家进行农产品市场损失补助及促进农业生产者与农产品消费者之间以及普通消费者与低收入消费者之间进行利益平衡的渠道，符合条件的人自愿参加并接受核查，交易双方都是有限责任和有限权利，但这种责任和权利也是非常有效的，双方责权对等、互相尊重、平等互利和信守承诺，都在各自的约定权利及其条件和责任下严格办事。

（五）引入技术支撑，保障运行效率

本课题提出，农产品目标价格制度的高效运行离不开严格规范运作、现代技术支撑和配套措施保障。由于农产品目标价格制度的参加者多，不同参加者之间差异很大，在财政补贴的操作程序上涉及的环

---

① 制度的基础是交易，交易分为自由交易（讨价还价式的交易）、管理交易（命令式的交易）和限额交易（限定条件和限定标准的交易）三种类型，最早由美国制度经济学家康芒斯等提出。参见美约翰·R·康芒斯：《制度经济学》，商务印书馆1962年版。

制度的内容是一种合约，早期主要由美国制度经济学家威廉姆森等提出。参见［美］奥利弗·E·威廉姆斯：《资本主义经济制度》，商务印书馆2007年版。

节比较多且复杂，在制度的组织管理运行过程中需要推进规范化、标准化、信息化、网络化、数据化、定量化和高效化，利用现代化的新技术、新网络和相关配套措施提供保障，建立大数据支撑，解决对参加者在制度内进行投机或寻租进行管控的难题，提高制度运行效率，降低政策经办系统的组织管理成本。

（六）引入合约治理，管控不确定性

本课题提出，农产品目标价格制度的组织运行要实行合约治理。由于农产品市场价格是不断变化的，在农产品价格下降或低位运行情况下，按照农产品目标价格测算的对国家补贴资金的需要也是不断变化的，而国家财政资金在支出上实行预算管理制度，年度之间一般要求均衡负担，导致年度农产品目标价格制度的补贴需求和实际筹资客观上很难完全对等。要加强制度的顶层设计，实行合约治理，设立个人补贴权利份额等作为中间变量，明确参加者的相对产权（有条件的财产权利）而不是绝对产权（无条件的财产权利），将相关的隐含因素和逻辑联系充分显示，从而建立个人补贴支出和国家财政实际投入之间的内在一致性以及跨年度之间补贴资金实际筹资之间的均衡性。同时，通过完善合约内容，准确、详细、明确规定参加者的权利及条件和责任，实行依法治理，申请者自愿参加，在违约情况下要进行严格责任追究，控制交易行为的不确定性和交易结果的不确定性，保证目标价格制度实施的结果与制度设计的目标保持一致，从源头上减少制度实施中的矛盾和冲突，降低制度操作成本。实行依法治理和合约治理后，如果政府部门出现违约，老百姓可以到法院告政府并责成其履行责任。如果参加制度的老百姓及单位出现违约违规，政府部门也可以依法对其进行经济处罚、行政处罚以及到法院申请强制执法。

第二章

农产品市场价格形成机制的特殊性

考察和评价农产品价格形成机制的性质和合理性,既要从个体、单期和微观上进行考虑,也要从总体、跨期和宏观上进行考虑。我国建立农产品目标价格制度的一个重要目标,是要为完善农产品市场价格形成机制提供基础支撑。作为市场经济的一个部分,与其他商品服务相比,农产品市场价格形成机制本身具有复杂性。在制度设计上,不仅要满足一般社会商品服务市场经济运行规律的一般性要求,而且要满足农业经济运行和农产品本身及其市场结构的特殊性要求。从国内外农产品市场价格形成机制来看,存在明显的蛛网现象、固定价格和价格从属三大特殊性,存在着"农业增产减收悖论",导致在农业生产发展上形成激励不相容,这些特点对我国深化农产品市场价格形成机制改革及建立农业支持保护制度的政策设计有重要影响。

一、蛛网现象:农产品供给调节需要相当时间

(一) 经济学中的蛛网定理

蛛网定理是指某些商品的价格与产量变动相互影响,引起规律性

的循环变动，打破经济系统自动恢复均衡状态的理论。它是1930年由美国的舒尔茨、荷兰的J·丁伯根和意大利的里奇各自独立提出。由于价格和产量的连续变动用图形表示犹如蛛网，1934年英国的卡尔多将这种理论命名为蛛网理论。古典经济学理论认为，如果供给量和价格的均衡被打破，经过竞争，均衡状态会自动恢复。蛛网理论却证明，按照古典经济学静态下完全竞争的假设，均衡一旦被打破，经济系统并不一定自动恢复均衡。

这一理论的基本假设是：①完全竞争，每个生产者都认为当前的市场价格会继续下去，自己改变生产计划不会影响市场；②价格由供给量决定，供给量由上期的市场价格决定；③生产的商品不是耐用商品。其主要内容是：引入供给价格弹性和需求价格弹性，区分供给价格弹性和需求价格弹性的对比关系的不同类型，采用动态均衡分析的方法，考察价格波动对下一周期产量的影响。数学模型如图2－1所示，图中P、Q、D、S分别是价格、产量、需求函数和供给函数，t为时间。

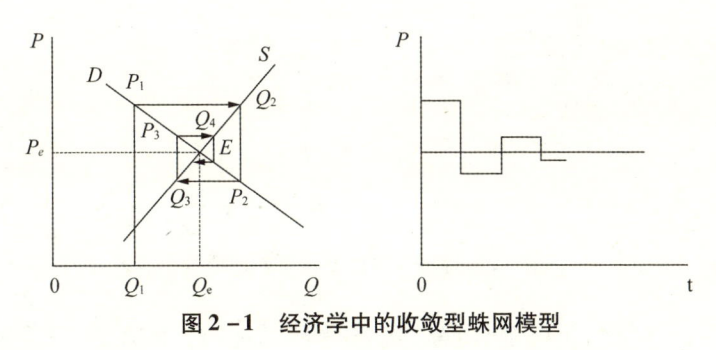

图2－1 经济学中的收敛型蛛网模型

根据上述模型，第一时期的价格P_1由供给量Q_1来决定；生产者按这个价格来决定他们在第二时期的产量Q_2。Q_2又决定了第二时期的价格P_2。第三时期的产量Q_3，由第二时期的价格P_2来决定，依此类推。由于需求价格弹性、供给价格弹性的对比关系不同，价格和供给量的变化可分为以下三种情况。

第一，当供给价格弹性小于需求价格弹性（即价格变动对供给量影响小于对需求量影响）时，价格和产量的波动将逐渐减弱，经济状态趋于均衡，蛛网向内收缩（见图2-1），这种蛛网称"收敛型蛛网"。供给价格弹性小于需求价格弹性为"蛛网稳定条件"。换言之，当市场由于受到干扰偏离原有均衡状态以后，实际价格和实际产量会围绕均衡水平上下波动，但波动幅度越来越小，最后会回复到原来的均衡点。

第二，当供给价格弹性大于需求价格弹性（即价格对供给量影响大于对需求量影响）时，波动逐步加剧，越来越远离均衡点，无法恢复均衡（见图2-2），相应的蛛网被称为"发散型蛛网"。供给价格弹性大于需求价格弹性为"蛛网不稳定条件"。换言之，当市场由于受到外力干扰偏离原有均衡状态以后，实际价格和实际产量上下波动幅度会越来越大，偏离均衡点越来越远。其原有均衡状态是不稳定的。

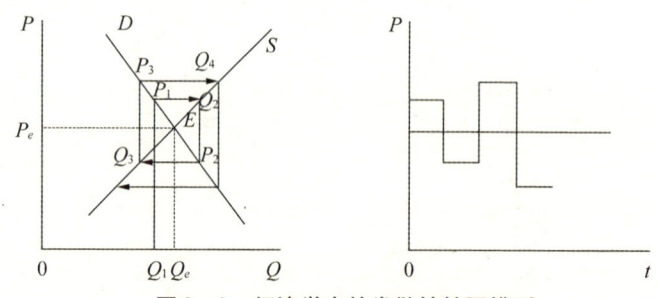

图2-2 经济学中的发散性蛛网模型

第三，当供给价格弹性等于需求价格弹性时，波动将一直循环下去，即不会远离均衡点，也不会恢复均衡（见图2-3），相应的蛛网被称为"封闭型蛛网"。供给价格弹性与需求价格弹性相等为"蛛网中立条件"。换言之，当市场由于受到外力干扰偏离原有均衡状态以后，实际产量和实际价格始终按同一幅度围绕均衡点上下波动，既不进一步偏离均衡点，也不逐步地趋向均衡点。

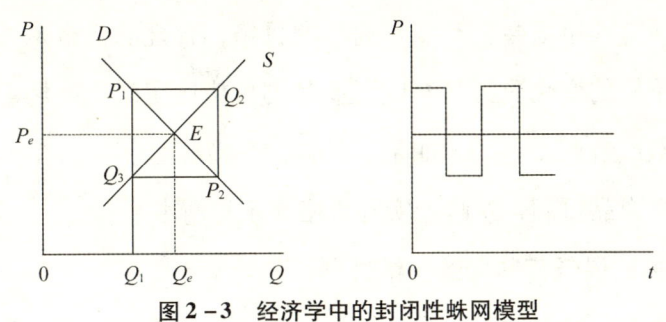

图 2-3 经济学中的封闭性蛛网模型

（二）农产品市场运行中的蛛网现象

蛛网理论的这些假设在实践中是客观存在的。这个理论的重要应用也是用于分析农产品价格变化。在农产品市场价格形成机制中，存在典型的蛛网现象。农产品供求价格弹性不同并存在较大差异，同时农业生产者是完全竞争的，很多农产品储存保鲜困难或储存保鲜成本极高，农产品供给主要由上期价格决定，供给调节需要相当的时间，而农产品需求调节却是瞬时完成的，这就造成了农业生产发展困难。相比农产品购买而言，农产品生产者在市场中处于弱势地位。一方面，生产者注视价格行情，修正或更改他们的生产计划，于是在六个月或一年以后，新的供给生效，生产者对新的供给的调整需要六个月及以上的时间。另一方面，购买者对新价格的调整则被认为是瞬时的。由于存在蛛网现象，引入期望的稳定有助于保持市场稳定。

二、固定价格：价格管制必然发展到数量管制

（一）经济学中的价格管制

从经济学上看，在开放的市场条件下，供给的增加将降低价格，

增加消费量，提高销售量，需求的减少将减少销售量，降低价格，减少生产量，这样市场会自动调节商品的价格，合理的价格是一个均衡价格。当价格的变化受到管制或者商品的价格固定时，市场上就会出现商品短缺或者商品过剩。如果商品短缺，意味着实际价格低于均衡水平。如果商品过剩，意味着实际价格高于均衡水平。

1. 价格的最低管制导致供给过剩

在开放的市场条件下，实行最低限价或生产支持价格，就是对价格变化的下行趋势进行管制，在这种情况下，商品的供给量将超过可能的需求量，导致生产过剩。为了解决问题，需要对过剩的供给进行再管制，引入管理均衡。

这一原理的数学模型如图 2-4。假定供给曲线为 S，需求曲线为 D，如果完全放开价格，供求的均衡点在 Q_0，价格为 1.0，按照这个价格，市场可以完全出清；在实行最低限价或生产支持价格之后，价格被限制在 1.5，按照这个价格，生产者因为价格提高了，可以增加供给，每年产量为 Q_2，而消费者因为价格提高了，需求会下降，每年需求量为 Q_1；结果就出现产量与销量的差距 $Q_2 - Q_1$，形成生产的过剩，市场无法自动出清。这些过剩的产量会堆积起来，除非有好的出

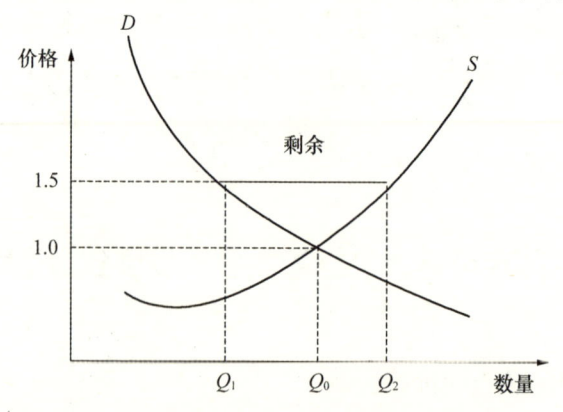

图 2-4 价格的最低管制：供给量超过需求量

口，会进入仓库储备起来。如果下一年或季节生产继续增产，仓库将充满以至于难以为继。一个可能的出路就是剥夺生产者生产和出售的选择权利，减少生产量，这往往是很难做到的。更为极端的办法就是对每个生产者规定市场配额，配额的总额等于需求量，结果出现管理的均衡，对消费者而言是一个涨高了的价格，而生产者的收入与没有价格管制时相比不一定多一些。

2. 价格的最高管制导致黑市交易

在开放的市场条件下，实行最高限价或消费限额价格，就是对价格的下行趋势进行管制，在这种情况下，需求量将超过可能的供给，导致黑市交易。为了解决问题，需要对稀缺的供给实行配给制度，实际上也需要引入管理均衡。

这一原理的数学模型如图2-5。假定供给曲线为 S，需求曲线为 D，如果完全放开价格，供求的均衡点在 Q_1，价格为3.0，按照这个价格，市场可以完全出清；在实行最高限价或消费限额价格之后，价格被限制在2.5，按照这个价格，生产者因为价格降低了，只能减少供给，每年产量为 Q_1，而消费者因为价格降低了，需求会上升，每年需求量为 Q_2；结果就出现产量与销量的差距 $Q_2 - Q_1$，形成供给的缺口，市场无法自动出清。由于供不应求，除非建立某种管制制度，人

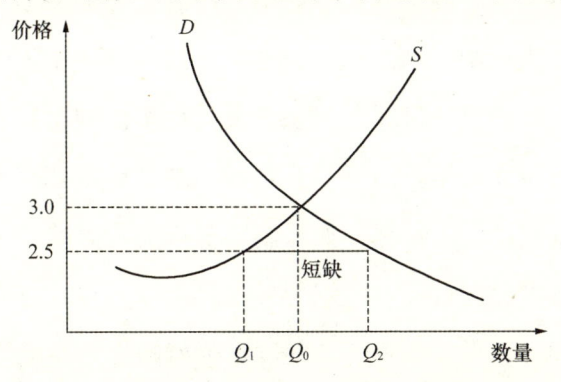

图2-5 价格的最高管制：需求量超过供给量

们只能排队，排在前面的可以买到，而排在后面的什么也得不到，为了获得必要的东西，很容易造成偏袒或贿赂盛行以及走后门或"搭配次品"等。要想做到公平分配供给，可以设立配给制度并进行严格管理，这里价格管制也为数量管制所支持。在配给制度之外，按照特高价格卖给消费者，即黑市交易，也应运而生。

（二）农产品市场运行中的固定价格

在经济活动中，政府制定一个干预价格并用法令（或者政策）强制执行，不仅在计划经济中实行，在美国等市场经济下也常见。问题是，对价格的管制对生产和需求具有双重影响，政府不能简单地颁布价格限制而后听之任之，因为这种限制的某种后果必然会随之而来，而这个后果还必须进一步控制。由于存在固定价格效应，对于价格的干预是一系列的行动，价格的管制必然导致数量的管制。

三、激励悖论：市场机制存在激励不相容问题

（一）经济学中的激励相容

激励相容是指在现实社会中每个人都有自利的一面，其个人行为会按自利的行为规则行动。如果制度安排的内容使个人追求个人利益的行为正好与制度设计目标（组织的最大化集体利益）相一致，建立相容性，这一制度安排就是科学合理的，制度运行就存在内生动力并能够顺利实现制度设计目标；如果制度安排的内容使个人追求个人利益的行为与制度设计目标（组织的最大化集体利益）存在不一致，就会产生矛盾冲突，形成不相容，制度运行就缺乏内生动力，结果是个人的行为方式及结果偏离乃至背离制度设计目标。这一理论主要由哈

维茨（Hurwiez）等创立，是现代机制设计理论的核心内容，基本思想是要提高对参加者理性的认识，只有机制设计者所期望的策略与参与者理性实现个体利益最大化的策略一致，才能使参与者自愿按照机制设计者所期望的策略采取行动。现代经济学理论与实践表明，贯彻"激励相容"原则，能够有效地解决个人利益与集体利益之间的矛盾冲突，让组织制度内的每个员工在为企业多做贡献中成就自己的事业，即个人价值与集体价值的两个目标函数实现一致化。这一理论不仅在企业制度设计中具有重要价值，而且在公共政策设计和公共管理服务中也具有非常重要的价值。

（二）农产品市场运行中的激励悖论

农产品市场是一个特殊的经济学领域。这种特殊性，既来源于农产品作为人们基本生活消费品的产品特点——在市场上需要有充足稳定的农产品供应，以满足人们的生活消费需求，对广大消费者的福利而言是多多益善，对整个社会安全而言是多了可以、少了不行或者多一点比少一点好；也来源于农产品作为带有艰苦性、复杂性和稀缺性的农业生产劳动的成果所具有的生产特点——农业生产是自然再生产与经济再生产相结合，生产发展受到资源、环境、技术和市场等多种因素严格约束。一方面，农产品来之不易，从社会发展角度来说需要激励农业生产发展。如果没有农民生产积极性，不进行足够的农业生产投入，不付出艰苦的农业劳动，农产品市场就不会有充足而稳定的市场供应，不仅宏观经济发展会受到影响，而且社会可能不和谐稳定，政治上可能会产生危机。另一方面，农产品生产出来之后，在市场机制下是逆向调节，农业生产劳动努力越多，农产品市场价格可能下降越大，从社会发展角度来看是打击农业生产发展。由于农产品需求弹性小，在这个市场上的农产品供应一旦超过某一数量，农业增产往往价格下降而不增收乃至亏损，结果损害农业生产者的利益，这与人们的生产性努力发生矛盾，产生激励不相容，形成"农业增产减收悖论"。显然，在市场经济条件下，如果不引入政府机制进行调节，对从事农业生产劳动的人员是非常不利的，结果也会反作用于农业生产发展，影响农产品市场稳定供应，影响到广大消费者的福利，影响到整个经济社会健康稳定发展。由于农产品市场的这种特殊性，决定了国家有必要从激励相容的角度，采取切实有效的政策措施，积极解决市场机制所不能解决的"农业增产减收悖论"难题。

四、价格从属：价格本身不是目标而只是手段

（一）经济学中的价格假定

经济学中的价格分析隐含了重要的假定条件，这种分析是对经济运行的一种简化。现实社会中的价格决定是非常复杂的，在经济环境上与隐含假定有所不同，导致经济学中对价格的分析预测往往与实际运行结果存在很大的差异。在实践中，价格本身是市场交易活动的一种结果，价格从属于交易。换言之，与成功进行交易、成功实现商品物流周转及生产经营者获得合理投入回报相比，价格的重要性是次要的。如果不能达成交易，无法实现商品的物流周转，形成有价无市，即使价格很好，在现实中也没有意义和价值。

对一个参加市场交易的个体，价格本身不是目标而只是一种手段，价格既不等于效率，也不等于利益。在严格的科学意义上，在微观市场活动中，确定价格的目的是要促进交易（包括促成交易、提高交易效率和建立交易的可持续性等），只要参加交易的双方能在自由、

平等、自愿的基础上成功进行交易，只要参加交易的双方自己比较满意并各取所需，交易价格无论高低都具有合理性或者说价格是交易双方相互约束、相互妥协和讨价还价的结果，是否合理因人而异，对市场成交满意就是价格确定比较合理的基本标准。从公共管理的角度，要做到价格确定合理，基本内容是针对一定时间特定类型特定交易条件下的社会平均价格或中间价格的确定要比较适当以达到供求平衡，这一合理性存在至少四大隐含假设或前提条件。第一，这种分析隐含了生产经营者提供的商品可以卖掉，排除了无法成交的可能。而在实践中，由于多方面的原因，无法成交很有可能是存在的，如果无法成交，价格实际上就名不符实或没有实质意义。第二，这种分析隐含了生产主体独立，具有产后处理、仓储物流和资金融通的能力，可以对自己的决策行为完全负责。第三，这种分析隐含了市场秩序公平，交易手续全面完整，排除了不公正交易的可能，交易的商品是纯粹私人物品。第四，这种分析隐含了公共服务完善，政府界定和保护私人产权，提供信息支持和法律服务等。

（二）农产品价格合理发挥作用的条件

农产品价格在资源配置中合理发挥作用是有隐含条件的。这些条件包括合适的市场收购主体、购销者之间可自由进行交易、生产者提供的东西能够保证全部卖出去等，以至于价格是唯一的自变量。由于农产品仓储物流限制及其变化、经营主体限制及其变化、天气变化限制及其变化、预期因素限制及其变化、政府行为限制及其变化，农产品交易会存在障碍，如无法进行交易、交易成本太高、交易结果不符合社会目标、稀缺资源浪费；一旦市场交易的条件（包括交易时间、对象、天气、预期等）发生变化，交易的均衡价格也会发生变化。

在农产品市场运行中，不同的参加者对价格的要求是不同的。作为提供农产品的农业生产经营者，希望价格上涨并由此带来销售收入的增长和生产者福利的提高，农产品价格是越高越好；而购买农产品的消费者则是希望价格下降并由此带来购买支出的下降和消费者福利的提高，农产品价格是越低越好。换言之，价格本身不是独立的，价格的合理性是相对的，简单抽调价格背后的条件评论价格的合理性是不科学的。从国民福利的角度，我们希望农产品价格下降，为全体消费者带来福利，但也希望这种价格下降后就不要再上升了或者出现报复性反弹，同时这种下降是生产率提升的结果而不是投机的结果。这种下降不至于损害到生产者的基本收益乃至生产者因此破产，这种下降的过程对生产者和消费者都能带来一定的好处。

从公共政策角度来讲，农产品价格本身高了或低了都可能存在问题。在市场经济条件下，农产品价格涉及供求信号、利益保护和民生福利，农产品价格本身不是独立的，而是从属的，人们不能简单抽调价格背后的条件评价价格的合理性。真正的政策目标是要建立合理秩序、提高交易效率和平衡参加者之间的利益，完善农产品价格形成机制。政府在农产品价格形成机制建设中具有重要责任，但政府的理性、资源和责任也是有限的。在农产品市场建设管理制度设计上，既要注重放开市场、建设市场和管理市场，发挥市场在资源配置中的决定性作用，也要注重引导市场和服务市场，更好地发挥政府和社会在资源配置中的重要作用，合理而有效地克服市场失灵。

（三）农产品价格形成机制建设的政策目标

第一，农产品价格形成机制要有利于参加者各取所需和获得自己期望的利益。主要是界定和保护产权，在公开、公平和公正的市场上，让符合政策法规要求的农民追求高收入，让消费者追求高福利，让经营者追求高效益等。要发挥市场机制作用，放开市场竞争，促进自由交易，解决政府在决定价格及其变化上的失灵问题。由于农产品价格形成机制存在蛛网现象，政府对农产品价格的干预具有必要性。但是，政府干扰价格运动是有隐含假设条件的，如果忽略条件或在条件上考虑不足，实际上包含着风险。特别是禁止价格对不断变化的供求做出反应，就等于阻止信号机运转，在这种情况下，将无法传递信息或者扭曲信息的合理传递，因而资源无法进行应有的合理转移。

第二，农产品价格形成机制要有利于促进农产品物流周转并做成农产品购销交易。主要是营造良好的市场流通环境，降低交易成本费用，保证货畅其流和物流周转，减少和杜绝资源浪费，实现资源配置高效率。要发挥政府机制作用，提供公共管理服务，建立合理秩序，合理引导预期，解决市场机制所不能解决的在决定农产品物流周转上的失灵问题。这里的市场失灵，不是市场不起作用，而是市场发挥作用的资源配置结果不是最理想的。由于一般的生产者是卖落不卖涨，而一般的消费者是不买落而买涨，合理的市场预期至关重要。但由于信息不对称的存在和社会的复杂性，在市场价格出现波动时，可能出现经营者恶意囤积居奇或者炒作信息或造谣惑众等，形成有市无价或有价无市，容易导致农产品物流周转存在较大障碍，干扰农业生产稳定发展，造成生产不足与生产过剩的恶性循环。

第三，农产品价格形成机制要兼顾提高资源配置效率和增进参与者福利服务。如果不能进行竞争性的市场交易，价格在资源配置中的合理作用是发挥不出来的。如果没有对处于弱势地位的农业生产者和低收入贫困群体的合理利益进行必要的保护和适当的调节，从长期看，这种社会秩序和社会结构也不可持续。既要实行价补分离，也要实行补价结合，弥补市场失灵，发挥政府机制及社会机制作用，提供利益调节，帮扶弱势群体，减少社会震荡，解决市场机制所不能解决的在利益分配上的失灵问题。比如由于价格大幅回落，可能造成处于弱势地位的农业生产经营者的破产倒闭，扩大社会矛盾；由于价格大幅上涨，可能造成低收入贫困群体生存困难，冲击社会稳定。要解决这些问题，就离不开发挥政府机制及社会机制的作用。

第三章
国外农产品目标价格制度的主要做法

国外农产品市场购销基本上是全面放开的，农产品目标价格制度大致从20世纪70年代开始建立，是与其他农业支持保护政策配合实施的，不是一个孤立或单独实行的制度安排。从实践来看，这个制度促进了市场机制发挥作用并完善了农业支持保护政策，但也是有前置条件和成本代价的，在设计上并非完美无缺。

一、发达国家主要情况

农产品目标价格制度是具有特殊针对性的一种农业补贴制度，是农业支持保护制度的重要组成部分。完成工业化的国家，最早建立对农业的支持保护制度，并在不断完善农业支持保护制度的过程中引入了农产品目标价格制度和不断完善这个制度的内容设计。农产品目标价格制度的主要内容是农产品目标价格差价补贴制度，同时也包括农产品目标价格贷款制度（或农产品营销贷款损失补助制度）和农产品目标价格保险制度（或农产品市场价格保险费补助制度）。

从美国来看，在农业支持保护制度建设上经历了以价格支持为核心的农业补贴政策、基于市场导向的农业补贴政策调整、建立以收入支持为主的农业补贴政策体系三个阶段。早期的农业支持保护制度以生产干预（价格支持、储备调控和限产休耕）为主，后来逐步向市场导向（价格放开和损失补助）转变。1973年的《农业与消费者保护法》开始引入农产品目标价格制度，实行"目标价格差额补贴（Target prices and Deficiency Payments）"制度。1996年的《联邦农业改善和投资法》推出"营销贷款差额补贴（Loan Deficiency Payments）"，这是另一种目标价格制度。1996年，美国还开始针对农民的收入提供保险，使农民不仅可以应对生产风险，而且可以应对价格的风险。这些保险产品有五种类型：一是作物收入覆盖计划（CRC，即Crop Revenue Coverage，对在收获季节价格水平的产出不足或价格水平的下降产生的损失给予赔偿）；二是收入保险（RA，即Revenue assurance，对预期收入的一定比例给予保险，赔偿可以由于任何导致低于担保水平的收入或价格的不足产生的损失，提供保险费折扣）；三是收入保护计划（IP，即Income protection，以成本生产形式提供保险，对预期收入的一定比例提供保险，赔偿可以由于导致低于担保水平的收入的产出或价格的不足而产生的损失）；四是集团风险计划（GRP，即Group Risk Plan，以一个县的产出业绩为基础对收入实行的担保）；五是反税担保（一种新形式的收入担保，应用Schedule F反税信息作为收入担保的基础）。2002年的《农业安全与农村投资法》提出"反周期补贴（Counter-cyclical Payments）"制度，对目标价格补贴制度进行完善。2008年的《食品、环保和能源法》（Food, Conservation and Energy Act of 2008）扩大无追索权贷款覆盖范围，改进反周期补贴操作方式，提高小麦、大麦、油菜籽种子等产品的贷款率和目标价格，新增基于农户目标收益的"平均作物收入选择补贴（Average Crop

Revenue Election Program)",补贴政策向收入支持转型。

从欧盟来看,1962年实行共同农业政策(Common Agricultural Policy, CAP)后,经历几次调整和改革,逐步从价格支持为核心转向以"单一农场补贴(Single Farm Payment)"为重点、统筹考虑农业多功能和农村发展的补贴制度。国家设立农民销售农产品的最高价格指导价、最低价格指导价以及对进口农产品控制价格,以此为依据进行市场干预和提供农业补贴。农民可以在市场上销售农产品,通过欧盟设在各成员国的干预中心申请和领取市场价格与干预价格(最低价格指导价)之间的"差价补贴"(这种制度安排就是一种目标价格补贴制度),或者直接以干预价格将农产品销售到干预中心(这种制度安排类似于我国的粮食最低收购价及重要农产品临时收储制度)。按照2003年改革方案,开始建立"单一农场补贴",并对2007~2013年的价格支持和直接补贴支出设置上限,从2007年起建立强制性调整机制,削减各类农业直接补贴,尤其是对大农场的直接补贴,将节约出来的资金用于农村发展计划以及解决CAP进一步改革的资金需求。

从日本来看,没有采取像美国和欧盟那样大量采用脱钩补贴的方式,而是仍然采取以市场价格支持措施为主、以挂钩补贴为核心的补贴措施,在坚持米价调控政策目标的同时也对支持保护方式进行改革完善。1995年开始对农业补贴政策进行调整,从2004年起实行"水稻生产收入稳定计划",启动"稻米差价补贴政策",对种植水稻的农户实行差价补贴,同时鼓励跨品种稳定经营,加大对农地、水资源和环境保护等的政策支持,不断完善农业支持保护制度。

综合而言,引入和实施农产品目标价格制度是农业支持保护制度改革的一个发展趋势和重要内容,但这个制度也并非农业支持保护制度的全部,而且是在满足特定条件的情况下采用。从发达国家多年来实行农业支持保护政策的实践看，农业补贴的政策目标清晰、指向明确，价格支持始终是基础性措施，发展的方向是从价格支持逐步向收入补贴转型，以挂钩直接补贴为主，补贴易增难减、路径依赖性强，对重点农产品仍然保留价格支持，注重政策的衔接配套等。

二、典型做法——以美国为例

（一）明确制度性质

美国农产品目标价格制度的性质是一种反周期补贴（counter-cyclical payments）或市场损失援助（market lost assistance）的制度安排。主要内容是国家在实行完全开放的农产品市场流通体制环境下为符合条件的农业生产者和符合条件的农产品在发生市场价格损失后提供限额内的农业补贴，由美国国会立法或修法设立，以6年为一个立法或修法周期，授权美国农业部及其下属指定机构按照规定范围、规定程序和规定管理要求负责具体组织提供农业补贴。所谓目标价格，按照2002年农业法的定义，是每蒲式耳（或在陆地棉、稻谷和其他油脂中的相关单位）农产品在属于规定范围内的产品中用于确定反周期支付的补贴率的价格，这种价格实际上是一种国家提供特定农业补贴的价格计算标准。从农产品目标价格制度的政策目标看，这种农业补贴具有很强的针对性和特殊性。

一是仅限于符合条件的农业生产者适用。2002年法律规定的条件是：农场所有者、农业工人、土地所有者、佃户或收益分成种植户必须共同承担签署反周期补贴计划的生产风险，并有权分享可用于销售的作物；每年报告农场耕地面积的使用情况，所有耕地都达到土地保护和湿地保护的要求、在轮作方面的要求；基本农田必须用于农业及相关生产活动，保护基本农田免受水土流失的侵蚀，包括种植符合地方农村服务办公室所要求的充足的植被，并且要控制和清除杂草。

二是仅限于符合条件的农产品适用。2002年法律规定的条件是：适用于大麦、玉米、高粱、燕麦、油料作物、花生、水稻、大豆、陆地棉和小麦。

三是仅限于在发生市场价格损失后提供补贴。这种补贴的支付原则是：帮助农民克服带有周期性的市场损失，在农产品生产价格过低时作为调剂量的一部分帮助农场主对抗农产品市场价格的波动，或者是只有当一种农产品的有效价格低于其目标价格时，联邦政府才会给农场主提供这种补贴。在制度设计上，农产品市场损失由农民和国家进行分摊，国家提供的补贴并不是弥补全部的市场损失，而只是帮助农民弥补市场损失的一部分（大体上为基本经营收益损失的85%）。

四是仅限于在一定数量限额内提供补贴。这种补贴的支付带有收入安全网性质，资金来源于公共财政，对单个农户的补贴金额不是敞开提供而是封顶提供。2002年法律规定，对单个农民而言，无论是直接支付还是反周期补贴，或是以及营销贷款补贴，都存在最高限额，其中反周期补贴支付的最高限额为6.5万美元/人·作物年。一个农民一年内可以获得的各种农业补贴总额最多为36万美元。根据前三年的纳税情况，凡是平均税后收入高于250美元的农民无权获得补贴，除非他的收入中有75%是来自农业的。

（二）实行合约治理

美国农产品目标价格制度在实践中是按照合约方式来组织运行的。并非符合条件的农业生产者和符合条件的农产品在出现市场价格下降到目标价格以下后就能自动获得补贴，只有符合条件的农业生产者在及时提出申请并严格遵守相关管理规定时才能获得补贴。换言之，这个制度是按照合约的方式来进行治理的，合约的一方为联邦政府，代表国家负责管理和提供补贴资金，另一方为满足特定条件的农业生产者，依法及时提出申请并从国家获得补贴资金，联邦政府和满足特定条件的农业生产者之间进行交易，双方地位平等、责任明确、权利透明，整个交易的过程是公开、公平和公正的。申请反周期补贴有时间限制。2002年法律规定，所有接受农产品目标价格补贴的农场要依法进行2002~2007年度的注册，补贴的数量按照基期面积、补贴单产和反周期补贴率确定。在补贴支付时间上，农场主可以每年选择三期反周期补贴。

1. 申请期限及申报要求

2002/2003财政年度申请反周期补贴的期限是2002年10月1日到2003年6月2日，2004~2007年申请反周期补贴的期限是当年财政年度的10月1日到次年的7月1日（美国财政年度为10月1日到次年9月30日）。申请者需要按制度规定填表并提交。申请反周期补贴的表格与申请直接补贴的表格连在一起。CCC-509申请表格"直接补贴、反周期项目补贴合同"要求的内容包括：基期面积、补贴面积、补贴单产、生产者补贴、直接补贴、反周期补贴预付款选择方案和生产者及地方官员的签字。CCC-509申请表格必须在该财政年度的6月1日前（2002年和2003年在6月2日前）提交。所有接受反周期补贴的农场主及农场工人必须在申请表上签字，附有签字的表格6月1日后都归集到政府，9月30日前会被批准，但申请补贴的农场随后会被征收100美元的申请费。

农业生产者必须按年申请直接补贴和反周期补贴，如果他们愿意，他们可以申请任何一年的反周期补贴。在地方委员会批准直接补贴申请补贴的份额之前，农业生产者必须填写表格并做出如下决定：农场工作计划（CCC-502及相关表格），调整后的平均毛收入证明书（CCC-526），遵守高度侵蚀土地保护计划和湿地保护计划的证明（AD-1026）。在最终补贴发放之前，农业生产者必须提供农场所有种植作物的耕地面积的证书（FSA-578）。

2. 补贴标准及计算办法

国家立法制定一定时期各种农产品在发生市场价格损害后国家提供反周期补贴的价格计算标准（农产品目标价格）（见表3-2），同时调查统计农场主销售农产品的实际市场价格，按品种计算农产品全国市场平均价格、农产品有效价格、反周期补贴率，结合申请者的基本农田面积和反周期补贴单产，核算每一个申请者的补贴标准。所谓农产品的有效价格，是指农民在销售农产品过程中获得的包括政府直接补贴率（见表3-1）在内的平均每单位重量的全部产品收入。一种农产品的有效价格等于其直接补贴率和在农产品营销年度农场主销售其农产品的全国市场平均价格或者某种农产品的全国无追索权贷款率的较大者的和。反周期补贴的产量为反周期补贴面积与反周期单产的乘积。反周期补贴的面积为基本农田面积的85%，这种制度安排与直接补贴制度一样，体现了国家与农民分担风险，除了国家承担保证农民基本经营收益的风险责任外，农民自己也要承担一定的风险责任。反周期补贴的单产与农场主的当期生产无关，取决于基期的补贴单产，这种制度安排与直接补贴制度一样，不会刺激农场主提高任何一种受补贴的农产品的供给量，使补贴在提高农产品的收入水平时不会干扰农场主现在的产品和产量决策。对于某一种农产品而言，在某一生产年度，其反周期补贴率是基本农田面积的85%与反周期单产和反周期补贴率的乘积。

表3-1　美国2002年农业法确定的各种农产品的直接补贴率

农产品	单位	直接补贴率（美元）
小　麦	蒲式耳	0.52
玉　米	蒲式耳	0.28
水　稻	担	2.35
大　麦	蒲式耳	0.24
燕　麦	蒲式耳	0.024
高　粱	蒲式耳	0.35
陆地棉	磅	0.0667
大　豆	蒲式耳	0.44
花　生	吨	36.00
其他油料作物	担	0.80

资料来源：张汉麟、傅新民、邓亦武、何松森、李众敏：《美国2002年农业法专题研究》，经济管理出版社2005年版，第133页。

表3-2　美国2002年农业法确定的各种农产品的目标价格

农产品	单位	目标价格（美元） 2002~2003年	目标价格（美元） 2003~2007年
小　麦	蒲式耳	3.86	3.92
玉　米	蒲式耳	2.60	2.63
水　稻	担	10.5	10.5
大　麦	蒲式耳	2.21	2.24
燕　麦	蒲式耳	1.40	1.44
高　粱	蒲式耳	2.54	2.57
陆地棉	磅	0.7420	0.7420
大　豆	蒲式耳	5.80	5.80
花　生	吨	495.00	495.00
其他油料作物	担	9.8	10.1

注：原表将直接补贴率修正为目标价格。

资料来源：张汉麟、傅新民、邓亦武、何松森、李众敏：《美国2002年农业法专题研究》，经济管理出版社2005年版，第135页。

对一个农场的补贴农作物而言，基期面积是指农场所有者选择的作物种植面积数。农场所有者及其代理人，只有一次机会来选择以一种接受反周期补贴的基期面积的确定方案。备选方案有五种：第一种是利用2002年生产灵活性合同确定的面积作为接受反周期补贴的基期面积。第二种到第四种是利用2002年生产灵活性合同确定的面积与1998～2001生产年度中油料作物的历史基期面积之和，作为接受反周期补贴的基期面积。这三种选择都允许在油料作物和其他作物的基期面积间有一定弹性。第五种是利用农场在1998～2001生产年度间的农作物种植面积和经过批准的禁止种植历史面积来计算总的基期面积。

在反周期补贴单产方面，那些想调整基期面积的农场主及其代理人，有一次机会来部分调整他们的反周期补贴单产，所使用的计算方法是如下两种之一：第一种是1998～2001年平均单产的93.5%，第二种是直接补贴单产（生产灵活性合同所确定的单产）加上1998～2001年平均单产与直接补贴单产之差的70%。农场所有者对农场中所有符合条件的农产品，只能使用同一种反周期补贴计算方法。如果农场主不愿意采用部分调整的方法来调整反周期补贴单产，那么他们的生产灵活性合同所确定的单产就可以用于计算反周期补贴。小麦、饲料高粱、棉花和水稻的直接补贴单产可用2002年生产灵活性合同为农场中所有符合条件的作物的单产来替代，用于计算直接补贴的补贴单产不能进行调整，这些补贴单产必须是生产灵活性合同所规定的数据。对于农场内没有签订生产灵活性合同的作物的直接补贴单产，农村服务办公室可以根据具有相同条件的签订了生产灵活性合同的农场的数据确定，而油料作物的直接补贴单产则是用1998～2001年的平均油料作物单产乘以油料作物的历史单产比例计算。

例1：（在市场平均价格高于无追索权贷款率时计算农产品的有效

价格及反周期补贴率）假定大豆的全国市场平均价格为 5.1 美元/蒲式耳，大豆无追索权贷款率为 5.0 美元/蒲式耳，大豆目标价格为 5.8 美元/蒲式耳。

大豆直接补贴率	0.44 元
大豆市场全国平均价格	+5.10 美元
大豆有效价格	5.54 美元
大豆目标价格	5.80 美元
大豆反周期补贴率	0.26 美元（= 5.80 美元 − 5.54 美元）

例 2：（在市场平均价格低于无追索权贷款率时计算农产品的有效价格及反周期补贴率）假定大豆的全国市场平均价格为 4.9 美元/蒲式耳，大豆无追索权贷款率为 5.0 美元/蒲式耳，大豆目标价格为 5.8 美元/蒲式耳。

大豆直接补贴率	0.44 元
大豆无追索权贷款率	+5.00 美元
大豆有效价格	5.44 美元
大豆目标价格	5.80 美元
大豆反周期补贴率	0.36 美元（= 5.80 美元 − 5.44 美元）

例 3：（以大豆为例计算反周期补贴数额）假定反周期补贴率为 0.26 元，农户基本农田面积为 100 英亩，大豆补贴单产为 110 蒲式耳/英亩。

用于种植大豆的基本农田面积	100 英亩
国家负担比例	×85%
反周期补贴面积	85 英亩
反周期补贴单产	×110 蒲式耳
反周期补贴产量	9350 蒲式耳

| 反周期补贴率 | ×0.26 美元/蒲式耳 |
| 反周期补贴金额 | 2431.00 美元 |

3. 补贴发放时间的选择及责任

农场主每年可以得到三期反周期补贴，同时如果任何一种现行农产品市场价格超过决定反周期补贴率的预测市场价格时，农场主必须向农村服务办公室返还该种农产品得到的超过反周期补贴的部分。2002 生产年度和 2003 生产年度的直接补贴和反周期补贴发放时间，如表 3-3 所示。2004~2007 生产年度的反周期时间表与 2003 生产年度的补贴时间相同（见表 3-3）。

表 3-3　美国 2002 年农业法确定的发放反周期补贴的时间表

年/月	农产品种类			
	大麦、燕麦、小麦	玉米、高粱、大豆	花生、水稻、陆地棉	其他油料作物
2002/秋季	2002 年反周期补贴第一期预付款	2002 年反周期补贴第一期预付款	2002 年反周期补贴第一期预付款	—
2003/2	2002 年反周期补贴第二期预付款	2002 年反周期补贴第二期预付款	2002 年反周期补贴第二期预付款	
2003/7	2002 年反周期补贴最终补贴	—		
2003/9	—		2002 年反周期补贴最终补贴	
2003/10	2003 年反周期补贴第一期预付款	2002 年反周期补贴最终补贴，2003 年反周期补贴第一期预付款	2003 年反周期补贴第一期预付款	
2004/2	2003 年反周期补贴第二期预付款	2003 年反周期补贴第二期预付款	2003 年反周期补贴第二期预付款	
2004/7	2003 年反周期补贴最终补贴	—	—	—

续表

年/月	农产品种类			
	大麦、燕麦、小麦	玉米、高粱、大豆	花生、水稻、陆地棉	其他油料作物
2004/9	—	—	2003年反周期补贴最终补贴	—
2004/10	—	2003年反周期补贴最终补贴	—	—

资料来源：张汉麟、傅新民、邓亦武、何松森、李众敏：《美国2002年农业法专题研究》，经济管理出版社2005年版，第138~139页。

第一期反周期补贴在农作物收获年度的10月份得到，这部分补贴的数量不能超过补贴总量的35%。

第二期反周期补贴在下一收获年度的2月份得到，这部分补贴的数量限额为总反周期补贴的70%减去第一期补贴的剩余额。

第三期反周期补贴为最终补贴，在农作物营销年度结束后发放。不愿接受第一期和第二期补贴的农场主在此时一次性获得全部的反周期补贴。

（三）专门机构经办

美国农业补贴制度的内容设计比较复杂，而美国各级政府和各地政府之间的关系也相对松散，为了保证政策得到有效执行并提高政府资金作为一种稀缺资源的使用效率，美国的农产品目标价格制度在实施过程中引入了企业化机制，与其他农业支持保护制度的执行一致，由联邦政府主管部门牵头组织协调，将相关具体经办业务全部委托美国商品信贷公司负责。美国商品信贷公司是一个向美国农民提供长期贷款和农业补贴（包括目标价格补贴与灾害补贴等）的联邦政府直属机构或政府公司，其代表性产品是"无索权贷款农产品质押贷款"。

除了提供农业补贴外，政府为保持粮食安全的储备，由美国商品信贷公司经营，当市场价大大高于农民投放价时才投放市场。由于实行这一机制，建立了农民申请补贴和联邦政府提供补贴之间的直接联系，使财政补贴一竿子插到底，在管理上实现了全国统一，减少了环节，提高了效率，降低了成本费用，控制了制度内投机或寻租。

美国商品信贷公司（Commodity Credit Corporation，CCC），是按照德拉威州特许状于1933年10月17日成立的企业，初始资本300万美元，在成立初期得到了金融重组公司的资金支持。1939年7月1日，农产品信贷公司被纳入美国农业部。1949年7月1日，根据《农产品信贷公司法》，农产品信贷公司作为美国农业部下属的联邦公司再次被重组。农产品信贷公司拥有1亿美元的授权资本储备，该储备为美国农业部所持有，另外被授权在任何时候可以保持300亿美元以下的资金拆借量。1998年财政年度拨款法案将法定的借款额度增加到300亿美元。农产品信贷公司拆借的资金可以从美国财政部得到，也可以从私营贷款机构和其他金融机构获得。农产品信贷公司保留充足的资金拆借量，以随时购买财政部和其他金融机构发行的各种票据和贷款。农产品信贷公司发生的所有证券、票据、债券和类似的债务，都必须得到财政部长的批准。很多年来，财政部并没有收到农产品信贷公司为上述保护目的而提出的贷款请求。农产品信贷公司从财政部或资本市场拆借资金的利息，按照借款前几个月的美国联邦政府所有未清偿的可销售债券（具有相同的到期日）的平均利率来计算，利息通常用其他票据和债券来偿还，利率按照农产品信贷公司规定并得到财政部批准的利率来计算。

在组织管理上，农产品信贷公司由董事会来负责管理，董事会接受农业部长的指导，农业部长兼任这个董事会的主席。董事会组成人员除了农业部长外，还有7个成员，农业部长由总统提名并经国会批准后上任，董事会的所有成员和公司职员都是农业部的官员。农产品信贷公司只有官员而没有工作人员，它所执行的农产品价格支持、农产品储备、水土保持项目和国内处置活动等任务都是利用美国农业部农村服务办公室的工作人员和设施来完成的。农产品信贷公司的官员直接或通过农业部指定的机构与大量的其他政府或民间贸易部门保持联系，所有农产品信贷公司的农产品项目必须得到董事会和（或）农业部长的批准。美国农业部农产品推广服务局，偶尔也利用农产品信贷公司的授权来为国内和国外的食品援助项目获取各种农产品。农产品信贷公司控制下的农产品储备用于出口（烟草和花生除外）和对外援助活动，是通过农业部海外服务局的农产品销售总经理来执行的。全国自然资源保护局在农产品信贷公司的赞助下管理几个保护项目。

在组织性质上，农产品信贷公司直属于美国联邦政府，授权独立执行农产品价格支持政策和相关的农业补贴政策，稳定农产品的价格水平，稳定美国农场主的收入。此外，公司同时还负责美国市场上有充足的农产品供应，有合理的农产品流通渠道。农产品信贷公司的基本职能由法律规定。根据作为修正案的《农产品信贷公司特许法》，公司的目标在于通过为农民提供无追索权贷款，按照事先确定的目标价格收购市场上过剩的农产品，为遭受灾害的农民提供补贴，保证充足的农业生产所需的生产资料供应，并且通过帮助农民销售农产品来帮助美国的农产品。《农产品信贷公司特许法》还授权其他政府机构和外国政府销售农产品，并且向国内、国外和国际救灾机构提供粮食援助。农产品信贷公司还帮助农民开拓新的国内和国外市场，完善国内农产品市场设施。最初，美国农业部给农民提供差额补贴来弥补小麦、饲料谷物、棉花和水稻等农产品的目标价格与波动的市场价格之间的差额。1996年《农业法》明显改变了美国的农业政策，第一次减少了对农民的财政补贴，农民得到的是固定但逐年递减的"生产灵活性合同"补贴。不过，2002年《农业法》和2008年《农业法》又进行了调整，重新建立和完善了带有目标价格补贴性质的反周期补贴制度，加强了对农业生产者的基本经营收益保护。

农产品信贷公司的支持行动主要是通过发放无追索权贷款[①]、以目标价格收购市场上剩余农产品以及补贴项目来推动实施，补贴对象包括小麦、玉米、油菜籽、棉花（陆地棉和长绒棉）、水稻、烟草、牛奶和奶制品、大麦、燕麦、高粱、马海毛、蜂蜜、花生和食糖。农场主可以通过承诺或储存一定数量的农产品作为抵押品，从农产品信贷公司得到无追索权贷款，贷款率是农产品信贷公司事先确定的，无追索权贷款适用于绝大多数农产品。农产品支持项目的计划通常由美国农村服务办公室以概要形式提出，这种概要由一系列文件构成，涵盖经济和其他要素。这些要素是支持项目计划的基础，包括需求的总资金量、支持计划的方法、获得补贴资格的适当条件、基本工作规定和其他与计划相关的信息。当董事会和（或）农业部长批准某一个项目计划时，美国农业部都会向公众发表声明，通常是以记者招待会的形式进行。项目规则会在联邦公告中公布，详细的工作指南还会发给

[①] 无追索权贷款的意义是农场主可以选择归还贷款本金和利息或者被农产品信贷公司罚没所有抵押农产品来归还贷款，贷款的处置是基于贷款率和相关抵押品的质量及数量。这样，在粮食成熟收获、贷款到期后，如果农产品价格上升，则借款农民归还贷款获得收益；如果农产品价格下降，借款农民可将抵押品出售给公司，抵押品所有权转给公司，相应地充作全额支付了贷款本息，实际上等同于按目标价格出售了农产品，避免了价格下降造成的收入减少；公司收不回贷款本息而取得抵押品，则不能追索贷款。农场主要确保农产品信贷公司获得贷款，必须符合贷款差额补贴条件。市场贷款偿还和贷款差额补贴的规定都是为了防止农产品主放弃贷款抵押而转让给农产品信贷公司，这些规定相应地减少了可能增加的美国联邦政府的产品储备，这种储备的增加会使美国的农产品在世界市场上缺乏竞争力。

位于华盛顿的项目主管人员以及调查局。美国农村服务办公室的工作人员协助农场主准备参与项目所需要的文件，并保证农场主得到有关项目的详细资料。

农产品信贷公司被授权从事各种农产品及其加工品的运输、储存、加工和处置。这项业务主要通过与地方商业储存库和农场主签订储存农产品的合同来保持适当的农产品储备，以达到项目计划对农产品的需要。农产品信贷公司关于粮食与棉花仓储的长期协议，有1/4是与合作社签订并授权合作社执行。美国商品信贷公司并不拥有粮食仓储设施，而是实行"委托代储"的办法来执行，粮权属于政府，政府支付储存费用以及在储备过程中发生的一切费用，包括损耗和亏损等，接受政府委托代储任务的仓储企业也必须按照政府的指令行动。在执行支持行动过程中，农产品信贷公司主要通过两种主要的方式来扩大其所需要的农产品。一是抵押农产品，如果一个农场主在贷款归还时间到期时不能赎回他所抵押的农产品，农产品信贷公司就有权处置这批作为抵押物的农产品。二是收购农产品，对牛奶及奶制品的支持是通过从生产商和分销商收购黄油、奶酪和脱脂奶粉来发放的。农产品信贷公司除了对奶制品和食糖有所支持外，对加工农产品不提供支持项目。

农产品信贷公司所有的农产品的销售、捐助和转移支付是由美国农村服务办公室下属的堪萨斯城农产品办公室来负责处理的。堪萨斯城农产品办公室以固定价格或竞争性报价来销售农产品。美国农业部在每月底出版美国农产品信贷办公室所有的可用于销售或交换的农产品的信息，这些适用于下一个月。按照农产品信贷公司的规定，用于美国国内市场自由销售的农产品在销售时按当时的市场价格结算，但是销售价格不能低于销售时的有效地区贷款补贴率，补贴率会根据地区、产品的相应质量和合理的运费进行调整，有可能变质或损坏的农产品不受最低价格规定的限制。

农产品信贷公司收购和储存的农产品具有广泛用途，通过合理处置，实现物尽其用，弥补市场机制的失灵，解决社会问题以及野生动物保护问题。农产品信贷公司获得授权向印第安人事务局、联邦政府、州政府和私营机构提供食品援助，这些援助食品来自价格支持项目和从市场上收购的剩余农产品。食品援助的对象是美国国内的学生午餐计划、学生的夏令营活动和其他需要食品援助的人。食品援助还提供给慈善组织，包括医院和其他有食品需要的人。在大多数时候，农产品信贷公司的工作是将农产品加工成食品成品。此外，农产品信贷公司还提供剩余奶制品给军事服务机构和缺乏食品的老战士医院，但不附加包装费用。同时，农产品信贷公司也向联邦监狱及其相关机构、州少数民族相关机构提供来自支持项目的农产品，按照特许原则提供食品服务的地方除外。农产品信贷公司还向内政部提供来自支持项目的农产品，使内政部可以为迁徙的水鸟提供食物，以保护农作物免受鸟类的危害。内政部也可以征用农产品信贷公司所拥有的谷物来饲喂缺少食物的候鸟，并且任何一个州政府可以根据内政部提供的信息征用农产品信贷公司拥有的农产品，用来饲喂本地受到伤害的鸟类和其他处于饥饿状态的野生动物。

农产品信贷公司还通过向国外销售农产品提供出口补贴、提供出口信贷和其他相关活动来促进美国农产品的出口。现在，农产品信贷公司利用出口信用担保和出口补贴来促进农产品销售，对外农业服务局为农产品信贷公司提供的配套服务包括出口信用担保计划（GSM-102）、供应商出口信用担保计划（GSM-103）、设备担保计划（FCP）。出口信用担保计划和供应商出口信用担保计划使得国外的购买者有可能从美国私人出口商手中收购美国的农产品,有美国银行向进口商的开户行提供融资服务,美国银行为农产品出口提供贷款,农产品信贷公司则负责提供担保补贴。这两个计划主要在国内某些地区需要增加或保持农产品出口而缺乏贷款支持,私人金融机构在没有农产品信贷公司担保的情况下而不愿意提供融资服务时发挥作用。按照供应商出口信用担保计划,当美国出口商向国外的进口商提供短期贷款用于购买美国农产品时,美国农产品信贷公司会向出口商提供相当高比例的补贴款。贷款期限长达180天,并且农产品信贷公司的担保覆盖所有的美国出口商。根据设备担保计划,当美国银行为国外新兴市场出口资本品及服务提供贷款,而这种出口有助于改善农业相关生产资料,如仓储、加工和处理设备时,农产品信贷公司可以向银行提供信用担保。资本品和服务的销售必须和有利于增加美国农产品出口的计划相关。

三、基本的经验教训

从国外实行农业支持保护政策实践看,引入农产品目标价格制度有利于发挥市场在资源配置中的决定性作用和促进政府更好地发挥作用,但这一制度的实行也是有前置条件和成本代价的,目前在制度设计上也并非完美无缺,好的经验可借鉴,不足之处需改进。

(一)农产品目标价格制度不是一个孤立或单独实行的制度

从历史上看,农产品目标价格制度的内容从属于农业支持保护制度的范畴,不是自然形成的,而是在解决农产品市场问题的过程中产生的,是在农业发展进入从传统农业向现代农业转变和从短缺农业向过剩农业转变阶段之后才出现的。整个制度的演变经历了一个不断探索、不断发展和不断完善的过程，整个制度的实施不是孤立或单独使用的，而是与农作物生产保险、土地保护计划、直接补贴、农业政策性贷款等其他农业支持保护政策组合使用。建立农产品目标价格制度的重要任务，是要为解决农产品市场失灵问题以及与此相关的政府在解决问题中存在的失灵问题、发挥市场在资源配置中的决定性作用和促进政府更好地发挥作用提供新途径，最重要的标志是2002年美国农业法案通过引入反周期支付补贴制度将过去的市场损失援助政策规范化和制度化，形成了完整的制度框架。从美国的做法看，建立农产品目标价格制度的过程是一个对农业支持保护制度进行完善和创新的过程，在引入制度的过程中并没有完全取消过去制度中行之有效的内容，比如商品信贷公司无追索权贷款（农产品抵押贷款）、农作物生产保险（天气及灾害损失保险）、剩余商品购销调控（丰年储备用于贫困救济）等，引入制度的整个过程是一个对过去的制度实行有所保留、有所取消和有所修改相结合的变革过程。

（二）农产品目标价格制度的引入完善了农业支持保护制度

从实践来看，发达国家建立农产品目标价格制度的大背景是实行完全开放的市场经济体制、农产品市场运行在利益分配上可能存在失灵、造成农业生产经营者生计无保乃至破产失业和社会资本资源配置浪费，小背景是政府代表国家为解决市场失灵问题所采取的干预行动可能存在政府失灵、造成农产品市场价格信号扭曲、国家财政资源使用浪费以及引发制度内投机或寻租等。建立和完善农产品目标价格制度后，使农业支持保护制度的内容和方式更加合理，政府对符合政策法规要求的农民的支持更加科学，提升了稀缺资源的配置效率。

早期的美国农业农村发展实行完全开放的市场经济体制,由于世界农产品总体供不应求,农产品价格和农民收入总体上较好,刺激了农业发展水平快速提高。第一次世界大战后,由于世界市场的萎缩和劳动生产率的提高,美国农产品过剩的问题越来越突出,农产品价格和农民的收入急剧下降,联邦政府采取了提高关税、信贷等方式来稳定农产品价格。但是在20世纪早期,政治上提倡小政府、经济上主张自由主义、意识形态上反对极权政治的传统保守主义盛行,当这些思想运用到农业政策上来时,也就把农业放到了与工业同等竞争的位置,把粮食生产当成是农场主、农民个人的事,而把农业的特殊性尤其是美国农业的特殊性置于不顾,政府的措施收效甚微,到大萧条时期,农业问题雪上加霜,农民的不满情绪越来越严重。

新政时期政府干预经济的思想运用到了农业领域,罗斯福说:"农场主是必须加以扶持的人。"1933年5月12日,美国国会通过了第一部《农业调整法》,目的是通过削减农产品产量、提高粮食价格,使农民恢复到一战之前的高水平购买力。该法案采取的主要策略是"限额耕种",农户自愿与政府签订市场协议,凡是根据政府"按户分配耕地面积计划","自愿"减少耕地、限制产量的农户都可以得到政府的津贴。1933年《农业调整法》是美国第一部农产品价格支持和土地调整立法,它既是应对危机的产物,也是贸易保护主义的产物。法律实施后,出现了我们教科书所说的"政府同农场主签订了大量减少耕地面积的合同,并销毁小麦、马铃薯和牛奶等农牧产品,屠杀猪、牛、羊等牲畜,以控制基本农产品产量和牲畜饲养头数,提高农产品价格和农民购买力"。联邦政府为了改变棉花和猪肉市场的饱和度,保证参加限产者享受"平价",农业调整局下令铲除1000万亩棉花并屠宰超过600万头猪。在数百万人还在饱受缺衣少食的经济危机时期，这种行为显然是不道德的，即便是政府杀掉这600万头小猪、将猪肉罐装免费送给失业者，它依然成为我们批判资本主义腐朽性的重要证据。当时实行《农业调整法》时，也引起了美国民众的强烈抗议，那些正在债务中挣扎的农场主们也不明白为何要控制种植，他们对农业调整议案也抱有戒心。当时南方流行这样的说法：受过训练的骡子都知道在棉苗之间穿行，就连它们也不会去践踏棉田，这暗喻着做出如此荒唐决定的政府官僚们远远不及骡子聪明。

事实上，按经济规律办事的时候，总不像慈善家那样可亲可爱受欢迎，但确实起到了效果，一定程度上提高了农产品的价格，从而提高了农民的净收入，使农业免于破产。但是，《农业调整法》主要满足了各个地区联合起来的大农场主的要求，而小土地租用者和小佃农则遭遇了灭顶之灾。一方面，因为土地所有者在削减耕种面积时，通常会解雇一些佃农，令许多人走投无路；另一方面，通过提高价格和政府补贴，农场主们成为最大的受益者。有些农场主用政府补偿款购买拖拉机等农用机械设备，在提高劳动生产率的同时也使一些佃农和农业工人流离失所。为了让补贴的政策不但惠及大农场主，亦惠及贫穷的农民，1935年4月罗斯福总统建立了重新安置局，后并入农田保障局，向贫穷农民、农业工人和分成制佃农提供低息贷款、补贴及技术支持，该计划使12000万户无土地农民成为土地所有者，其中也包括黑人农民。农产品价格上涨实际上把危机转嫁给了消费者，普通的农民在这种单纯的"平价政策"下并没有太多的好处。为了解决这个问题，罗斯福政府成立商品信贷公司和联邦剩余商品救济公司，收购并向农场主提供抵押贷款，向广大缺粮人民分发食品。1933年《农业调整法》从一开始就极受争议。1936年1月6日，联邦最高法院在一起案件中宣布《农业调整法》，违反了美国宪法第 10 条修正案，因为最高法院认为联邦政府无权管理各州的农业，认为只有地方政府才能管理各自辖区的农业生产。但这部法案确立了一个全新的理念，那就是政府有责任对农民的损失给予补偿，粮食的种植不再是个人的事情，这在保守主义盛行的美国无疑是有标志性意义的，实质上讲并不是单纯的经济危机问题。

美国早期的农产品目标价格制度的主要内容是目标价格贷款制度，从 2002 年农业法案开始全面引入比较规范合理的目标价格补贴制度，从而建立和完善了农产品目标价格制度的内容。与以前的制度相比，在实施农产品目标价格制度过程中，改变了过去几十年内政府主要通过政府储备调控市场价格波动区间和在 1998~2001 年政府对农民的农产品市场价格损失进行大规模紧急支出的做法，改善了政府和市场的关系，实现了政府的归政府（政府决定补贴，代表国家解决利益分配平衡问题，这种补贴不是价内补贴而是一种价外补贴）、市场的归市场（市场决定价格，这种价格不含补贴因素，价格及变化为社会稀缺资源优化配置提供合理信号）。一方面，政府为农民的市场损失依法提供必要的补偿，这种补偿是公开透明的、直接有效的和严格管理的，农民在获得这种补偿后可以保本微利或保障农业生产经营基本收益，不至于劳而无获乃至破产倒闭，而政府的财政负担也是限额的和可控的。另一方面，政府的作为并不对农产品市场运行产生直接影响或不利影响大幅度减小，农民已经生产出来的过剩农产品不用销毁，也不用常年储存，而是以降价等方式进入市场销售，为消费者带来额外的福利，农产品市场价格的运行对农产品供求关系及其变化的反应更加及时、全面和准确，促进了社会稀缺资源优化配置。

（三）农产品目标价格制度的有效实施需要一系列支撑条件

从操作来看，发达国家实行农产品目标价格制度有一系列隐含条件。美国是实行农产品目标价格制度最为典型的国家，其基本国情是人少地多，农业生产经营规模比较大，农业生产经营者素质比较高，农产品市场流通体系比较健全，农业信息化技术发达，农业管理法制化程度高，农产品供求结构处于剩余状态，需要向全球销售农产品，农业发展目标是以盈利为核心，在农业政策上实行农业支持保护制度已经超过半个世纪，多年来已经逐步建立和积累了关于农业农村发展的比较全面系统的调查统计数据，这些都是实行农产品目标价格制度的重要的隐含条件和基础条件。从美国的情况来看，成功实行农产品目标价格制度，至少需要三个方面的支撑条件。

一是在制度设计上考虑因素比较全面完整和科学合理，这是前提。农产品目标价格制度的性质是提供反周期补贴或市场损失援助补贴。在现实社会中，农产品市场波动周期是变化的，由于农业生产经营者本身的异质性在市场损失上也是因人而异的，因而需要对这种补贴的对象、条件、内容、标准、动态修正办法等进行完整的研究并以此为依据制定政策，以提高决策的科学性和合理性。

二是在资金筹集上要有较强的国家财政可支付能力并能够使用这种财政能力为符合政策法规要求的农民提供补贴，这是基础。实行农产品目标价格制度后，一旦约定农产品市场损失发生，需要国家为符合政策法规要求的农民直接提供现金补贴，这需要有比较强大的财政实力作为基础。同时，农产品目标价格补贴的性质是一种挂钩补贴，属于WTO规定的应减让项目，具有明显的"黄箱"政策特点。因为除了政府要有财政资金用于安排农产品市场损失援助外，还要考虑遵守国际规则，WTO规定应减让项目运行的总额度范围进行统筹考虑。

此外，农产品目标价格补贴资金来源于公共财政，还需要按照公共财政管理要求提前进行资金预算并在需要支付时按程序审核支出。

三是在制度实施上要有较强的政府行政可管控能力，这是保障。农产品目标价格制度的有效实施涉及面广，政策性强，参加主体多，业务量大，经办管理复杂，在科学立法的基础上，还需要政府具有较强的行政可管控能力，包括创新组织管理服务机制，建立专门负责的资金、业务和信息管理系统，特别是建立现代化信息网络、大数据库和云计算等支撑系统，实行企业化管理，提高效率，降低成本，防控寻租，减少偏差，确保制度实施的结果与制度设计的目标保持一致。

（四）农产品目标价格制度的内容设计还存在隐含缺陷

从内容上看，在发达国家的现行制度设计中还存在隐含缺陷。这一缺陷既与发达国家资本主义制度的政治性质有关，也与作为社会制度设计对象的人的行为的复杂性有关。主要表现在以下两个方面。

一是在制度内没有对地主和农业生产经营者进行严格区分和界定，部分补贴对象存在错位。在美国，用自己所有的土地从事农业生产经营的农民约占一半，另一半需要从地主租入土地进行农业生产经营。在政策实施中，农产品目标价格补贴有很大一部分被转移给了不劳而获的地主或利益被地主俘获，相关农业生产经营者在发生市场损失的情况下无法得到补偿或是补偿不合理，违背这种补贴资金所应该带有的利益补偿性质，不适当地提高了地价及土地成本，降低了消费者福利水平。

二是在制度内对各种参加者的申报及经办等相关行为的详细要求和所提供数据、书面材料的检查核验和责任追究规定不完善，部分制度参加者存在投机或寻租行为。现实社会中的人是非常复杂的，在制度设计不完善或存在较大缺陷的情况下，各种不同的制度参加者都有可能在制度内进行投机或寻租，以获得利益上的好处或减轻及逃避责任。从发达国家目前实行制度的内容设计看，对参加制度的不同类型的农民和相关政府经办官员的职责、权利及违约处罚的规定还存在不足或有不完善之处，存在部分农民及政府官员在制度内进行投机或寻租的可能性。

第四章
国内农产品目标价格制度的重要探索

我国农产品市场购销全面放开比较晚，目前各地对建立农产品目标价格制度的探索还比较有限，但内容非常丰富，试点试验产品涉及棉花、大豆、水稻、小麦、生猪、绿叶菜等。这些制度在实践中取得了重要成效，但也存在一些突出问题。

一、我国探索总体概况

（一）学术研究

从学术理论上看，农产品目标价格制度是农业支持保护制度的一项重要内容。我国学术界从 20 世纪开始就有人研究农产品目标价格制度，并形成了一批研究成果和文献。从公开发表的论文和文章看，对农产品目标价格及制度都进行了理论上的解释或界定。在政策方面，2008 年国家颁布的《国家粮食安全中长期规划纲要（2008 – 2020 年）》就提出了探索研究目标价格补贴制度。但问题是，综合学术界对农产品目标价格的解释，主要是将农产品目标价格作为与农产品市场价格相对应的一种价格目标或预测价格及参考价格来对待，将农产品目标价格制度作为一种价格支持政策或国家定价调价政策,基本视角是从价格出发解释价格,这在理论上存在缺陷,并不完全符合提出农产品目标价格制度的本来含意,也与党的十八届三中全会提出的让市场在资源配置中起决定性作用不一致。

(二) 政策实践

从政策实践上看,目前我国还没有建立全国性的农产品目标价格制度的立法,但试点探索已经开始。一方面,从2014年开始,国家根据中央1号文件提出的逐步建立农产品目标价格制度的政策要求,开始选择在新疆、黑龙江、吉林、辽宁和内蒙古等部分地区进行棉花和大豆目标价格政策改革试点。另一方面,从2008年左右开始,苏州市、上海市、北京市、张家港市等一些地方政府结合自身的经济社会发展需要已经开展了带有农产品目标价格政策性质的制度改革试验和探索,包括粮食收购价外补贴制度、生猪价格指数保险制度、淡季绿叶菜综合成本价格保险制度、夏季保淡绿叶菜价格指数保险,取得重要成效。这些改革试点和宝贵探索为国家建立和完善农产品目标价格制度积累了行之有效的重要经验。

二、新疆棉花目标价格制度改革试点

2014年,按照中央1号文件的要求,我国选择新疆进行棉花目标价格政策改革试点,实行目标价格补贴制度,种植前公布棉花目标价格,当市场价格低于目标价格时,国家根据目标价格与市场价格的差价对试点地区生产者给予补贴;当市场价格高于目标价格时,不发放补贴。试点启动以来,新疆棉花生产发展相对稳定,国内外棉花市场价差在逐步缩小，企业信心、市场活力也在逐渐增强。

（一）政策背景

棉花是大宗农产品，价格不仅受国内供求影响，而且受国际市场影响。近几年来，国际棉花市场价格大幅回落并持续低位运行，为了保护棉农利益，2011年以来我国连续三年实施了棉花临时收储政策。主要内容是：国家在每年棉花播种前，参照粮棉比价和棉花供求形势，制定并公布下一年度棉花主产区棉花临时收储价格；预案执行时间为当年9月1日至次年3月31日；在执行期间，由中储棉总公司按照临时收储价，在新疆、山东等13个主产棉省（区）敞开收购符合质量要求的棉花。2011/2012年度棉花临时收储价格为19800元/吨（白棉3级），2012/2013年度棉花临时收储价格为20400元/吨（白棉3级），2013/2014年度棉花继续敞开收储，标准级皮棉到库价格为20400元/吨。实施棉花临时收储政策后，保护了农民利益，但也积累了一些矛盾和问题，不改革难以为继。

2013年，我国棉花临时收储价格为每吨20400元，而进口完税成本每吨约为15580元，比国内临时收储价格低4420元。由于国内价格大幅高于进口成本，纺织企业不愿入市收购，国家收储压力急剧增加，棉花收储量超过总产量的90%，巨量国储库存难以消化也带来了沉重的财政压力；上下游价格关系扭曲，纺织企业生产成本大幅高于国际市场，企业没效益，产品没有竞争力，影响到整个棉纺产业链的持续健康发展。在这种情况下，现行价格调控政策面临"两难"局面：继续提高托市收购价格，必然进一步加大进口压力，政府收储数量会大幅增加，财政负担将越来越重；如果继续不提高收购价格，势必影响农民积极性和国内生产，使自给率下降。从发展方向看，国家应该保护国内棉农的利益，也要改进保护方式，同时棉农也要承担相应的市场风险。

棉花目标价格制度改革试点对新疆发展关系重大，也非常具有挑战性。新疆是产棉大区，棉花种植户众多，棉花在促进经济发展和农民增收中具有重要作用。目前，新疆植棉区域主要分布在南北疆60多个县（市）和110多个团场，南疆90%以上的县（市）种植棉花，全疆约有50%的农户（其中70%以上是少数民族）从事棉花生产。新疆原棉产值超过700亿元，占全区农业产值的50%左右，农民人均纯收入的35%左右来自植棉收入，主产区更占到50%～70%。但长期以来，由于历史遗留问题、现实利益因素、土地流转因素等各方面原因，新疆耕地面积、棉花种植面积和棉花产量数据失真，不仅影响农村产业结构优化调整和深化农村改革，而且影响本次目标价格改革任务能否落地和取得预期成效。

按照2014年中央1号文件要求和国务院部署，新疆棉花目标价格改革试点工作于2014年正式启动，新疆也是全国唯一一个棉花目标价格试点的省区。实际上，这一改革的前期筹备工作从2013年10月就已经紧锣密鼓地开始，新疆维吾尔自治区、新疆生产建设兵团和国家9个部委参与了此项工作。2014年4月上旬，国家发展改革委等三部委联合公布了2014年新疆棉花收购的目标价格，7月印发了《棉花目标价格改革试点方案》，为试点地区制定具体的工作实施方案提供了指导。7月，国家发展改革委同有关部门研究制定了《新疆棉花市场价格监测实施方案》，明确了价格监测的指标和具体的任务分工。从9月1日开始，新疆棉花市场价格监测工作正式启动。9月16日，经国务院批准，国家发展改革委批复了新疆维吾尔自治区和新疆生产建设兵团《棉花目标价格改革试点工作实施方案》。为了保证目标价格改革顺利进行，国家发展改革委还研究提出了新年度棉花市场的调控措施。

按照2014年4月10日国家发展改革委、财政部和农业部联合发布的《关于发布2014年棉花目标价格的通知》（发改电［2014］84号），经国务院批准，2014年新疆棉花目标价格为每吨19800元；实行棉花目标价格政策后，取消临时收储政策，生产者按市场价格出售棉花。当市场价格低于目标价格时，国家根据目标价格与市场价格的差价和种植面积、产量或销售量等因素，对试点地区生产者给予补贴；当市场价格高于目标价格时，不发放补贴；具体补贴发放办法由试点地区制定并向社会公布。新疆维吾尔自治区要高度重视目标价格改革政策宣传解释工作，采取广播、电视、网络、手机、明白卡、宣传手册以及干部走村入户宣传等方式，使用群众听得懂的语言，广泛宣传，准确解读，使目标价格政策家喻户晓，引导农民合理安排生产，顺利推进改革试点。

2014年9月17日，新疆维吾尔自治区人民政府召开自治区棉花目标价格改革试点工作新闻发布会，会上宣布，经国务院批准，《新疆维吾尔自治区棉花目标价格改革试点工作实施方案》（见专栏4-2）于9月16日由国家发展改革委和财政部正式下发并开始执行。同时，《新疆生产建设兵团棉花目标价格改革试点工作实施方案》（见专栏4-3）也随之公开发布并正式开始执行。这两个改革方案都明确了改革试点的思路、目标和原则，面积、产量核实和申报程序，目标价格补贴的发放办法、棉花目标价格补贴加工企业加工资格认定和相关配套措施，提出要在保障农民利益的前提下充分发挥市场在资源配置中的决定性作用，将价格形成交由市场决定，以促进产业上下游协调发展。一是市场决定价格，政府不干预市场价格，加工企业按市场价格收购，恢复国内产业的市场活力。二是保障基本利益，将政府对生产者的补贴方式由包含在价格中的"暗补"变为直接支付的"明补"，让生产者明明白白得到政府补贴，减少中间环节，提高补贴效率。三是加强市场管理服务，充分发挥市场调节生产结构的作用，使效率高、竞争力强的生产者脱颖而出，提高农业生产组织化程度，激励农业技术进步，控制生产成本过快上升。四是统筹兼顾，合理平衡利益，做好产业链各环节的衔接配套，保障政策平稳过渡。

（二）主要做法

新疆实行的棉花目标价格制度是由新疆维吾尔自治区政府、新疆生产建设兵团与国家发展改革委、财政部等多个部委共同研制的。在改革试点过程中，除了对补贴方式进行精心设计和周密安排外，还针对性地开展了一系列的棉花面积核查、棉花市场建设、棉花仓储管理、棉花质量检验等配套工作。

1. 建立改革领导小组，加强组织领导管理服务

自治区党委、政府高度重视，成立自治区棉花目标价格改革试点工作领导小组，办公室设在自治区发展改革委，负责领导小组日常工作；加强监督检查，设立监督电话，建立补贴公示和档案管理制度；加强部门协作，建立棉花目标价格改革试点工作会商协调机制；各地（州）和县（市）比照自治区级会商协调机制，分别建立本级工作会商机制。以定期会商和不定期会商相结合的形式开展会商工作，及时沟通情况，协调处置改革试点中出现的问题。突出"靠前指挥、现场解决、现场督导"，重大会商情况必须在3天内报送自治区发展改革委。自治区组织了若干专项督查组对各地开展棉花目标价格准备、宣传培训、实施工作情况进行督查，各地（州）组织了农业、国税、纤检、工商、银行等部门对新棉收购准备情况进行自查，确保新棉收购工作有序开展。

新疆生产建设兵团的财政管理与基层组织构架和地方相比存在较大差异，因此由新疆生产建设兵团自行制定实施方案，兵团实施方案在原则和方法上应与自治区衔接。兵团也成立棉花目标价格改革试点工作领导小组，领导小组成员单位按照职责分工各司其职，密切配合，认真开展各项工作。植棉师高度重视，相应成立领导小组；兵团党委宣传部牵头，会同兵团发展改革委、农业局、财务局、统计局、工信委、质监局、供销社等部门，加强政策宣传和培训工作。

2. 明确政策规范，广泛宣传到农户、企业和行业

在4月国家公布新疆棉花目标价格改革试点政策基础上，新疆联系实际制定了非常严谨的改革实施方案，并广泛宣传到农户、企业和行业。按照实施方案，农民获得目标价格补贴是有一系列条件的。在试点阶段，目标价格补贴对象为全区棉花实际种植者，主要包括基本农户（含村集体机动土地承包户）和地方国有农场、司法农场、部队农场、非农公司、种植大户等各种所有制形式的棉花生产经营单位；同时，没有经过申报、公示、审核的棉花种植面积，国家、自治区明确退耕的土地上种植的棉花面积，在未经批准开垦的土地或者在禁止开垦的土地上种植的棉花面积，不予列入补贴范围；将籽棉交售到未经授权的棉花加工企业，不予列入籽棉交售量补贴范围。在实行棉花目标价格制度的同时，以前对农民原有的农业补贴的政策，包括棉花良种补贴，都是不变的。实施方案不仅对农民如何获取目标价格补贴的条件、程序和要求进行了详细规定，而且对政府如何提供补贴和政府部门与村级组织如何进行组织、监管和服务进行了详细规定，还对农产品加工企业、农产品购销及贸易企业和农产品仓储及中介服务企业如何参与及程序和要求也进行了详细规定，统一思想，明确任务，提高效率。

3. 面积核实，农民申报，三级核查，形成统计台账和棉花种植证明

为配合棉花目标价格改革试点工作，2014年5月28日，新疆维吾尔自治区人民政府办公厅发布《新疆维吾尔自治区棉花种植面积统计核实实施方案（试行）》（新政办发［2014］63号）（见专栏4-1），首次启动了棉花种植面积统计核实工作。这项工作从6月开始，到8月底结束，通过面积核实和摸底调查分析，全面了解了全区棉花种植面积，初步掌握了全区高中低产田分布区域，也为实施棉花目标价格改革提供了客观依据。凡是申请棉花目标价格补贴的农户，都需要进行申报核查，获得棉花种植证明，并以此为依据在销售棉花时获取专门的棉花收购发票和向国家申请补贴。基本做法如下。

一是种植者申报棉花种植面积。6月初，基本农户向村委会申报棉花种植面积，村级全面核实公示，乡（镇）复核，县（市）、地（州）两级自查，自治区、地（州）联合抽查，核实认定。农业生产经营单位向所在县（市）的农业、财政、统计、国土部门申报棉花种植面积，同时出具土地利用现状图、土地权属证明等材料。县（市）人民政府组织农业、统计、国土、司法等部门全面核实公示，自治区、地（州）联合抽查，核实认定。棉花种植面积核实认定后，由乡（镇）农业部门、村委会向基本农户出具种植证明，县级农业部门向农业生产经营单位出具种植证明。种植证明由农业部门统一印制，财政、统计部门监制。种植证明应包含基本农户和农业生产经营单位的基本信息、农作物种植面积、核实认定的棉花种植面积、籽棉交售、财政兑付补贴资金等信息。

二是审定棉花种植面积。8月中旬,地(州)人民政府、行政公署将核实认定的本区域内的棉花种植面积报送自治区农业厅、财政厅、国土资源厅、统计局、国家统计局新疆调查总队。8月下旬,自治区农业厅会同发展改革、财政、国土、统计、调查总队等部门对全区棉花种植面积进行汇总、会审后,经自治区棉花目标价格改革试点工作领导小组审议后,报自治区人民政府审定。

三是建立棉花种植信息档案。各级农业、财政、国土、统计、调查总队等部门应对辖区内的基本农户和农业生产经营单位的基础信息建立档案管理制度,指定专人负责,以备查询。

自治区基本农户和农业生产经营单位的棉花种植证明由自治区农业厅、财政厅、统计局和国家统计局新疆调查总队联合监制,基本格式分别如下(见表4-1、表4-2)。

表4-1　　新疆维吾尔自治区基本农户棉花种植证明(表样)

姓　名	住　址	种植地点	身份证号

农作物种植面积	其　中					
	陆地棉种植面积	折实净面积	三年平均单产	特种棉种植面积	折实净面积	三年平均单产

兹证明,＿＿＿＿在我村行政范围内种植棉花＿＿亩。其中陆地棉＿＿亩,特种棉＿＿亩。

＿＿＿＿＿＿村民委员会(盖章)

＿＿＿＿年＿＿月＿＿日

注:1. 棉花种植户基本信息及种植面积由村委会负责填写;2. 此表由地州农业局、统计局、调查队统一印制;3. 此表一式两联,一联交农户本人,一联由村民委员会保存;4. 此表长17cm、宽10cm,用维汉两种文字填写;5. 表中数字保留小数点后1位;6. 编号中地区码、县市码为身份证号中各地相应编码。

表4-2 新疆维吾尔自治区农业生产经营单位棉花种植证明（表样）

单位（个人）姓名	土地关系	土地来源	批复文件	批复面积	身份证号（个人）机构代码证号（单位）	联系电话

农作物种植面积	其　中					
	陆地棉种植面积	折实净面积	三年平均单产	特种棉种植面积	折实净面积	三年平均单产

兹证明，_____在我乡（县）行政范围内种植棉花_____亩。其中陆地棉
_____亩，
特种棉_____亩。

_____村民委员会（盖章）

_____年___月___日

注：1. 棉花生产经营单位基本信息及种植面积由辖区乡（镇）或县（市）负责填写；2. 此表由地区农业局、统计局、调查队统一印制；3. 此表一式三联，一联由农业生产经营单位留存，一联由乡（镇）农业部门留存，一联由县（市）农业部门留存；4. 此表长17cm、宽10cm，用维汉两种文字填写；5. 表中数字保留小数点后1位；6. 编号中地区码、县市码为身份证号中各地相应编码。

新疆生产建设兵团的做法略有不同。主要原因是兵团的棉花生产方式是产、加、销一体化，同时棉花的生产基础不是农户家庭而是团场，团场的特点是县、乡、村、户一体化，在面积和产量核实上相对简单。每年年初，各植棉师根据兵团下达的各师年度棉花种植面积计划，将计划分解下达到各植棉团场，团场以此为依据安排落实种植计划。兵团统计局于每年6月25日起开始统计、核实棉花实际种植面积，各团场7月完成面积登记、核实工作，分别在连队和团场公示，公示期不少于7天，公示后逐级上报兵团。8月底以前完成测产工作。预测产量作为统计籽棉交售量的主要依据，两者相差一般不应超

过5%。

由于国家分别按自治区和兵团棉花统计产量拨付补贴资金，兵团棉农种植的棉花必须交兵团棉花加工企业。11月20日前，团场棉花加工企业将种植者实际交售籽棉的相关数据汇总后报团场，经团场审核后，将面积、预测产量和籽棉交售量分别在连队和团场公示，公示期不少于7天，无异议后，上报师统计局。各师审核后，将籽棉交售量于11月25日前报兵团统计局汇总、审核。兵团质监局按月统计汇总各植棉师皮棉公检数量，团场及师逐级申报、核定棉花播种面积、产量、籽棉销售量，经兵团统计局测算、核实后，于12月5日前报送自治区和国家。国家统计局根据遥感测量结果，结合兵团上报资料，最终核定兵团棉花播种面积和产量，并将其作为测算兵团补贴总额的依据。兵团直属单位的面积统计、产量测定及籽棉收购量、皮棉加工量由所在师负责统计、上报和发放补贴。特种棉（包括长绒棉和彩色棉）单独统计面积、籽棉销售量，单独测产。

4. 加强棉花购销管理，认定加工企业资格，统一棉花收购发票

加工企业是棉花市场建设的重要主体。为配合棉花目标价格改革试点，自治区政府和兵团分别制定《新疆棉花目标价格改革试点加工企业资格认定办法（试行）》和《兵团棉花目标价格改革试点加工企业资格认定办法（试行）》，加强棉花购销管理，明确参与棉花收购的加工、销售企业（轧花厂）的资格认定依据、条件、程序、退出机制及相关处罚、法律责任等，对全区的棉花购销企业重新进行了资格认定。自治区供销社结合自身实际，制定《自治区供销社贯彻落实〈新疆棉花目标价格改革试点工作实施方案〉执行、监督管理办法》，对供销社系统及其所属各级棉花经营企业加强业务指导和监管，提出管理和服务要求。

自治区的基本农户和农业生产经营单位将籽棉交到经自治区资格认定的棉花加工企业。棉花加工企业购进的籽棉应依法取得普通发票或开具收购发票，票面项目应填写齐全。对目前无法使用网络发票系统的农业生产经营单位，由国税机关代开机打普通发票。棉花加工企业按照税务票据如实填写农户、农业生产经营单位种植证明，并在每次籽棉交售时如实填写相关信息，包括籽棉重量、单价、衣分率、回潮率、含杂率和结算重量等，并在盖章处加盖企业公章。次年1月底前，基本农户凭籽棉交售票据、种植证明到所在村委会进行登记，村委会核对种植户基础信息，登记种植证明上载明的籽棉交售量，由乡（镇）农业部门建立补贴信息；农业生产经营单位凭交售票据，到所在县（市）农业部门进行登记，县（市）农业部门根据种植证明，核对种植户基础信息，建立补贴信息。异地交售的基本农户和农业生产经营单位到其棉花种植所在地的村委会、县（市）农业部门进行登记。

兵团的植棉者要将棉花交到经兵团授权认定的棉花加工企业，棉花加工企业出具籽棉收购结算票据（磅单），各植棉师结合本师具体情况可增加指标，于8月底前统一印发。团场棉花加工企业不得收购地方棉花。这些棉花加工企业必须符合多个条件：须获得工商行政管理部门颁发的《营业执照》或《企业法人营业执照》，兵团发改委颁发的《棉花加工资格认定证书》和自治区棉花质量监督机构颁发的《棉花加工企业质量保证能力审查认定证书》，实行"一线一证"，即一条生产线须具有一个《棉花加工资格认定证书》，需有收购计量、结算系统和设备健全、运行良好的在线监控系统，收购加工的棉花需全部实行专业仓储，在库检验。加工兵团棉花的企业必须使用师统一印发的籽棉收购结算票据（磅单），加工地方棉花的企业必须使用自治区统一发票。每年 8 月底前兵团和自治区资格认定机关要在各部门门户网站，对各自认定的棉花目标价格补贴加工企业名单进行联合公示，公示期为 10 个工作日。公示期满后，兵团发改委对所认定的棉花加工企业颁发带有统一编号的牌匾。通过认定的企业不合格，将被取消资格。

认定的加工兵团棉花的企业如出现以下情形：采购兵团以外的籽棉或皮棉、虚开籽棉收购票据等违法经营行为，套取补贴资金的；不如实标注、籽棉收购总量折算皮棉后大于或小于公检量 5% 以上的；皮棉未按规定送到指定的棉花专业监管仓库（自用棉除外），未进行检验的；收购棉花期间，未按要求在厂区门口等明显位置悬挂带有统一编号的棉花目标价格补贴资格认定牌匾的，经兵团发改委核查属实的，或经自治区质监局（纤检局）等相关部门核查属实转交兵团的，取消认定，同时注销企业棉花加工资格及相关资质。

5. 加强棉花仓储管理，推进专业仓储服务，统一棉花质量检验

质量检验是棉花市场建设的重要环节。为准确核定全区棉花产量，规范棉花加工企业经营活动，维护新疆棉花质量检验的公信度，防止出现"转圈棉"套取补贴资金的现象，加强棉花市场信息服务体系建设，新疆在推行棉花加工企业资格认定的基础上，还制定《新疆棉花专业仓储管理办法（试行）》《新疆监管棉花实施细则（试行）》和《新疆棉花专业监管仓库实施细则（试行）》，加强棉花仓储和质量检验的规范化管理，明确规定了监管棉花的对象、监管仓库、监管棉货权人、交易市场及有关工作人员的责任、权利、义务以及管理流程。

根据《新疆棉花专业仓储管理办法（试行）》，明确推进棉花专业仓库的资格认定，对受理的申报企业进行监管仓库仓储资格条件的审查和认定,符合规定条件的颁发"新疆设棉花专业监管仓库"标志牌,同时规定除特别规定的情形外,区内经过资格认定的棉花加工企业须将加工好的成包皮棉按规定时间全部存入指定的新疆棉花专业监管仓库,由自治区纤检机构组织进行在库取样、重量核查,由指定的公证检验机构按照规范进行公证检验,并将有关数据审核发布。纺织企业收购、加工自用棉,在纺织企业库房进行监管,接受重量检验、取样及后续仪器化公证检验(见图4-1)。

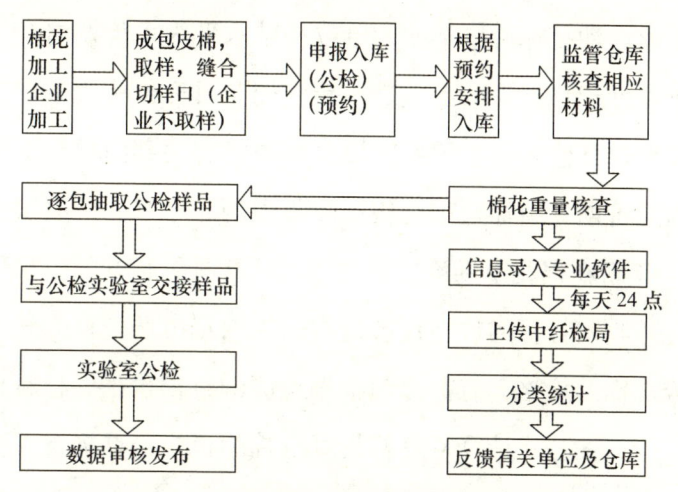

图4-1 新疆棉花监管库公检工作流程

资料来源:新疆维吾尔自治区党委农办:"新疆棉花目标价格改革试点工作培训课程材料之六:监管棉花公证检验流程及相关要求",2014年9月。

《新疆棉花专业仓储管理办法(试行)》,新疆棉花目标价格改革试点工作领导小组委托全国棉花交易市场作为监管仓库的统一管理和组织实施单位,具体负责监管棉花的统一规范监管工作。《新疆棉花专业仓储管理办法(试行)》还明确规定了委托交易市场进行管理的具体职责,监管棉花的日常业务管理、数据管理和信息发布、费用管理等,特别是规定了《新疆监管棉花仓单》的内容和管理流程,规定交易市场要建立新疆监管棉花专用网站(www.cncexj.com),按照权限统一发布有关监管棉花和监管仓库等信息。为保证监管棉花在库公检工作的顺利实施,在原有资金渠道,中央财政按据实结算方式,及时将新疆棉花入库公检经费拨付承检单位所在的省、自治区、直辖市、计划单列市财政部门。

6. 加强棉花价格监测,实行专门集中采价,确定损失补贴标准

棉花收购价格是国家确定棉花生产者市场损失及损失补贴标准的重要依据。当采价期内新疆棉花市场收购价格低于当期公布的目标价格时,国家启动目标价格补贴,单位补贴水平为采价期内全区社会平均棉花价格低于目标价格的差额。新疆棉花目标价格改革方案中的棉花市场收购价格监测是在国家发展改革委等有关部门领导下组织进行的,目前采价期为新棉上市交售比较集中的3个月。按照试点政策规定,2014年新疆棉花市场价格监测工作从9月1日开始,采价环节为采集轧花厂收购籽棉的价格;价格指标为棉花市场价格为轧花厂收购籽棉折成皮棉的价格,有关部门根据检测的籽棉价格、棉籽价格、衣分率等指标,按公式计算从籽棉折算皮棉为价格:籽棉折算皮棉价格=［籽棉价格-棉籽价格×(1-衣分率-损耗率)］÷衣分率+加工费用;采价期为9月1日~11月30日;核定方法为由国家发展改革委会同农业部、粮食局、供销总社等部门共同监测的新疆维吾尔自治区的平均棉花价格水平,不是指单个农户的实际出售价格。

7. 建立补贴资金管理系统,准确核算补贴标准,实行财政直补到户

按照国家发展改革委和财政部的要求,2014年新疆棉花目标价格补贴的具体发放方式由新疆维吾尔自治区和新疆生产建设兵团结合实际情况制定,探索多种补贴方式,自治区和兵团为此专门制定了《新疆棉花目标价格改革试点补贴资金管理暂行办法》和《兵团棉花目标价格改革试点补贴资金管理办法（暂行）》，规范补贴资金使用办法，明确补贴资金兑付程序，确保资金安全有效。

在自治区，棉花目标价格改革试点补贴资金实行专户管理，纳入自治区各级财政部门在同级农业发展银行开设的粮食风险基金财政专户，专款专用，实行分账核算。中央补贴资金下达后，自治区财政厅根据资金分配办法，会同发改委、农业厅提出当年补贴资金分配方案，报自治区人民政府审定。补贴方案批准后，自治区财政厅在5个工作日内将补贴资金拨付到各地（州、市）财政局设在同级农业发展银行的专户中；各地（州、市）财政局在5个工作日内将补贴资金分配拨付至县（市、区）财政局设在同级农业发展银行的专户中。按种植面积补贴资金到达县（市、区）后，各县（市、区）人民政府组织财政、农业、统计、国土资源等部门根据自治区人民政府审定的当年棉花补贴面积，逐级分解落实到每个乡（镇）基本农户和农业生产经营单位。

对基本农户的补贴，由乡（镇）政府根据县（市、区）分解落实的棉花补贴面积、种植补贴证明，以及自治区确定的亩均补贴标准，制作《棉花目标价格改革基本农户种植面积补贴汇总表》；报县（市、区）财政、农业、统计、国土部门审核；审核无误的，由财政部门通过涉农补贴"一卡通"系统兑付补贴资金。对农业生产经营单位的补贴，由县（市、区）财政、农业、统计和国土部门根据有关部门分解落实的棉花种植面积、种植补贴证明，以及自治区确定的亩均补贴标准，制作《棉花目标价格改革农业生产经营单位种植面积补贴汇总表》；报县（市、区）人民政府审定后，由财政部门通过涉农补贴"一卡通"系统兑付补贴资金。

在自治区，补贴资金的补贴对象为全区符合条件并办理申请审核手续的棉花实际种植者，包括基本农户（含村集体机动土地承包户）和地方国有农场、司法农场、部队农场、非农公司、种植大户等各种所有制形式的农业生产经营单位。根据中央财政拨付补贴资金时间，按照核实确认的棉花实际种植面积和籽棉交售量相结合的补贴方式，中央补贴资金的60%按面积补贴、40%按实际籽棉交售量补贴（这一补贴方案简称"大试点"）。阿克苏地区作为新疆棉花目标价格改革试点的主要区域之一，在试点上比较特殊，经自治区人民政府同意，在内部除了实行自治区的60%按面积补贴、40%按实际籽棉交售量补贴的"大试点"之外，在新和县、柯坪县两地还分别单独按棉花交售量或种植面积进行补贴的"小试点"，新和县完全按棉花交售量进行补贴，柯坪县主要按照种植面积（实际上是结合单产测产分档）进行补贴。凡是没有经过申报、公示、审核的棉花种植面积，国家、自治区明确退耕的土地上种植的棉花面积，以及在未经批准开垦的土地或者在禁止开垦的土地上种植的棉花面积，不予列入面积补贴范围；将籽棉交售到未经授权的棉花加工企业，不予列入籽棉交售量补贴范围。

在兵团，财政部根据目标价格与市场价格的差价和国家统计局调查的兵团皮棉产量测算补贴资金总额，年底前拨付兵团。兵团财务局根据《兵团棉花目标价格改革试点补贴资金管理办法》（暂行），按照中央拨付兵团的补贴资金总额和兵团核定的各植棉师棉花产量，拟定各植棉师棉花目标价格补贴资金方案，经兵团审定后，在中央财政补贴资金到位10个工作日内，向植棉师拨付补贴资金。师财务局在兵团补贴资金到位10个工作日内，将补贴资金拨付至团场及代管的兵直单位，团场（兵直单位）20个工作日内按照种植者籽棉交售票据兑付补贴资金。特种棉补贴标准与自治区保持一致。其中，彩色棉由兵团财务局按照统计局统计的彩棉产量，将补贴资金直接拨付彩棉集团，彩棉集团负责兑付给种植者。

在兵团，补贴资金的补贴对象为植棉团场、植棉职工以及兵团范围内的其他各种所有制形式的种植主体（以下简称种植者），植棉团场的性质是县、乡、村、户一体化管理，补贴资金的分配及发放基本上以棉花产量或交售量为依据，遵循公平、公正、公开、合理的原则，规范操作，及时发给符合条件的种植者。没有经过公示、没有籽棉交售票据以及兵团以外流入的棉花，均不予列入补贴范围。

（三）重要特点

新疆实行的棉花目标价格制度是农产品目标价格制度的重要内容。在这种制度中，补贴资金来源于中央财政，试点的过程中取消了棉花临时收储政策。这种制度不仅是一种具有特殊针对性的政策性农业补贴制度，可以帮助棉农分担市场损失，保护棉农的合理利益，而且也是以国家补贴为契机促进棉花生产稳定发展和科学发展、保证棉花市场稳定供应和高效供应的一项具有全局性、长期性、战略性、综合性的制度安排，可以引导和促进稀缺资源（新疆可用于发展农业生产的水土资源和国家可用于农业补贴的财政资源是有限的）科学合理利用，健全和完善棉花市场流通体系，协调和平衡各产业主体（基本农户与农业生产经营户、轧花厂、棉花专业仓库、物流企业、铁路部门、纺织厂、设计公司、服装公司、消费者）之间的利益平衡关系，提升棉花产业链（从棉花种植到棉花加工、仓储物流、纺织行业、时装行业等）国际竞争力。这些探索和努力非常宝贵，不仅确保了改革试点顺利进行，而且创新了很多做法，提升了改革试点效果，在建立适合我国国情的农产品目标价格制度方面走出了一条新路。

1. 合理定性，以帮助农民分担农产品市场损失为核心，能够享受补贴的对象是有符合特定条件的农业生产者

这种制度本质上是一种有特殊针对性的农业补贴制度，目前这种制度支持的品种只限于棉花，以保障棉花生产者的基本经营收益为核心目标，以棉花生产者发生市场损失作为提供补贴的条件，是否补贴以及补贴多少与棉花种植面积、交售籽棉量、种植品种、棉花市场价格变化等挂钩，能够享受补贴的对象仅限于符合特定条件（包括在法律和政策允许的土地上种植，按规定办理申请审核手续，实际从事棉花生产经营等）的棉花生产者。补贴资金来源于中央财政，工作经费主要由地方配套，中央财政给予一定补助。

相比其他农业补贴政策，这种补贴制度主要有两个不同点：一是现有涉农补贴大多按照面积发放，与是否种植和种植何种农作物不挂钩，而目标价格补贴要与作物实际种植面积或产量、销售量挂钩，多种多补，不种不补；二是现有补贴相对固定，只增不减，年年发补贴，而目标价格补贴要与市场价格挂钩，只有当市场价格低于目标价格时才发补贴，低得越多，补贴越多。

2. 尊重差异，对发生农产品市场损失的对象进行科学分类及在补助方式上有所不同，统筹兼顾不同群体的合理利益

这主要是在制度设计上充分尊重不同棉花生产者的客观差异，合理引入条件，按照棉农所在的区域、经营规模和经营方式等，实行既有内在一致性又有一定差异性的多种方案，提高制度内容本身的包容性。

一是区分自治区和兵团，兵团方案与自治区方案有所不同。自治区是大量分散经营的小农户和少量的大农户及各种农场的结合；而兵团是特殊体制和特殊生产方式，以团场为生产中心，团场的特点——县、乡、村、户一体化，决定了在补助方式上有所不同。二是在自治区内部，区分基本农户和农业生产经营单位，区分按产量补贴和按面积补贴，在阿克苏的不同县还试行了不同的方案。在补贴方式上，经充分的调查研究并广泛征求意见，60％按面积补贴、40％按实际籽棉交售量补贴是兼顾公平和效率的补贴方式。因为如果单纯按产量补贴，将会出现"重量轻质"倾向，收购环节容易出现"转圈棉""虚开发票套取补贴"等违规行为。南疆由于采摘、运输和交售的困难较多，棉农向经纪人销售，还会造成实际种植农户得不到充分补贴的现象。而如果单纯按面积补贴，会出现鼓励"懒人种地"的倾向，棉农会偏重面积，对产量的提高关注会减少，不利于提高棉花生产水平。对低产棉田提供过多补贴，会导致次宜棉区，甚至不宜植棉区也种植棉花，不利于产业结构调整和优化区域布局。此外，2014年在阿克苏地区选择新和县和柯坪县，分别按单纯产量补贴和单纯面积补贴的方式进行试点，为下一步完善改革试点的制度设计提供参考。三是在兵团内部，不区分基本农户和农业生产经营单位，或者完全按农业生产经营单位进行对待。在补贴对象上，以团场为单位然后分解落实到职工；在补贴依据上，基本按棉花产量或职工交售量补贴，棉花面积因素仅供参考和用于生产规划指导；不同植棉师的补贴方式基本一致。

3. 严格定损，引入票证管理系统，在界定农产品市场损失的数量标准上采取了严密办法

一是加强棉花收购环节规范管理，核准轧花厂及其他棉花流通企业资质，引入统一棉花收购发票，在农民交售棉花时为农民开具正规发票。二是加强棉花生产环节规范管理，核查棉花面积，农民申报并接受核查，引入棉花种植证明。在农民申报并审核通过后为农民出具证明。三是加强棉花市场价格监测管理，实行专门采价，计算指定时期新疆棉花市场平均价格，按照棉花生产成本兼顾合理利润确定棉花目标价格（农业补贴核算标准），以棉花市场价格变化为依据核定是否发生农产品市场损失，以价量结合方式，确定农产品市场损失的具体数量标准。四是加强棉花信息管理服务，将棉花生产信息和流通信息统一登记入数据库，建立信息发布服务平台。

4. 综合定补，考虑多种因素约束，在确定农民损失补助的数量标准上实行综合平衡

一是实行总体算账和差额补贴。中央财政将新疆棉花目标价格补贴作为一个整体进行核算，按照国家指定部门专门统计的在指定期间新疆市场平均价格低于国家公布的新疆棉花目标价格的差价和国家统计局统计的新疆棉花产量，结合中央财政可支付能力，核定新疆全区目标价格补贴总额。二是实行分步给付和直补到户。第一步是在采价期结束后中央财政将补贴额拨付到自治区财政。第二步是自治区财政根据中央财政拨付补贴资金的时间，按照核实确认的棉花实际种植面积和籽棉交售量相结合的补贴方式（中央补贴资金的60%按面积补贴、40%按实际籽棉交售量补贴），逐级拨付到地方财政，以"一卡通"或其他形式将面积补贴资金兑付给基本农户和农业生产经营单位。三是实行利益调节和综合平衡。由于政府可用于补贴的财政资源是稀缺的，同时基本农户和农业生产经营单位的经营规模和生产水平差异很大，棉花市场损失的社会影响是不同的，对农业生产经营单位主要是一个利润问题，对基本农户则是一个生计问题，政府在确定对农民损失的补贴标准及补贴流程上更多考虑了小农的利益。在补贴发放顺序上，优先发放对基本农户的补贴，然后发放对农业基本经营单位的补贴；优先发放按面积核定的补贴，然后发放按产量（销量）核定的补贴；如果中央财政可支付能力不足，优先保障小农的利益，用于解决农民的生计问题。

5. 建章立制，明晰责权，规范运行，在组织管理体制机制上实行依法管理和合约治理

在这一制度中，政府从公共管理的角度入手，将推进棉花目标价格改革试点与加强棉花市场建设管理、促进棉花产业链升级改造等联系起来，同时又进行严格区分，严格按照合约的方式设计棉花目标价格制度试点的内容，建立了一套比较完整的规章制度，对制度内各种参加者（包括种棉农民、农场、合作社、棉花加工企业、棉花仓储及服务企业、政府部门）所依法依规享有的权利及其相关的前提条件、基本义务和法律责任等进行明确而细致的规定，明晰责权，规范运行，整个制度的内容是公开、公平和公正的。在实行棉花目标价格制度过程中，各级党委、政府加强对农产品目标价格改革试点的组织领导，严密组织、严格管理，保障了制度高效运行。

【专栏4-1】 2014年新疆维吾尔自治区棉花
种植面积统计核实实施方案

为准确核实全区棉花种植面积，做好自治区棉花目标价格改革试点工作，特制定本实施方案。

一、指导思想

以《关于全面深化改革加快推进农业现代化的若干意见》（中发〔2014〕1号文件）为指导，坚持棉花大区地位不动摇，以农民增收为核心，以稳定面积、提高单产为目标，发挥各级组织作用，严把政策，阳光操作，改进工作方法，提高工作效率，确保植棉农户基本收益，实现全区农业增产、农民增收和农村稳定。

二、核实原则

（1）坚持农户（农业生产经营单位）上报、逐级审核的原则。棉花种植面积核实要做到农户（农业生产经营单位）上报，村、乡、县、地逐级审核、上报、汇总。

（2）坚持全面核查、随机抽查的原则。村级组织对农户上报的面积进行全面核查，县级组织对农业生产经营单位上报的面积进行全面核查，自治区、地（州）、县（市）、乡（镇）逐级按比例抽查。

（3）坚持公开公正、阳光操作的原则。坚持公开、公平、公正，自觉接受舆论、社会和群众监督，坚持公示制度和举报制度。

（4）坚持实地丈量、遥感监测相结合的原则。利用常规技术和先进技术逐级核实，间作（套作）面积科学折算；利用卫星遥感同步监测和核查。

三、核实对象与归口

（1）核实对象。①基本农户；②地方国有农林牧场、司法农场、部队农场、非农公司、种植大户等各种所有制形式的棉花生产者（以下简称农业生产经营单位）。

（2）核实归口。①按照现行行政区划，分行政村、乡（镇）、县（市）、地（州）、自治区五级，自下而上，逐级登记、核实、汇总、上报。②基本农户的面积核实工作由村委会负责组织、承担；乡（镇）、县（市）的面积核实工作由乡（镇）人民政府、县（市）人民政府负责组织、承担；地（州）的面积核实工作由地（州）人民政府、行政公署负责组织、承担；自治区的面积核实工作分别由同级农业、国土、调查总队、统计等部门负责组织、承担。

③农业生产经营单位的棉花种植面积，由本单位（个人）申报，属地的县（市）、地（州）人民政府逐级登记、核实、汇总、上报。④自治区负责审核至地（州）、县（市）两级，地（州）负责审核至县（市）、乡（镇）两级，县级负责审核至乡（镇）、村两级，乡（镇）级要全面审核各村及基本农户棉花种植面积，村级要全面核实每个基本农户的棉花种植面积。

四、核实程序

（1）方法。棉花目标价格改革试点补贴面积核查以行政村为重点，基本农户采取个人申报，村级全面核实并公示，乡（镇）复核，县（市）、地（州）两级自查，自治区、地（州）联合抽查的办法，上下结合，以下为主，反复认定。农业生产经营单位采取申报制，由单位（个人）申报，县（市）核查汇总上报，逐级审核。对间作（套作），应充分考虑行间距、株间距、生长时间、占地面积等因素，按照实事求是原则，确定核实比例和测定方法，通过科学折算，确定棉花实际种植面积。具体标准、方法由各地（州）于6月15日前确定，并报自治区农业厅、统计局审查后，报自治区人民政府审定实施。

（2）时间。全区棉花目标价格改革试点补贴面积核实工作从6月1日开始，8月31日结束。

（3）步骤。具体分5个步骤。

第一，村级核实（6月1~30日）。①登记造册。村委会负责组织村民小组干部，以村民小组为单位，根据土地承包证，按照《棉花种植面积登记表》（表1），对本村种植户和外来种植者逐户登记、造册。表1中棉花种植面积只能登记一次，不能重复登记，流转的土地，土地承包证在谁的名下由出租户和承租户双方协商确定，但只能登记一次。②实地丈量。村民委员会吸收党员、村干部、驻村干部和村民代表组成面积复核小组，对农户上报的棉花种植面积逐户实地测量，填写《棉花种植面积复核表》（表2）。农民自有承包田主要由村委会和村面积复核小组依据二轮土地承包合同和农户土地承包证进行认定。③张榜公布。村民委员会负责对本村复核统计表进行第一次张榜公布，张榜公布前，村民委员会要召开全体村民大会，进行广泛宣传，动员农户积极参与。张榜公布时间不少于7天。④填表签名。张榜公布后，村民提出异议的，村民委员会应及时核实。村民无异议后，由村委会负责，组织本村统一由专人造册、汇总、抄填《棉花种植面积上报表》（表3），并进行二次张榜公布，张榜公布时间不少于7天。无异议后，由实际种植户签名，村民委员会签字盖章，《棉花种植面积上报表》一式三份，村委会留一份，上报乡镇人民政府两份。

第二，乡（镇）复核（7月1～20日）。由乡（镇）人民政府统一组织农经、财政、国土、纪检等部门以及村干部农民代表参加的工作组，通过抽查、交叉检查等多种形式逐村核实棉花种植面积，核实面积不少于农户总数的30%。重点复核新增面积和农户，对新增面积全部进行实地测量，同时走访农户，听取农户意见，了解农户棉花种植面积与公示有无差异。经复核无异议后，填写《棉花种植面积乡（镇）汇总表》（表4），经主要领导签字和乡（镇）人民政府盖章后，以正式文件上报县（市）人民政府，同时，抄送县农业局、财政局、统计局、国土局。

第三，县（市）自查（7月21日～8月4日）。县（市）人民政府组织财政、农业、统计、国土、司法等部门，根据随机抽查的原则，抽取乡镇总数30%进行核查。在抽取的乡镇中，抽取10%的行政村，进行抽查。被抽取的行政村随机抽取农户，进行实地复测，并通过召开座谈会了解村、农户棉花申报面积与公示有无差异，核实后填写《棉花种植面积县（市）汇总表》（表5）。农业生产经营单位棉花种植面积的申报、核查工作同基本农户同步进行。对本县（市）行政区域内的农业生产经营单位棉花种植面积，采取单位（个人）申报并如实填报《农业生产经营单位棉花种植面积申报表》（表7），并附土地利用现状图和土地权属证明材料，分别报县农业局、财政局、统计局、国土局，对不按期如实上报的，取消当年补贴资格。同时，由县（市）人民政府组织农业、统计、国土、司法等部门根据农业生产经营单位提供的相关资料，采取实地丈量、卫星测绘等多种形式全面核实农业生产经营单位棉花种植面积。核实后的面积，由县（市）人民政府以书面的形式通知被核实的农业生产经营单位，并填写地方国有农林牧场、司法农场、部队农场、非农公司、种植大户和其他棉花生产经营单位棉花种植面积核实登记表（表8～表13）。有异议的提出理由，再次核实，无异议的由县（市）人民政府填写《县（市）农业生产经营单位棉花种植面积核实汇总表》（表14）。县级农业部门和村委会将核定后的农户和农业生产经营单位的棉花种植面积补贴清册进行公示（涉及保密单位的除外），公示期不少于7天，公示结果无异议，县（市）人民政府以正式文件形式（表5、表14）上报地（州）人民政府、行政公署，同时抄送地州农业局、财政局、统计局、调查队、国土局。

第四，自治区、地（州）联合抽检核查（8月5~14日）。地（州）人民政府、行政公署组织农业局、财政局、统计局、调查队、国土局等单位对各县（市）上报棉花面积进行核查，经核实无异议后，填写《棉花种植面积地（州）汇总表》（表6），《地（州）农业生产经营单位棉花种植面积核实汇总表》（表15）并分别上报自治区农业厅、财政厅、国土资源厅、统计局、调查总队，自治区农业厅、国土资源厅、统计局、调查总队和地（州）相关部门人员组成自治区、地（州）核查小组，对各地（州）2014年棉花种植重点县市和面积增幅较大的县（市）进行抽查。重点抽查县、乡、村三级棉花种植面积核实档案是否齐全、一致，检查以村为单位农民棉花种植面积是否进行公示，查看村公示榜、面积清册，随机走访种植户，与农民座谈种植情况，并实地测量种植面积。

第五，核定和汇总（8月15~31日）。自治区农业厅会同财政厅、国土资源厅、统计局、调查总队对全区棉花种植面积数据进行会审和汇总，确认准确无误后，以正式文件形式上报自治区棉花目标价格改革试点工作领导小组。

五、保障措施

棉花目标价格改革试点补贴面积核实工作涉及面广，政策性强，情况复杂，时间紧迫，农民关注程度高，必须加强领导，精心组织，明确责任，严肃纪律，确保准确无误。

（1）强化领导，精心组织。面积核实关键在村、重点在乡、主要责任在县。各级人民政府要高度重视面积核实工作，抽调业务骨干，由主管领导挂帅，层层建立棉花目标价格改革试点补贴种植面积核查工作组织。在各级人民政府的领导下，由分管领导牵头，按步骤和要求深入细致开展工作。自治区农业厅会同有关部门联合成立自治区棉花种植面积核实督查组，加大对棉花种植面积的核实、核定工作，妥善处理面积核查中出现的矛盾和问题，确保面积核实工作顺利进行。各级人民政府要根据具体情况，适当安排工作经费，确保棉花种植面积核实工作顺利开展。

（2）严格把关，严肃处理。个人申报是基础，逐级审核是关键。实行面积核实、补贴发放问责制，各级人民政府要严格把关，对于基本农户出现的虚报面积（上报面积超过实际面积5%以上的），村民委员会发现后进行批评教育，并及时校正。乡（镇）抽查核实发现后，在取消虚报面积补贴的同时，扣除当年实际种植面积的全部补贴资金。县人民政府及以上部门机构抽查核实发现后，按核实面积的比例扣减该村、乡、县补贴面积。对于农业生产经营单位虚报面积的（上报面积超过实际面积5%以上的），在取消其虚报面积补贴的同时，扣除当年实际种植面积的全部补贴资金。对于个别农户要求复查的或被举报的，由乡（镇）人民政府和村民委员会进行复查。凡在地（州）人民政府、行政公署正式上报自治区之前，要求纠正错报、漏报、多报数据，经复查确实属实的，应予以纠正，已上报自治区后出现错报、漏报、多报数据未能纠正的，所产生后果由出错部门承担。对于虚报、多报套取补贴资金的，追缴其非法所得，触犯法律的追究其刑事责任。各县（市）、乡（镇）、村民委员会要设立举报电话，并在当地媒体予以公布，接受群众监督，乡、村要设立举报箱。

（3）建立档案，规范管理。为确保棉花目标价格改革试点补贴面积核实准确，资金发放无误，要完善相关档案建设，层层建立以

"图、表、册"为内容的棉花种植管理档案,提高规范化管理水平。乡(镇)农经站、县农业局要收集和保存公示影像资料,自治区、地(州)、县(市)种植档案要实行信息化管理,做到目标价格补贴面积清、账目清、户数清、地块清,补贴资金发放不错、不重、不漏、不虚。

(4)严肃纪律,严明责任。统计上报的补贴面积数据要由主要领导把关签字,凡弄虚作假的,将严厉追究其领导责任。各级纪检监察机关和农业、统计、财政、审计部门要加强对棉花目标价格补贴资金的监管和违纪行为的监察,坚决杜绝截留、挤占、挪用、套取补贴资金现象。对目标价格补贴政策执行走样、面积不实的,一律追回套取的补贴资金并依法依纪追究相关人员和领导责任。

附件:1. 自治区棉花种植面积统计核实表样(表1~表15)

2. 自治区棉花种植面积核实督查办法

3. 自治区棉花测产验收办法(试行)

附件1:自治区棉花种植面积统计核实表样(表1~表15,表内容略)

表1 棉花种植面积登记表

表2 棉花种植面积复核表

表3 棉花种植面积上报表

表4 棉花种植面积乡(镇)汇总表

表5 棉花种植面积县(市)汇总表

表6 棉花种植面积地(州)汇总表

表7 农业生产经营单位棉花种植面积申报表

表8 地方国有农林牧场棉花种植面积核实登记表

表9 司法农场棉花种植面积核实登记表

表10 部队农场棉花种植面积核实登记表

表11 非农公司棉花种植面积核实登记表

表12 种植大户棉花种植面积核实登记表

表13 其他棉花生产经营单位棉花种植面积核实登记表

表14 县（市）农业生产经营单位棉花种植面积核实汇总表

表15 地（州）农业生产经营单位棉花种植面积核实汇总表

附件2：自治区棉花种植面积核实督查办法

为准确掌握自治区棉花种植面积，做好自治区棉花目标价格改革试点工作，结合《新疆棉花目标价格改革试点实施方案》，特制定本办法。

一、总体要求

自治区棉花种植面积核实督查工作的组织实施，以县级棉花种植面积核实督导组为主，以自治区、地（州）督导组为辅，充分发挥各级组织作用，改进工作方法，提高工作效率，确保自治区棉花种植面积核实督查工作，措施落实到位，数据准确翔实。

二、督查范围

自治区棉花种植面积核实督查范围为自治区所有棉花种植户，包括基本农户和农业生产经营单位（地方国有农林牧场、司法农场、部队农场、非农公司、种植大户等各种所有制形式的棉花生产者）。

三、督查内容

自治区棉花种植面积大、涉及面广、情况复杂，督查工作应针对实际情况有所侧重。对基本农户重点督查上报种植面积和二轮土地承包后新增部分棉花种植面积是否准确,公示程序是否公开、公平、公正;对农业生产经营单位重点督查申报面积、批复面积、土地权属证明是否属实,程序是否合法;对档案资料重点督查补贴档案是否齐全、一致,张榜公示影像资料是否齐全;对政策落实情况重点督查贯彻自治区棉花目标价格改革试点工作政策的宣传是否到位;对产量测定重点督查测定方法是否科学合理,数据资料是否齐全准确。

四、督查方式

各植棉地(州)、县(市)都要成立面积核实督查组,坚持上下联动、分工负责的原则,充分发挥地(州)、县(市)农业主管部门职能作用,坚持自查自验与抽查相结合,形成相关部门共同参与的棉花种植面积核实督查管理机制。县(市)有关部门实行自查自验,地(州)有关部门实行重点抽查,自治区农业厅会同各有关部门组成联合督查组,加强督查。农业厅对口联系单位将直接参与联系县(市)棉花种植面积核实督查工作。

五、时间安排

2014年自治区棉花种植面积核实督查工作分三个阶段进行。7月底前完成县(市)棉花种植面积核实督查工作;8月10日前完成地(州)棉花种植面积核实督查工作;8月底前完成自治区棉花种植面积核实督查工作。

六、有关要求

(1)提高认识,推进工作。各植棉地(州)、县(市)要提高认识,切实负起责任,把做好棉花种植面积核实督查作为推进自治区棉花目标价格改革试点工作的重要抓手，积极完善管理制度，明确目标任务，落实工作责任，确保自治区棉花目标价格改革试点工作有效开展。

（2）履职尽责，确保成效。在棉花种植面积核实督查工作中，地（州）、县（市）主要领导负行政领导责任，农业局主要领导负直接责任。各植棉地（州）、县（市）有关部门要各司其职，认真履行工作职责，积极完成本辖区棉花种植面积核实督查任务，要坚持实事求是的原则，严格按照相关规定，逐项检查，不走过场，不留死角，保证质量，确保核实督查工作取得实实在在的成效。

（3）分级问责，落实责任。要建立区、地（州）、县（市）、乡（镇）、村分级问责机制，逐级督查、逐级问责。对在棉花种植面积核实工作中因工作不到位、监管缺失等造成的问题，将以通报和批评的形式进行问责，逐级追究主要领导和村干部责任。对工作中有意造假虚报面积，冒领补贴资金的违纪违法行为，农业部门要协同司法部门追究有关人员的相应责任。

（4）即查即改，抓好落实。坚持边督查边整改、以督查促整改，对督查中发现的问题要立即整改，对问题较多的，要制定整改方案，限期完成，跟踪落实。各级人民政府都要为棉花种植面积安排督查工作经费，为核实督查工作的顺利开展提供经费保障，确保棉花种植面积核实督查各项工作措施落实到位，整改工作取得实效。

（5）制定方案，合力推进。各植棉地（州）、县（市）督察组结合实际制定本地（州）、县（市）棉花种植面积核实督查工作方案，于6月25日前报自治区农业厅。在面积核实督查期间，各地、各单位要提前着手，统筹安排，确保资料齐备，积极配合督查工作扎实开展。

自治区本级棉花种植面积核实督查组名单

第一组：

组长：艾克拜尔·吾甫尔（自治区农业厅厅长）

组员：自治区农业厅、国土资源厅、统计局、调查总队相关处室领导

负责地州：喀什地区、克州、和田地区

第二组：

组长：马成（自治区农业厅副厅长）

组员：自治区农业厅、国土资源厅、统计局、调查总队相关处室领导

负责地州：巴州、阿克苏地区

第三组：

组长：热比娅·玉山（自治区农业厅副厅长）

组员：自治区农业厅、国土资源厅、统计局、调查总队相关处室领导

负责地州：昌吉州、吐鲁番地区、哈密地区

第四组：

组长：李洪运（自治区农业厅巡视员）

组员：自治区农业厅、国土资源厅、统计局、调查总队相关处室领导

负责地州：塔城地区、伊犁州、克拉玛依市、乌鲁木齐市、博州

督查时间：自2014年8月15日开始，8月25日结束，具体时间由各督查组自定。

附件3：自治区棉花测产验收办法（试行）

为规范自治区棉花测产程序、测产方法和信息发布工作，做好自治区棉花目标价格补贴工作，特制定本办法。

一、指导思想

按照科学、规范、公开、公正、公平的要求，突出标准化和可操作性，遵循县（市）级自测、地（州）级复测、自治区级抽测的程序，统一标准，逐级把关，确保自治区棉花目标价格补贴政策顺利开展。

二、实施原则

（1）科学选点。选择具有代表性的棉花地块和样点进行测产，确保选点科学有效。

（2）测产与实收相结合。以测产为主，实收做印证，统一标准，规范运作。

三、测产程序

县级农业部门根据自治区方案要求进行自测，将测产结果及时上报地（州）农业局，由地（州）农业局汇总后上报自治区农业厅。地（州）农业部门对县级自测结果进行复测，并保存测产资料备验。要求北疆9月10~15日、南疆9月5~10日完成复测。复测结束后，9月20日前将结果报送自治区农业厅，同时每个地（州）推荐1~3个县申请自治区级抽测验收。自治区农业厅组织专家对各地（州）推荐的棉田进行抽测，并委托有关检测机构对其纤维品质进行检测。农业厅组织专家对各地（州）推荐的棉田测产验收结果进行最终评估认定，并统一对外发布各地（州）测产数据。

四、专家组成

自治区、地（州）分别成立测产验收专家组。

（1）测产验收专家组由具有副高以上职称的棉花科研、教学、推广的专家组成。

（2）专家组设正副组长各一名，实行组长负责制。

（3）专家组要坚持实事求是、客观公正、科学规范的原则，独立开展测产验收工作。

五、测产步骤

（1）听取各县农业部门汇报测产组织、自测结果等方面情况，查阅有关档案。

（2）制定工作方案，确定取样方法、工作程序和人员分工。

（3）进行实地测产验收，计算结果。

（4）汇总测产结果，进行评估认定，形成测产验收报告。

六、测产方法

在每个植棉县随机抽取3个乡（镇），每个乡（镇）随机抽取2个行政村，每个行政村随机抽取5块棉田作为样本田，样本田的面积应在50亩以上。每个样本田抽取5个样点，每个样点面积为6.67平方米。

（1）播幅测定。测定4~6个播幅（膜幅）棉花的宽度和行数。

（2）样点宽度和长度确定。取一个播幅（膜幅）作为样点宽度，根据公式行长＝6.67平方米/行距，计算测产样点长度，确定样点面积，填写记录表。

（3）株数和铃数调查。在确定的样点中调查计数所有棉花株数和铃数，填写记录表。

(4)棉铃分类标准。直径大于2厘米的铃为成铃,直径小于2厘米的铃为幼铃,铃壳开裂3毫米以上的铃为絮铃,烂铃不计。

七、产量计算方法

(1)铃重(克)。每块样本田随机收取吐絮铃100个,晾晒干后称重量,计算平均铃重。铃重(克/铃)=100个絮铃籽棉干重(克)/100,填写记录表。

(2)衣分(%)。计量铃重的100个絮铃试轧后,计算平均衣分(以皮辊轧花机为准,锯齿轧花机衣分加2个百分点)。衣分(%)=100个絮铃皮棉重(克)/100个絮铃籽棉干重(克)×100,填写记录表。

八、产量计算

(1)棉田收获密度(株/亩)=样点实测株数×100。

(2)平均单株成铃数(个/株)=成铃数/株数,总成铃数=成铃数+絮铃数+1/3幼铃数。

(3)籽棉亩产量(公斤/亩)=收获密度(株/亩)×平均单株成铃数(个/株)×单铃重(克/铃)/1000×校正系数(85%)。

(4)皮棉亩产量(公斤/亩)=籽棉产量(公斤/亩)×衣分(%),测产结果,填写记录表。

(5)各样点内连续选取10株有代表性棉花,测定株高、果枝数、果节数、果枝始节等性状。各样点从测试衣分皮棉中,留取50克棉样,注明测试样点编号后,供纤维品质检测用。

(6)测产验收地块不能过早拾花,保证测产验收时测数、取样。测产验收后,被测产地块做好单独实收计量工作,并形成实收产量报告。

资料来源:新疆维吾尔自治区人民政府办公厅关于印发《自治区棉花种植面积统计核实实施方案(试行)》的通知(新政办发〔2014〕63号)

【专栏 4-2】 2014 年新疆维吾尔自治区棉花目标价格改革试点工作实施方案

棉花产业是自治区的重要支柱产业，是保障产业稳定发展和农民增收的重要途径，对自治区国民经济发展和社会稳定关系重大。根据《中共中央关于全面深化改革若干重大问题的决定》以及今年（2014 年）中央 1 号文件的精神，经国务院批准，今年在新疆实施棉花目标价格补贴试点工作。为贯彻落实好这一重大改革政策，结合国家发展改革委、财政部《关于印发棉花目标价格改革试点方案的通知》（发改价格［2014］1524 号）要求，现制定如下实施方案。

一、自治区棉花目标价格改革试点的主要内容、原则和目标

1. 棉花目标价格政策的主要内容

为进一步完善农产品价格形成机制，更加注重发挥市场形成价格的作用，国家明确 2014 年启动新疆棉花目标价格改革试点工作。具体来讲，棉花目标价格政策是指在棉花价格主要由市场形成的基础上，国家有关部门制定能够保障农民获得一定收益的目标价格，当采价期内平均市场价格低于目标价格时，国家对棉花生产者给予补贴，当市场价格高于目标价格时，不发放补贴。

2. 制定棉花目标价格政策的原则

（1）市场决定价格。棉花价格由市场供求形成，政府不干预市场价格。

（2）保障基本收益。当市场价格下跌过多时，政府通过补贴保障农民基本收益，稳定试点地区棉花生产。

（3）统筹兼顾。协调平衡上下游利益，统筹利用国内资源，妥善处理好政府和市场、当前和长远、中央和地方的关系，确保改革顺利推进。

（4）平稳过渡。做好生产、流通、储备、加工、进出口等各环节政策措施的配套衔接，保持政策平稳过渡。

3. 开展新疆棉花目标价格改革试点的目标

（1）为国家完善农产品价格形成机制摸索经验。

（2）保持新疆棉花种植面积和总产量基本稳定，保障国家棉花安全，促进新疆棉花产业发展。

（3）利用推行棉花目标价格改革试点的有利时机，进一步摸清新疆棉花生产底数，提高土地集约化利用水平，严格控制水资源过度开发，遏制非法开荒，保护生态环境。

（4）抓住棉花目标价格改革的机遇，进一步凸现新疆棉花的产地优势，加快发展新疆纺织业，吸引更多纺织企业落地新疆，在新疆创造更多的就业机会。

（5）完善财政补贴机制，提高补贴的精准性和针对性，提高财政资金使用效率。

二、目标价格补贴的发放方法

根据中央财政拨付补贴资金时间，按照核实确认的棉花实际种植面积和籽棉交售量相结合的补贴方式，中央补贴资金的60%按面积补贴、40%按实际籽棉交售量补贴。

1. 补贴对象

补贴对象为全区棉花实际种植者，主要包括基本农户（含村集体机动土地承包户）和地方国有农场、司法农场、部队农场、非农公司、种植大户等各种所有制形式的棉花生产者（以下简称农业生产经营单位）。

2. 棉花种植面积的申报、审定

(1) 棉花种植面积的申报、核实。棉花种植面积采取种植者申报制。6月初，基本农户向村委会申报棉花种植面积，村级全面核实公示，乡（镇）复核，县（市）、地（州）两级自查，自治区、地（州）联合抽查，核实认定。农业生产经营单位向所在县（市）的农业、财政、统计、国土部门申报棉花种植面积，同时出具土地利用现状图、土地权属证明等材料。县（市）人民政府组织农业、统计、国土、司法等部门全面核实公示，自治区、地（州）联合抽查，核实认定。

棉花种植面积核实认定后，由乡（镇）农业部门、村委会向基本农户出具种植证明，县级农业部门向农业生产经营单位出具种植证明。种植证明由农业部门统一印制，财政、统计部门监制。种植证明应包含基本农户和农业生产经营单位的基本信息、农作物种植面积、核实认定的棉花种植面积、籽棉交售、财政兑付补贴资金等信息。

(2) 棉花种植面积的审定。8月中旬，地（州）人民政府、行政公署将核实认定的本区域内的棉花种植面积报送自治区农业厅、财政厅、国土资源厅、统计局和国家统计局新疆调查总队（以下简称调查总队）。8月下旬，自治区农业厅会同发展改革、财政、国土、统计、调查总队等部门对全区棉花种植面积进行汇总、会审后，经自治区棉花目标价格改革试点工作领导小组审议后，报自治区人民政府审定。

(3) 棉花种植信息档案的建立。各级农业、财政、国土、统计、调查总队等部门应对辖区内的基本农户和农业生产经营单位的基础信息建立档案管理制度，指定专人负责，以备查询。

棉花种植面积核实、认定、上报以及信息档案建立的具体操作程序见《自治区棉花种植面积统计核实实施方案（试行）》（新政办发[2014] 63号）。

3. 籽棉交售

基本农户和农业生产经营单位将籽棉交到经自治区资格认定的棉花加工企业，棉花加工企业购进的籽棉应依法取得普通发票或开具收购发票，票面项目应填写齐全。对目前无法使用网络发票系统的农业生产经营单位，由国税机关代开机打普通发票。票据一式五联，即发票联（基本农户留存）、存根联、记账联、税务机关联、企业财务联。票据应注有农户和农业生产经营单位交售棉花种植户姓名（生产经营单位名称）、身份证号（证照号码）、所在乡（镇、村）、棉花加工企业全称、籽棉重量、单价、衣分率、回潮率、含杂率和结算重量（即折合皮棉的公定重量）等信息。

棉花加工企业按照税务票据如实填写农户、农业生产经营单位种植证明，并在每次籽棉交售时如实填写相关信息，包括籽棉重量、单价、衣分率、回潮率、含杂率和结算重量等，并在签章处加盖企业公章。

4. 交售票据登记备案

次年1月底前，基本农户凭籽棉交售票据、种植证明到所在村委会进行登记，村委会核对种植户基础信息，登记种植证明上载明的籽棉交售量，由乡（镇）农业部门建立补贴信息；农业生产经营单位凭交售票据，到所在县（市）农业部门进行登记，县（市）农业部门根据种植证明，核对种植户基础信息，建立补贴信息。异地交售的基本农户和农业生产经营单位到其棉花种植所在地的村委会、县（市）农业部门进行登记。

5. 在库公检

皮棉实行在库公检。棉花加工企业将加工的皮棉全部存入经自治区资格认定的新疆棉花专业监管仓库，由专业纤维检验机构在库进行重量检验、逐包抽取品质检验样品（以下简称取样）并进行品质检验样品的仪器化公证检验（以下简称后续仪器化公证检验）。纺织企业收购、加工自用棉，在纺织企业库房进行监管，接受重量检验、取样及后续仪器化公证检验。

为保证监管棉花在库公检工作的顺利实施，在原有资金渠道，中央财政按据实结算方式，及时将新疆棉花入库公检经费拨付承检单位所在的省、自治区、直辖市、计划单列市财政部门。

6. 补贴资金的拨付、兑付

12月底前，国家根据目标价格与市场价格的差价和国家统计局调查的新疆棉花产量，测算补贴资金总额，分别拨付自治区和生产建设兵团。自治区财政按总额5%的额度预留，机动补差。

次年1月上旬，自治区财政厅根据中央拨付给自治区补贴资金总额，扣除预留资金后的60%以及自治区人民政府审定的棉花种植面积，测算亩均补贴标准，并会同发展改革、农业、国土、统计部门拟定各地（州、市）棉花目标价格面积补贴资金方案；按照剩余的40%以及自治区人民政府审定的棉花产量，测算每公斤籽棉平均补贴标准，并会同发展改革、农业部门拟定各地（州、市）棉花目标价格产量补贴资金方案。补贴资金分配方案经新疆棉花目标价格改革试点工作领导小组审议，报自治区人民政府审定后，由自治区财政厅负责逐级拨付补贴资金。

次年1月底前，乡（镇）财政部门和县（市、区）财政部门凭基本农户和农业生产经营单位的种植证明，按照《新疆棉花目标价格改革试点补贴资金使用管理暂行办法》，以"一卡通"或其他形式将面积补贴资金兑付至基本农户和农业生产经营单位。

次年 2 月底前，乡（镇）财政部门和县（市、区）财政部门凭基本农户和农业生产经营单位的籽棉收购票据、种植证明，按照《新疆棉花目标价格改革试点补贴资金使用管理暂行办法》，以"一卡通"或其他形式将产量补贴资金兑付至基本农户和农业生产经营单位。

兑付产量补贴资金时，原则上优先兑付农户和地方国有农场，其次兑付种植大户，最后兑付其他农业生产经营单位。补贴标准原则上向宜棉区和南疆倾斜。

7. 下列棉花种植面积不予补贴

（1）没有经过申报、公示、审核的棉花种植面积，不予列入补贴范围。

（2）在国家、自治区明确退耕的土地上种植的棉花面积，不予列入补贴范围。

（3）在未经批准开垦的土地或者在禁止开垦的土地上种植的棉花面积，不予列入补贴范围。

8. 保障措施

（1）建立健全棉花种植面积核实、补贴发放问责机制，依法处理相关责任人。各县（市）人民政府对本辖区内棉花实际种植面积审核负责。农业部门负责组织面积核实、制定面积核定办法等工作。财政部门负责落实补贴资金预算、拨付及对资金的监督管理等工作。

（2）实行棉花目标价格补贴公示制度。每次公示时间不得少于 7 天，公示期间，县（市）、乡（镇）纪检监察机关负责对公示过程进行监督。公示内容主要包括种植户信息、棉花种植面积、近三年棉花单产等，乡（镇）农业所、县农业局收集和保存公示影像资料。

（3）实行棉花面积核查制度。村级组织对农户上报的面积进行全面核查，县级组织对农业生产经营单位上报的面积进行全面核查，自治区、地（州）、县（市）、乡（镇）逐级按比例抽查。农业、国土、气象等部门采用卫星遥感测量办法、同步监测和核查各县棉花种植面积，核定面积低于或超出遥感测量结果较多的县（市），要做出合理解释并在规定时间内修正。

（4）实行籽棉加工企业资格认定制度。被认定有资格的企业购进的籽棉应依法取得普通发票或开具收购发票，票面项目应填写齐全；对目前无法使用网络发票系统的农业生产经营单位，由国税机关代开机打普通发票。收购加工的棉花如数发送棉花专业监管仓库并在仓库进行公检，在库检验的成包皮棉公定重量作为核定企业收购籽棉加工的皮棉公定重量和棉花运输补贴的依据。对不如实标注、籽棉收购总量折算皮棉后大于或低于公检量5%及以上时，自治区发展改革委取消其加工资质，纤检部门停止其公证检验。相关部门将对违法行为进行处罚，触犯刑律的，移交司法机关处理。

（5）强化收购、加工环节的监督检查。棉花收购期间，由自治区发展改革委、财政部门牵头，组织工商、税务、质检、供销等部门，对经资格认定的棉花加工企业收购时使用籽棉交售票据情况、收购量、公检量等情况进行核对，发现问题及时整改。

（6）坚决杜绝补贴面积虚报、多报、压报、漏报现象发生。对于植棉户出现虚报面积的情况，第一次虚报的由村委会进行政策解说，并警告教育；第二次虚报的一经查实，取消其虚报面积的补贴，同时扣除当年实际种植面积补贴资金的50%。对于农业生产经营单位虚报面积的，取消其虚报面积的补贴，同时扣除当年实际种植面积的补贴，并对虚报、多报补贴面积套取资金的，依法依纪处理。对棉花加工企业虚开收购发票或取得虚开普通发票的，农户、农业生产经营单位私自篡改籽棉交售票据冒领补贴的，严肃查处，追缴其非法所得，触犯法律的追究其法律责任。各级农业、统计、财政部门要设立监督电话，并在当地媒体予以公布，接受群众监督，对举报的问题要及时组织有关人员进行调查核实，若情况属实，对造假责任人和有关领导要严肃处理。财政部门应定期对各级财政落实棉花目标价格补贴政策情况进行监督检查，及时发现、纠正问题。

（7）特种棉（包括长绒棉和彩棉）的目标价格补贴标准（产量部分）为陆地棉目标价格补贴标准（产量部分）的1.3倍。特种棉的种植面积和产量单独统计、单独上报。

三、棉花目标价格补贴加工企业加工资格认定

1. 认定标准

棉花加工企业资格认定必须符合以下条件。

（1）在疆内从事棉花加工的企业，须获得工商行政管理部门颁发的《营业执照》或《企业法人营业执照》、自治区发展改革委颁发的《棉花加工资格认定证书》和自治区纤维检验局颁发的《棉花加工企业质量保证能力审查认定证书》。实行"一线一证"，即一条棉花加工生产线具有一个《棉花加工资格认定证书》。

（2）诚实守信，合法经营，法人治理结构完善，财务状况良好；正常开展棉花收购、加工经营活动，收购籽棉未出现给棉花生产者"打白条"行为；加工的皮棉按规定时间全部发运到指定的经资格认定的棉花专业监管仓库，接受监管并在库进行重量检验、取样及后续仪器化公证检验；纺织企业收购、加工的自用棉，须在纺

织企业库房进行重量检验、取样及后续仪器化公证检验；定期向自治区发展改革委上报企业棉花收购、加工、销售和库存等购销运行情况。

（3）具备与税务部门联网的籽棉收购专用国税通用机打发票系统，企业须在每笔收购交易完成后，如实为棉花生产者出具真实有效的籽棉收购通用机打发票。

（4）遵守有关法律法规、规章制度关于棉花质量监督和市场管理的规定，未出现严重质量违法行为或其他违法经营行为。未发生伪造、变造、冒用《棉花加工资格认证证书》、棉花质量凭证、公证检验证书、公证检验标志及其他检验标志、标识的行为。

2. 认定流程

（1）各地（州、市）发展改革委会同财政局、质监局（纤检所）、工商局、国税局及农发行，共同配合，按照认定标准提出企业初选名单，在每年4月底前上报自治区发展改革委。

（2）自治区发展改革委会同自治区财政厅、质监局（纤检局）、工商局、国税局及农发行联合审查并确定企业名单，并在每年5月底前在各部门门户网站予以公示，接受社会监督。公示期为10个工作日，公示期满后由自治区资格认定机关分批次对符合条件的棉花加工企业核发带有统一编号的牌匾，有效期为两年。

（3）企业实行动态管理和不定期考核。在棉花收购、加工期间，各地（州、市）发展改革委、质监局（纤检所）、工商局、国税局及农发行对企业实施动态监管，据实上报棉花收购、加工、销售和库存等经营有关情况。

3. 资格认定的退出机制及相关处罚

经资格认定的棉花加工企业如出现以下情形，经自治区发展改革委、质监局（纤检局）、工商局和国税局核查属实，取消其棉花加工资格及相关资质。

（1）籽棉收购时，取得虚开普通发票或自行虚开收购发票。

（2）恶意修改棉花品质、重量等信息，套取补贴资金的。

（3）压级压价收购籽棉，且情节严重的。

（4）加工好的皮棉未按规定时间全部送到指定的棉花专业管理仓库（自用棉除外），未进行仪器化公证检验的。

（5）通过采购新疆以外的籽棉，以及购买区内外皮棉、进口棉，蓄意套取补贴资金的。

（6）直接参与或操纵"转圈棉"套取补贴资金的。

（7）收购棉花期间，未按要求在厂区门口等明显位置悬挂带有统一编号的棉花目标价格改革加工企业资格单位牌匾的。

（8）伪造、变造、冒用、转借、自行悬挂棉花目标价格改革加工企业资格单位牌匾的。

（9）使用擅自扩建增加的生产线（即"一证多线"）从事棉花加工活动的。

四、相关配套措施

1. 目标价格改革试点补贴资金使用管理办法

由自治区财政厅负责制定《新疆棉花目标价格改革试点补贴资金使用管理暂行办法》，补贴资金要专款专用，任何地方、单位和个人不得虚报棉花种植面积，不得套用、挤占、挪用补贴资金。各级财政部门应及时核对棉花生产者、棉花加工企业、发票信息，核算补贴资金。

2. 本地"转圈棉"及疆外棉流入控制办法

（1）本地"转圈棉"控制办法。

一是由各级农业部门牵头，以县市为区域，根据当地推广的棉花品种的衣分，制定当地每吨籽棉加工皮棉出品率的合理区间，作为预防"转圈棉"的重要指标。由质监（纤检）部门牵头定期核对加工企业皮棉产量，并与折算后的籽棉进行对账，会同相关部门不定期对棉花加工企业进行检查，对于存在问题的企业要严肃处理。

二是推行建立在库取样和专业仓储制度，有效防范"转圈棉"，精确统计棉花产量，确保新疆棉花公检的公信度。由自治区发改委、质量技术监督局和相关部门制定《新疆棉花专业监管仓库管理办法》，对棉花专业监管仓库的设立、认定、管理、费用成本等做出具体规定。棉花加工企业将加工好的皮棉及时发送到经资格认定的棉花专业监管仓库，接受监管并在库进行重量检验、取样及后续仪器化公证检验。对纺织企业所属的棉花加工企业加工的纺织自用棉，须在纺织企业库房进行重量检验、取样及后续仪器公证检验。入厂公检的棉花只能自用，不能再转让销售。

（2）疆外棉流入控制办法。

一是自治区交通运输厅和乌鲁木齐铁路局负责分别制定《防止疆外棉进疆运输管控办法》，严格监控疆外棉进疆的公路和铁路运输渠道。除持有《进口棉花配额证》的进疆棉花外，其他凡是在入疆列车中装载棉花的，需向铁路部门填报"棉花铁路进疆申报单"，如实填写列车批次、发货地、发货单位、收货地、收货单位、装载数量、棉花种类（籽棉、皮棉）等信息；铁路部门核对铁路运单相关信息后，每月定期汇总报送自治区农业厅、财政厅和统计局。由交通管理部门在星星峡等入疆主要通道，对入疆装载棉花的车辆实施登记，由托运人填报"棉花公路进疆申报单"（内容参考棉花铁路进疆申报单），交通部门核对托运单据相关信息后，每月定期汇总报送自治区农业厅、财政厅和统计局。

二是各级质监（纤检）部门在公检过程中如发现疆外棉花，不予公检，并依法进行处置，同时，将有关情况通报当地各行政主管机关。各行政主管机关依法加强对相关责任单位和责任人的监督管理。

三是经资格认定的棉花加工企业在收购籽棉时要安排专人负责甄别棉花品种和质量，不得收购疆外籽棉。

3. 政策宣传工作

（1）部门分工及责任。由自治区党委农村工作办公室牵头，会同自治区党委宣传部、农业厅、财政厅、发展改革委制定的宣传计划，组织媒体开展宣传。按国家、自治区确定的试点原则、内容、方案等制定统一的宣传口径，编印宣传资料。自治区党委宣传部负责组织新闻媒体，做好棉花目标价格改革试点的政策宣传和舆论引导工作，通过电视、报纸、网络等多种媒体向广大农民群众、基层干部宣传补贴政策，让农户、农业生产经营单位均能了解掌握棉花目标价格补贴政策。

（2）充分发动驻村干部入户宣传。由自治区党委农村工作办公室牵头，结合自治区"访民情、惠民生、聚民心"活动，号召植棉区的驻村干部集中开展宣传工作。驻村干部要采用政策口口相传、田头讲解等方式，为植棉户答疑解惑。

4. 培训工作

由自治区党委农村工作办公室负责棉花目标价格政策和相关涉农政策的整理汇总，编印《新疆棉花目标价格及相关惠农政策培训资料汇编》，牵头组织相关部门、单位制定人员培训计划，有针对性地分批对各地（州）、县（市）有关部门、村（镇）干部、棉花加工企业进行培训,力争做到所有涉及棉花目标价格政策的人员熟悉掌握国家和自治区相关政策。由受训人员组成宣讲组到县(市)进行培训和宣传工作。各县(市)党委、人民政府另行组织相关培训,直至将培训落实到村一级。

5. 其他政策支持

实施棉花目标价格改革后,国家将增加对新疆节水灌溉工程和优质棉生产基地建设投入,加大对农机具购置和农业保险保费等补贴力度,继续实行出疆棉运费补贴。自治区发展改革委、财政厅、农业厅等有关部门应尽快提出落实方案,与国家有关部委进行对接,确保各项政策落到实处。

五、组织领导、监督检查及应急措施

1. 组织领导

新疆棉花目标价格改革试点工作领导小组负责组织开展棉花目标价格改革试点工作,领导小组的职责是:贯彻落实中央关于新疆棉花目标价格改革试点工作的决策部署,研究制定相关改革政策,指导试点工作的组织实施,加强对试点工作的监督检查。领导小组各成员单位按照分工各司其职,认真开展工作。领导小组办公室设在自治区发展改革委,负责领导小组日常工作。

2. 监督检查

(1) 设立监督电话。自治区财政厅、农业厅设立棉花目标价格改革试点工作监督电话,并通过新疆卫视、《新疆日报》等主流媒体和网络向全社会公布。各地(州)、县(市)的各级财政、农业部门均需设立补贴监督电话,并在当地主要媒体及植棉乡(镇)公布,接受群众监督。

(2) 建立补贴公示和档案管理制度。实行棉花种植补贴村级公示制，建立补贴档案管理制度，指定专人负责，以备查询。

（3）加强部门协作，充分发挥发展改革、财政、税务、工商、质监、统计、供销等相关部门的监管职能，完善监管机制，加强各环节监管，加大对违规企业和生产经营主体的惩戒力度，避免出现收购环节中的虚开发票、"转圈棉"等问题。建立健全棉花生产经营数据共享机制，建立棉花目标价格改革管理服务平台，通过平台完成种植面积、销售数量、价格、加工能力的数据采集和综合分析，实现籽棉收购量与皮棉加工量的有效监控。

（4）棉花收购期由发展改革、财政、农业、质监、工商、税务、统计、交通、铁路、供销等部门抽调骨干人员组成监督组到各地进行督查，及时发现工作中存在的问题。针对可能出现的虚开发票、"转圈棉"和"疆外棉进疆"等问题的地区和重点县（市）要进行重点检查，确保政策的顺利实施。

3. 会商协调机制

自治区和地（州）层面分别建立会商协调机制，实行定期会商和不定期会商相结合的形式。原则上自治区层面的定期会商在棉花收购期（每年9~12月）每周举行一次，主要是会商日常工作中的常态性事项。若遇重大事项或突发性专项工作，随时进行不定期会商。

六、新疆生产建设兵团的政策执行

新疆生产建设兵团的财政管理与基层组织构架和地方相比存在较大差异，因此由新疆生产建设兵团自行制定实施方案。兵团实施方案在原则和方法上应与自治区衔接。

资料来源：新疆维吾尔自治区党委农办：《新疆棉花目标价格改革试点工作培训班文件资料汇编》，2014年9月。

【专栏4-3】 2014年新疆生产建设兵团棉花目标价格改革试点工作实施方案

经国务院批准，2014年新疆棉花目标价格改革试点工作正式启动。为顺利推进兵团试点工作，根据国家和自治区《棉花目标价格改革试点方案》，结合兵团实际，制定本方案。

一、棉花目标价格改革政策的主要内容、指导思想和原则

1. 指导思想

深入贯彻落实党的十八大、十八届三中全会和2014年中央1号文件精神，积极探索推进农产品价格形成机制与政府补贴脱钩的改革，在保障棉花实际种植者利益的前提下（棉花实际种植者包括植棉团场、植棉职工以及兵团范围内的其他各种所有制形成的种植主体，以下简称种植者），发挥市场在资源配置中的决定性作用，合理引导棉花生产、流通、消费，促进产业上下游协调发展，完善符合国情和现阶段发展要求的棉花价格形成机制。

2. 基本原则

（1）市场决定价格。由市场供求形成价格，政府不干预市场价格。

（2）保障种植者基本收益。国家不再按照固定价格进行临时收储，在市场价格较低时，种植者的种植收益通过国家补贴得到基本保障，稳定棉花生产。

（3）保持政策平稳过渡。在实时方案与自治区方案衔接的前提下，发挥兵团体制优势，保持兵团棉花生产经营各环节政策的连续性，实现政策平稳过渡，促进改革顺利推进。

3. 主要内容

棉花目标价格是指棉花价格在主要由市场形成的基础上，国家制定能够保障种植者获得基本收益的目标价格。当采价期内平均市场价格低于目标价格时，国家对棉花种植者给予补贴；当市场价格高于目标价格时，不发放补贴。

二、目标价格的制定

1. 目标价格水平制定

由国家发展改革委牵头制定，一年一定，播种前公布。2014 年皮棉目标价格为 19800 元/吨。

2. 市场价格监测

市场价格为采价期内新疆棉花平均销售价格，采价期为 9~11 月。兵团棉麻公司和植棉师棉麻公司作为国家棉花价格监测点，兵团发展改革委负责市场价格每日汇总报送工作。

三、面积、产量统计、核实、申报程序

1. 统计棉花种植面积和预测产量

年初，各植棉师根据兵团下达的分师年度棉花种植面积计划，分解下达到各植棉团场。团场以此为依据安排落实种植计划。兵团统计局于 6 月 25 日起负责统计、核实棉花实际种植面积，团场 7 月份完成面积登记、核实工作，分别在连队和团场公示，公示期不少于 7 天，公示后逐级上报兵团。统计过程中要有效杜绝虚报、多报、压报、漏报棉花面积现象的发生，解决好果棉套种面积折算问题。8 月底以前完成测产工作。预测产量作为统计籽棉交售量的主要依据，两者相差一般不超过 5%。

2. 统计籽棉交售量

（1）印制籽棉交售票据。兵团植棉者将棉花交到经兵团授权认

定的棉花加工企业，棉花加工企业出具籽棉收购结算票据（磅单），票据一式四联，即种植者、加工企业、所在团场、所在师棉麻公司各持一联。票据应注有交售时间、姓名、身份证号、联系电话、土地所属单位、棉花加工企业全称、籽棉重量、等级、回潮率、含杂率等主要信息。各植棉师结合本师具体情况可增加指标，于8月底前统一印发。

（2）明确籽棉的交售范围。由于国家分别按自治区和兵团棉花统计产量拨付补贴资金，因此兵团植棉者种植的棉花必须交兵团棉花加工企业才能纳入产量统计范围，获得补贴。团属棉花加工企业一律不得收购地方棉花。

（3）籽棉统计数量的核实和公示。11月20日前，团场棉花加工企业将植棉者实际交售籽棉相关数据汇总后报团场，经团场审核后，将面积、预测产量和籽棉交售量分别在连队和团场进行公示，公示期不少于7天，无异议后，上报师统计局。师统计局审核后，将籽棉交售量于11月25日前报兵团统计局汇总、审核。

3. 测算皮棉产量

兵团质监局按月统计、汇总各植棉师皮棉公检数量。经团场及师逐级申报、核定的棉花播种面积、产量、籽棉销售量，经兵团统计局测算、核实后，于12月5日前报送国家、自治区。国家统计局根据遥感测量结果，结合兵团上报资料，最终核对兵团棉花播种面积和产量，作为测算兵团补贴总额的依据。

4. 其他情况

兵直单位的面积统计、产量测定及籽棉收购量、皮棉加工量由所在师负责统计、上报和发放补贴。特种棉（包括长绒棉和彩色棉）单独统计面积和籽棉交售量，单独测产。

四、补贴资金发放

1. 中央财政补贴依据和下拨时间

财政部根据目标价格与市场价格的差价和国家统计局调查的兵团皮棉产量测算补贴资金总额，年底前将补贴资金拨付兵团。

2. 兵团补贴资金发放办法

（1）补贴资金的拨付。兵团财务局根据《兵团棉花目标价格改革试点补贴资金管理办法》（暂行），按照中央拨付兵团的补贴资金总额和兵团核定的各植棉师棉花产量，拟定各植棉师棉花目标价格补贴资金方案，经兵团审定后，在中央财政补贴资金到位 10 日内，向植棉师拨付补贴资金。

（2）补贴资金的兑付。师财务局在兵团补贴资金到位 10 日内，拨付至团场及代管的兵直单位，团场（兵直单位）20 日内按照种植者籽棉交售票据兑付补贴资金。

（3）特种棉补贴发放。特种棉补贴标准与自治区保持一致。其中，彩色棉由兵团财务局按照统计局统计的彩棉产量，将补贴资金直接拨付彩棉集团，彩棉集团负责兑付给种植者。

（4）下列棉花不予列入补贴范围。没有经过公示、没有籽棉交售票据以及兵团以外流入的棉花，均不予列入补贴范围。

五、棉花目标价格补贴加工企业加工资格认定

1. 认定标准

棉花加工企业必须符合以下条件。

（1）须获得工商行政管理部门颁发的《营业执照》或《企业法人营业执照》、兵团发展改革委颁发的《棉花加工资格认定证书》和自治区棉花质量监督机构颁发的《棉花加工企业质量保证能力审查认定证书》。实行"一线一证"，即一条生产线须具有一个《棉花

加工资格认定证书》。

（2）有收购计量、结算系统和设备健全、运行良好的在线监控系统，收购加工的棉花全部实行专业仓储，在库检验。加工兵团棉花的企业必须使用师统一印发的籽棉收购结算票据（磅单），加工地方棉花的企业必须使用自治区统一发票。

2. 认定流程

（1）取得自治区发展改革委颁发的《棉花加工资格认定证书》的兵团棉花加工企业，均到自治区相关部门进行资格认定。

（2）取得兵团发展改革委颁发的《棉花加工资格认定证书》的加工地方棉花的兵团棉花加工企业，由兵团发展改革委会同自治区工商行政管理局、自治区纤检局认定。

（3）取得兵团发展改革委颁发的《棉花加工资格认定证书》的加工兵团棉花的加工企业，由师发展改革委认定，同时每年7月底前报备兵团发展改革委。

（4）8月底前兵团和自治区资格认定机关对各自认定的棉花目标价格补贴加工企业名单，在各部门门户网站进行联合公示，公示期为10个工作日。公示期满后，兵团和各师发展改革委分别对所属认定的棉花加工企业颁发带有统一编号的牌匾。

3. 认定企业的退出机制

认定的加工兵团棉花的加工企业如出现以下情形，经兵团发展改革委核查属实的，或经自治区质量技术监督局（纤维检验局）、工商行政管理局等相关部门核查属实转交兵团的，取消认定，同时注销棉花加工资格及相关资质。

（1）采购兵团以外的籽棉或皮棉、虚开籽棉收购票据等违法经营行为，套取补贴资金的。

（2）不如实标注、籽棉收购总量折算皮棉后大于或小于公检量5%以上的。

（3）收购棉花期间，未按要求在厂区门口等明显位置悬挂带有统一编号的棉花目标价格补贴资格认定牌匾的。

六、指定配套政策

1. 制定目标价格改革试点补贴资金使用管理办法

兵团财务局制定《兵团棉花目标价格改革试点补贴资金使用管理办法》（暂行），开设补贴资金专户，实行封闭管理，专款专用，单独核算。

2. 制定目标价格改革试点加工企业资格认定实施细则

兵团发展改革委会同自治区工商行政管理局、质监局等部门，制定《兵团棉花目标价格改革试点加工企业资格认定实施细则》（试行），明确兵团棉花目标价格改革试点加工企业资格认定的条件、程序。

3. 制定兵团以外棉花流入控制方法

兵团发展改革委会同兵团质监局、供销社等部门和单位，制定《兵团以外棉花流入控制办法》（试行），加强对籽棉结算票据、公检、仓储、自用棉管理及兵团以外棉花流入监管。

七、保障措施

1. 切实加强组织领导

兵团棉花目标价格改革试点工作领导小组负责贯彻落实中央关于新疆棉花目标价格改革试点工作的决策部署，研究制定兵团相关改革政策，指导试点工作的组织实施，加强政策宣传、人员培训、督导检查。领导小组成员单位按照职责分工各司其职，密切配合，认真开展各项工作。

2. 植棉师抓好棉花目标价格改革推进落实工作

植棉师要高度重视，相应成立领导小组，制定工作计划，积极主动抓好各项落实工作。负责棉花种植面积及籽棉、皮棉产量的统计、审核、测产和市场价格监测数据报送等工作，制定本师兑付发放补贴资金具体操作办法，确保补贴资金及时、公开、公正、准确发放。加强改革政策宣传、培训工作，使政策家喻户晓。加强棉花质量管理，提高棉花品质，增强市场竞争力。加强棉花销售工作，促进棉花快收、快轧、快销。师可预留本师补贴资金总额的5%，用于兑付调查核实后确实未拿到补贴的实际种植者。师兑付发放补贴资金操作具体办法需报备兵团。

3. 加强政策宣传和培训工作

兵团党委宣传部牵头，会同兵团发展改革委、农业局、财务局、统计局、工信委、质监局、供销社等部门和单位，按国家、自治区、兵团确定的实施方案，制定兵团宣传方案，通过电视、报纸、网络、宣传手册以及干部驻连入户宣传等多种方式，使用种植者、基层干部听得懂的语言，广泛宣传，让他们了解棉花目标价格改革意图，掌握兵团棉花交售和补贴政策，形成共同推动改革的良好氛围。

采取外培和自培相结合的方式，加强培训。兵团发展改革委牵头协调，组织兵团相关部门和植棉师相关单位，积极参与自治区培训；各师农业局牵头，制定培训计划，编印培训资料，对各团场相关人员进行培训。

4. 安排专项工作经费

棉花目标价格改革试点是一项全新的工作，涉及面广、政策性强，可能会出现许多无法预知的情况，需要加强各环节监管。为了不影响工作，兵团本级和植棉师预安排专项经费，用于制作棉花加工企业牌匾、印制宣传手册、开展人员培训、统计测产、新闻媒体宣传、成本调查、市场价格监测、专项调查检查等工作。

5. 加强棉花销售工作

继续保持兵团现有棉花购销运行机制，充分发挥兵、师棉麻公司现有营销网络体系的重要作用和仓储、设施方面的功能，多渠道、多方式促进棉花销售，鼓励和支持兵、师棉麻公司参与全国棉花交易市场，公开竞卖。

6. 加强监督管理

建立补贴公示、档案管理、监督检查制度，实行监管联动机制。棉花收购期间，由兵团发展改革委、财务、质监、供销等部门组成督查组赴师团进行督查，对籽棉交售票据、收购、公检等情况进行核对，及时发现问题，对违规企业和生产经营主体进行惩戒，避免出现虚开收购票据、兵团以外棉花流入等问题。实行社会监督制度，在兵、师、团统计、财务部门设立棉花目标价格补贴监督电话，并通过兵团各级主流媒体和网络向社会公布。各级对举报的问题及时进行调查核实，若情况属实，对造假责任人和有关领导进行严肃处理。

7. 适时采取应急措施

当国内市场棉花价格大幅度低于进口棉价格，出现"卖棉难"时，及时启动预案，采取必要措施鼓励企业入市收购。

资料来源：新疆维吾尔自治区党委农办：《新疆棉花目标价格改革试点工作培训班文件资料汇编》，2014年9月。

三、黑龙江大豆目标价格制度改革试点

2014年,按照中央1号文件的要求,我国选择了东北和内蒙古进行大豆目标价格政策改革试点。其基本内容是完善大豆市场价格形成机制,探索推进大豆价格形成机制与政府补贴脱钩的改革,种植前公布大豆目标价格,当市场价格低于目标价格时,国家根据目标价格与市场价格的差价对试点地区生产者给予补贴;当市场价格高于目标价格时,不发放补贴。黑龙江是全国最大的大豆主产区,是实行目标价格政策改革试点的最重要的省份。

(一) 政策背景

我国大豆既是粮食,又是油料。作为粮食,与谷物相比,大豆在粮食总产量中所占的比重非常小,目前大约仅为2%。目前大豆在全国各省(区、市)都有种植,但大豆主产区很集中,主要分布在东北、黄淮海地区和西南地区。2004年以来,我国粮食总产量持续稳定增长,但大豆种植面积和产量却不增反降,大豆进口持续快速增长。2013年全国大豆产量为1200万吨,比2003年减少539万吨,大豆进口量为6335万吨,比2003年增加4261万吨,大豆供应的对外依存度已经超过70%。我国进口的大豆主要用于榨油,在提供大豆的同时,也为畜牧业提供饲料。由于大豆进口规模很大,我国大豆价格不仅受国内供求影响,而且主要受国际大豆市场影响。近年来,国际大豆市场价格大幅回落并持续低位运行,为了保护了豆农利益,2008年以来我国连续多年实施了大豆临时收储政策。实施大豆临时收储政策后,保护了农民利益,但也积累了一些矛盾和问题。由于

大豆托市价格不断上涨，一方面大豆市场收购主体单一，政府收储和财政支出压力较大；另一方面政策性收购价格与市场价格严重倒挂，主产区加工企业举步维艰，使用国产大豆生产的豆油基本没有竞争力。

2014年中央1号文件明确提出，国家要逐步建立农产品目标价格制度，启动东北和内蒙古大豆目标价格补贴试点，黑龙江的改革试点与吉林、辽宁和内蒙古的改革试点同时展开。2014年5月17日，国家发布2014年大豆目标价格，经国务院批准，国家发展改革委、财政部、农业部联合发布2014年大豆目标价格为每吨4800元。实行大豆目标价格政策后，取消临时收储政策，生产者按市场价格出售大豆。当市场价格低于目标价格时，国家根据目标价格与市场价格的差价和种植面积、产量或销售量等因素，对试点地区生产者给予补贴；当市场价格高于目标价格时，国家不发放补贴。

为了积极稳妥落实大豆目标价格差额补贴政策，财政部等组成专题调研组，在黑龙江省财政厅等部门配合下，深入黑龙江省重点市县进行了调查研究。黑龙江省财政厅和发改委等部门还牵头组织市县对大豆目标价格差额补贴有关方面的情况和问题进行全面调研，并分片区召开了调研座谈会，在此基础上按照省政府的部署，积极配合省物价部门研究拟定了《黑龙江省大豆目标价格改革试点实施工作方案》，报国家有关部委审批。2014年11月28日，财政部公开发布《关于大豆目标价格补贴的指导意见》（财建［2014］695号）（见专栏4-4），明确提出了内蒙古、辽宁、吉林、黑龙江等省大豆目标价格补贴的指导思想和基本原则，目标价格补贴政策的主要内容，要求切实加强目标价格补贴的组织领导。2015年1月14日前后，《黑龙江省大豆目标价格改革试点实施工作方案》正式下发实行（见专栏4-5）。

（二）主要做法

黑龙江实行的大豆目标价格制度是由黑龙江省政府与国家财政部、发展改革委、农业部等多个部委共同研制的。在改革试点过程中，在深入调研大豆产区发展情况和政策需求的基础上，对补贴方式进行精心设计和严密安排。

1. 明确政策规范，广泛宣传到农户、企业和行业

实行大豆目标价格试点政策的基本内容是大豆生产者按市场价格出售大豆，市场价格由参加大豆市场交易的双方自主协商确定；当大豆市场价格低于国家规定的大豆目标价格时，国家根据大豆目标价格与大豆市场价格的差价和大豆种植面积、产量或销售量等因素，对试点地区生产者给予补贴；当大豆市场价格高于大豆目标价格时，国家不发放补贴。大豆目标价格每年制定一次，试点地区执行统一的目标价格，2014年为每吨4800元。大豆目标价格补贴的对象为全省范围内大豆实际种植者（包括农民、企事业单位等），实行种者有补、多种多补、少种少补、不种不补。补贴标准根据目标价格与市场价格的差价和全省大豆产量测算补贴资金总额，然后按照目标价格与市场价格的差价和全省每亩平均单产确定全省每亩平均补贴标准，补贴时依据实际种植面积进行拨付和发放。

2. 实施大豆种植者和种植面积认定审核，建立统计台账和档案

在黑龙江省政府的统一部署安排下，各有关市县组织开展了对大豆实际种植者和实际种植面积的调查认定、补贴资金兑付到户及补贴公示、档案管理、监督检查等工作。在实际种植面积核实上，主要采取农户申报、村级核实、乡镇复核，县级确认上报，省市抽查确认等环节，确保面积核实准确。全省统一建立大豆目标价格补贴公示、档案管理、监督检查制度，公布监督举报电话，接受群众监督，依法惩处骗取补贴等违规行为。黑龙江大豆产量测算工作由国家统计局负责,黑龙江省统计的大豆产量只作为本身工作参考,不作为国家定量定补依据。

3. 开展大豆价格监测,实行专门集中采价,确定损失补贴标准

大豆市场价格监测工作包括专门采价和日常价格监测。专门采价主要是为大豆目标价格政策实施服务,采价时间为6个月。从2014年10月起,黑龙江大豆市场价格监测的专门采价工作统一由国家发展改革委等部门负责,在黑龙江省直接增设价格监测点,采取向国家发改委指定部门及单位直报方式获取市场价格数据。在采价期结束后,国家发展改革委实行按省统计、按省核算大豆市场平均价格,并以此作为确定国家提供大豆市场损失补贴在市场价格方面的重要依据。日常的大豆市场价格监测主要由黑龙江省物价部门组织进行,采价后及时将价格情况向政府有关部门提供,以作为决策参考和向社会提供公共服务。黑龙江省自行采集的大豆市场价格监测数据只作为本省掌握市场价格情况和向国家提出全省平均市场价格建议时使用,不作为国家定价核价依据。

4. 建立补贴资金管理专账,准确核算补贴标准,实行财政直补到户

按照财政部要求,黑龙江大豆目标价格补贴资金纳入粮食风险基金专户管理,与专户内其他补贴资金分账核算,单独反映,不得相互混用。补贴资金专户实行封闭管理,资金拨付一般于次年4月底前启动。启动补贴时,由中央财政根据国家公布的东北和内蒙古地区的大豆目标价格与国家发改委监测的黑龙江大豆市场平均价格的差价和国家统计局调查的黑龙江省大豆产量测算黑龙江大豆目标价格补贴资金总额,以专项转移支付方式,将补贴资金一次性拨付给黑龙江省级财政。大约在次年5月15日前,黑龙江省级财政按照实施方案要求根据各县大豆实际种植面积和每亩平均补贴标准及时下拨补贴资金,通过开设的补贴资金专户将补贴资金直接拨付给县（市、单位）；次年5月底前，由县（市、单位）根据实际种植面积和每亩平均补贴标准，通过农户粮食直接补贴系统，采取"一折通（一卡通）"的形式，将补贴资金足额兑付给实际种植者。

（三）重要特点

黑龙江省实行的大豆目标价格制度是农产品目标价格制度的重要内容。它是按照中央1号文件提出的要求、在国家有关部委直接参与下组织进行的，在试点的过程中取消了大豆临时收储政策，用于补贴的资金来源于中央财政，地方政府在制度内最主要的工作是将大豆目标价格补贴资金组织分配好。

1. 以帮助农民分担农产品市场损失为核心内容，能够享受补贴的对象是符合特定条件的农业生产者

这种制度只针对大豆种植户在从事大豆生产经营中发生市场损失较大的特殊情况下才有效，国家的补贴以保障大豆种植户的基本经营收益为核心目标，补贴数量是有限的，在补贴资金管理上有严格的规范。参加制度的对象的资格条件是简单的、开放的，只要从事大豆种植就可以参加制度，参加对象既包括农民，也包括企业事业单位；同时也是有限的、严格的，只有本省范围内的大豆种植户才有资格参加，而且参加者必须按照制度规定及时准确地进行面积和产量申报并接受核查。

2. 定损简单，在界定农产品市场损失及其是否补助工作上采取了简便办法

主要以全省大豆生产价格为依据界定农产品市场损失，具体是以在采价期间国家发展改革委负责监测统计的全省大豆市场价格变化为标准进行界定，当市场平均价格低于一定的价格水平时，就认为大豆种植户发生农产品市场损失。如果国家监测统计的市场价格高于国家确定的大豆目标价格,这种情况下农民发生的市场损失,在性质上属于农民基本经营收益以外的损失,由农民自己承担,国家不承担补助责任。如果国家监测统计的市场价格低于国家确定的大豆目标价格水平,这种情况下农民发生的市场损失,在性质上属于农民基本经营收益以内的损失,差价部分由国家财政承担。国家确定的大豆目标价格水平以成本调查数据为依据,按生产成本加上基本收益制定,目前一年一定。

3. 定补简化,主要按种植面积确定补助标准,实行一次性结算和兑付补贴资金

在大豆种植者发生基本经营收益损失的情况下,财政部等结合国家统计局调查统计的大豆种植面积和大豆产量的数据为依据确定补贴总额,形成省级补贴标准,由中央财政包干承担。在此基础上,地方政府根据大豆种植者和大豆种植面积认定审核情况,将补助总额分解到每一个符合条件的大豆种植户,形成个体补贴标准,实行年终一次性定补结算,在资金到位后一次性按照规定程序兑付到大豆种植者个人。在省内补贴资金分配中,主要考虑大豆种植户的种植面积,适当考虑不同区域(市县)大豆单产水平的差异,在同一区域(市县)内部分配标准保持一致。

4. 灵活管理,在资金管理上利用粮食风险基金专户管理系统,在补贴管理上实行合约治理

在制度设计上,主要将大豆目标价格补贴制度作为一种财政直接补贴制度进行操作管理,将补贴资金管理纳入粮食风险基金专户管理系统。在对农民是否能发放补贴以及补贴多少的操作上,实行合约治理,建章立制,统一标准,明确责任,以农民参加大豆种植者和种植面积认定审核为条件,以国家财政实际拨付的补贴金额及国家有关部门统计和检查的数据为依据,确保符合补贴条件的大豆种植者应获得的补贴资金及时有效的兑付。

【专栏4-4】 2014年财政部关于大豆目标价格补贴的指导意见

内蒙古、辽宁、吉林、黑龙江省(区)财政厅:

按照2014年中央1号文件要求和国务院部署,2014年启动东北(辽宁、吉林、黑龙江)和内蒙古大豆目标价格改革试点。为做好目标价格补贴,现提出以下指导意见。

一、目标价格补贴的指导思想和基本原则

(一)指导思想

深入贯彻落实党的十八大、十八届三中全会和2014年中央1号文件精神,探索推进农产品价格形成机制与政府补贴脱钩改革,以保障农民利益、合理引导大豆生产、提高财政资金使用效益为目标,建立科学合理的农业补贴机制,统筹平衡好大豆生产、流通、消费各方面利益,促进大豆产业上下游协调发展。

(二)基本原则

(1)价补分离、保障利益。实施大豆目标价格改革,将通过价格实现的补贴改为对大豆种植者的直接补贴,充分发挥市场在配置粮食资源中的基础性调节作用;并合理确定对农民的补贴标准,切实保护好农民利益。

(2)中央统筹、省级负责。中央有关部门统一制定目标价格补贴的基本原则、政策内容等,并加强对地方的指导督促;试点省(区)制定切实可行的实施方案,负责将补贴兑付给种植者,抓好组织实施工作。

(3) 改革试点、逐步完善。大豆目标价格改革是完善农产品价格形成机制的重要尝试，要及时研究、妥善解决改革中出现的新情况、新问题，不断完善财政补贴政策，保持改革的定力，为完善农产品补贴政策提供借鉴与积累经验。

二、目标价格补贴政策的主要内容

大豆目标价格补贴是指在大豆价格主要由市场形成的基础上，国家事先确定能够保障农民获得基本收益的大豆目标价格，当大豆实际市场价格低于目标价格时，国家对农民进行补贴；当市场价格高于目标价格时，不启动补贴。主要内容包括：

(1) 补贴对象的确定。目标价格补贴对象为内蒙古、辽宁、吉林、黑龙江省（区）大豆实际种植者（包括农民及企事业单位等）。

(2) 目标价格的制定。目标价格按生产成本加基本收益制定，试点期间一年一定。2014年大豆目标价格为4800元/吨。

(3) 市场价格的确定。试点省（区）大豆市场价格分省确定，为采价期内该省（区）大豆平均收购价格，采价期为当年10月至次年3月。

(4) 补贴方式的选择。试点省（区）应根据本地实际情况选择确定补贴方式，具体可选择按实际种植面积、产量或销售量补贴。补贴方式的选择要有利于保护好实际种植者利益，努力提高补贴的精准性和指向性；要有利于调节大豆生产供给，保持市场稳定；要切实可行，具有可操作性。

(5) 补贴资金的管理与拨付。目标价格补贴资金纳入粮食风险基金专户管理，与专户内其他补贴资金分账核算，单独反映，不得相互混用。启动补贴时，中央财政根据目标价格与市场价格的差价和国家统计局调查的试点省（区）大豆产量测算补贴资金总额，一次性拨付给地方。试点省（区）应按照实施方案要求及时下拨补贴资金，并采取"一折通（一卡通）"的形式将补贴资金兑付给实际种植者。

（6）补贴发放时间。次年4月底前，中央财政将补贴资金拨付到试点省（区）；次年5月底前，试点省（区）将补贴资金足额兑付给实际种植者。

三、切实加强目标价格补贴的组织领导

（1）强化组织领导。试点省（区）财政部门要充分认识实施大豆目标价格补贴的重大意义，切实加强组织领导，建立财政、发展改革、农业、统计、粮食等部门间协调机制，细化实施方案和资金管理办法，确保政策落实到位和财政资金安全；要做好政策指导检查工作，统筹协调解决试点中的具体问题，保证试点工作顺利推进。

（2）建立补贴公示和信息档案管理制度。大豆实际种植者的补贴信息要在行政村和乡（镇）政府或农场（单位）张榜公示，公示时间不少于7天；并对大豆实际种植者的基础信息和补贴信息进行动态监测和实时查询，确保相关补贴信息完整真实。

（3）加强监督检查。试点省（区）要设立监督电话，并在当地媒体予以公布，接受群众监督；在每年补贴资金兑付后，要对补贴政策执行情况进行全面检查，对发现的问题及时整改，严肃处理。

（4）加大政策宣传。为促进政策平稳过渡，试点省（区）要加大宣传力度，充分利用广播、电视、报纸等新闻媒体，积极宣传补贴政策，增强政策透明度，使广大群众清楚地了解目标价格补贴政策的意义，掌握补贴对象、标准、兑付时间等政策要点，做到心中有底，赢取群众对改革的理解和支持。

资料来源：《财政部关于大豆目标价格补贴的指导意见》（财建〔2014〕695）号。

【专栏 4-5】 2014 年黑龙江省大豆目标价格改革试点实施工作方案

为完善农产品价格形成机制，推进大豆目标价格改革，根据《国家发改委、财政部关于印发大豆目标价格改革试点方案的通知》（发改价格〔2014〕1037 号）精神，制定本实施方案。

一、指导思想

深入贯彻落实党的十八大、十八届三中全会、《中共中央、国务院关于全面深化农村改革加快推进农业现代化的若干意见》（中发〔2014〕1 号）和省委十一届四次全会精神，以实施"两大平原"现代农业综合配套改革试验为契机，探索推进农产品价格形成机制与政府补贴脱钩的改革，在保障农民利益的前提下，发挥市场在资源配置中的决定性作用，合理引导大豆生产、流通、消费，促进产业上下游协调发展，完善符合国情、省情和现阶段发展要求的大豆价格形成机制。

二、基本原则

（1）市场定价。大豆价格由市场供求形成，政府不干预市场价格。

（2）保障收益。当市场价格下跌过多时，政府通过补贴保障农民基本收益，稳定大豆生产。

（3）统筹兼顾。协调平衡大豆产业上下游利益，统筹利用国内外资源，妥善处理好政府和市场、当前和长远、中央和地方的关系，确保改革顺利推进。

（4）平稳过渡。注重做好大豆生产、流通、储备、加工、进出口等各环节政策措施的配套衔接，保持政策平衡过渡。

(5) 公平公正。坚持多种多补、少种少补、不种不补，加强公示，提高透明度，严禁弄虚作假，确保大豆目标价格补贴据实足额发放到实际种植者手中。

三、改革内容

1. 目标价格制定

目标价格由国家统一制定。大豆目标价格实行一年一定，于播种前公布。试点地区执行统一的大豆目标价格。2014年大豆目标价格为每吨4800元。

2. 市场价格确定

黑龙江省大豆市场价格为采价期内全省大豆平均收购价格，由国家统一监测确定。采价期为当年10月至次年3月。

3. 补贴发放

当市场价格高于目标价格时，不启动补贴；当市场价格低于目标价格时，启动目标价格补贴。

(1) 补贴标准。启动补贴时，根据国家拨付黑龙江省的补贴资金总额和统计部门统计的大豆合法实际种植面积，测算并确定黑龙江省每亩平均补贴额。补贴时依据实际种植面积进行拨付和发放。

(2) 补贴对象。补贴对象为黑龙江省范围内大豆实际种植者（包括农民、企事业单位等）。

(3) 发放程序。次年4月底前，中央财政将补贴资金以专项转移支付方式拨付到黑龙江省；次年5月15日前，省级财政根据国家拨付黑龙江省的补贴总额和统计部门统计的各市（地）、县（市、区、单位）大豆实际种植面积测算分配补贴资金，并通过开设的补贴资金专户将补贴资金直接拨付给各市（地）、县（市、区、单位）；次年5月底前，由各市（地）、县（市、区、单位）根据实际种植面积和每亩平均补贴标准，通过粮食补贴"一折（卡）通"将补贴资金足额兑付给实际种植者。

（4）补贴监管。补贴资金专户实行封闭管理。建立补贴面积和补贴款公示、档案管理、监督检查制度，公布监督举报电话，接受群众监督，依法惩处骗取补贴等违规行为。

4. 组织好大豆收购

取消大豆临时收储政策。引导具备一定加工、仓储和资金实力的市场主体积极参与大豆收购。加强收购市场监管，维护市场秩序。

四、组织实施

各级政府要切实加强组织领导，结合当地实际，尽快制定本地切实可行的具体实施方案，明确任务，落实部门分工和责任，统筹协调解决改革中的实际问题，确保改革工作顺利推进。各有关部门要按照职责分工抓紧完善和细化有关政策措施，加强协作配合，完善工作机制，扎实推进各项工作。

省物价监管局主要负责按照国家发展改革委要求，配合做好市场价格监测、大豆生产成本收益调查核算等工作。省粮食局、发改委主要负责牵头做好引导市场主体积极入市收购等工作。省财政厅主要负责牵头制定目标价格补贴指导意见、补贴资金测算拨付和监督检查。省农委主要负责组织好大豆生产，加强技术指导，增强黑龙江省大豆市场竞争力。省统计局和国家统计局黑龙江调查总队负责牵头做好大豆实际种植面积和产量数据统计调查及核实工作。其他部门按照职责分工配合牵头部门做好相关工作。各市（地）、县（市、区）政府（行署）、省农垦总局主要负责组织做好大豆实际种植者和实际种植面积的调查认定、补贴资金兑付到户及补贴面积和补贴款公示、档案管理、监督检查等工作。各地、各有关部门、各

> 新闻单位要各负其责,共同做好宣传解释工作。省发改委、物价监管局、财政厅牵头做好改革的跟踪评估工作。

资料来源:绥化价格信息网(2015-01-29)。

四、苏州粮食收购价外补贴制度

2008年以来,江苏省苏州市制定出台粮食收购价外补贴政策,早期的价外补贴品种仅限于水稻,2013年以后补贴品种扩大到小麦。这一政策尽管在内容上并不完全属于农产品目标价格制度,但包含了实行农产品目标价格制度所要考虑的重要元素,或者具有农产品目标价格制度的基本性质,是对建立粮食目标价格补贴制度的一项重要探索,对今后国家建立粮食目标价格补贴制度具有重要意义。

(一)政策背景

苏州自古就是鱼米之乡,水系畅达,土地肥沃,但在工业化、城市化快速发展过程中,粮食生产出现下降。同时,老百姓也不愿意种粮,因为种粮收益太低,由于缺乏实质性刺激政策,这种比较效益劣势越来越明显。不仅如此,苏州也面临粮食规模经营发展缓慢的老问题。2001年国家实行粮食购销市场化改革以来,苏州粮食自给能力大大降低。1997~2007年,全市粮食种植面积从601.56万亩减少到250.9万亩;而2002~2007年,苏州总人口从705万人增加到1210万人。根据苏州全社会粮食供需平衡调查,苏州粮食自给率仅为30%。苏州市、县两级地方储备规模较大,而本地粮源少,收购时多渠道竞争激烈,绝大部分储备粮源要从外省市采购,采购成本高,而且经常受毁约、运输、损耗、时间等因素的制约。

在2008年以前,苏州市政府为了确保地方粮食储备计划落到实处,曾经出台过鼓励各市县到外地粮食主产区建立基地,签订粮食购销合同采购粮源,凡是用于地方粮食储备的给予0.08元/公斤政府补贴用于基地建设的政策。但在执行过程中效果很不理想,主要是受市场价格波动的影响。当市场粮食价格上涨时,粮食供求紧张,粮食产区为了掌握本地粮源,以种种理由控制粮食外流,主产区的供货方不履行合同,导致合同订单不能履行或者订单落空。而当市场粮价下跌时,采购方却要必须履行合同,这时对采购方在经济上却又不合算。随着苏州市经济快速发展,粮食供需矛盾更加突出,客观上每年需要从苏北及外省市粮食主产区采购大批粮食以弥补本地市场缺口,政府也投入很多,但政策效果不太理想,形成了比较突出的矛盾。

2008年,为了保障粮食安全和加强地方粮食储备,也为了改善本地农民种粮收益,苏州市政府出台了《苏州市水稻价外补贴政策意见》(苏府〔2008〕36号)(见专栏4-6),在全省率先启动粮食价外补贴政策。基本内容是在国家实行的水稻最低收购价政策的基础上,对种植水稻1公顷(15亩)以上的生产经营者实行价外补贴。具体办法是地方国有粮食购销企业事先与种粮大户、合作社签订年交售粳稻5000公斤以上的订单,从2008年秋粮收购开始,在按市场价收购基础上,再由苏州市地方财政为每50公斤粳稻直接补贴6元。

这个政策实施后,成效非常显著,可谓是"一举三得",不仅让国有购销企业及时掌握了本地粮源,降低地方储备粮的运作成本和风险,保证地方粮食储备安全,增强政府宏观调控能力,而且让苏州的种粮大户得到了看得见、摸得着的实惠,提高了农民种粮收益和生产积极性,还促进了本地水稻生产适度规模经营的加快发展,让一人经营"一亩三分地"的苏南传统农业耕作方式渐行渐远，有效化解了以往粮食市场保供压力大、地方调控能力不强、农业规模生产经营难三大难题，形成了一种促进粮食生产稳定发展的政策补贴新机制。由于享受价外补贴政策的商品粮主要用于地方储备粮的轮换，2008年苏州完成地方储备轮换入库任务比往年提前了一个多月。根据苏州粮食局调查统计，实行价外补贴政策后，2008年苏州市粮食规模种植的面积为32.3万亩，其中价外补贴稻谷1.25亿公斤，使大户增收1500万元，户均增收4024元；2009年全市粮食规模经营大户数量增加了852户，面积增加了23.8万亩，达到57.1万亩，占全部水稻面积的43%，价外补贴的粮食可达2.5亿公斤，使大农户增收约3000万元，户均增收6553元。在张家港市，2007年种粮大户只有294户，种植面积3万亩，秋粮收购总量不足2万吨；2008年种粮大户达到808户，种植了12万亩价外补贴水稻，秋粮收购量4.5万吨；2009年种粮大户达1116个，种植总面积16万亩，占全市水稻总面积的53%，交售总量达约8万吨。

2013年，苏州市不仅将对稻谷的价外补贴标准增至每斤0.10元，而且对小麦也开始实行价外补贴政策。目前，苏州农民如果是在自家承包地种植水稻达到每户15亩以上，除了享受国家规定的种粮直补政策以外，还可以享受地方政府提供的价外补贴和生态补偿双重补贴。苏州市以前把水稻田列入人工湿地范畴，对连片1000亩以上水稻田按200元/亩、连片1万亩以上水稻田按400元/亩的标准予以生态补偿；2013年出台生态补偿政策新规定，沿太湖和阳澄湖附近零星种植的水稻田也能获得每亩每年400元的补偿。由于这些政策的实施，近年来苏州市粮食种植面积保持基本稳定，农民的种粮收益有了稳定增长，政策创新为种粮农民的生产增收做出了重要贡献。根据苏州市粮食部门统计测算，从 2008~2013 年，苏州市粮食价格支持政策为农增收累计达到 6.68 亿元（见表 4-3）。

（二）主要做法

苏州市粮食收购价外补贴政策是由苏州市粮食局和苏州市财政局研究制定的一项新型农业支持保护制度，在基本做法上是实行价补分离，将政府补贴与农民从事符合规定条件的粮食生产并向指定收购主体交售粮食联系起来，保障参加制度的农民种粮获得基本经营收益或者比较效益。实行这种政策以后，价格的归价格，由国内外粮食市场供求形势及国家粮食最低收购价政策决定，补贴的归补贴，由当地政府根据地方粮食安全保障战略需要、财政可支付能力和行政可管控能力决定。粮食市场价格运行不受补贴影响，或者粮食收购企业收储粮食价格并不随补贴因素而增加，农民得到实惠，消费者也得到实惠。

1. 明确政策规范

为了顺利组织推进政策实施，苏州市粮食局与苏州市财政局联合发文，先后于 2008 年和 2013 年分别出台《苏州市水稻价外补贴实施办法》（苏府 [2008] 36 号）（见专栏 4-6）和《关于实施小麦收购价外补贴的通知》（苏府 [2013] 40 号）（见专栏 4-7），对苏州市粮食收购价外补贴政策的基本目的、补贴对象、补贴标准和资金来源、补贴办法和手续、监督检查办法等进行详细规定，统一思想，精心组织，严肃政策，并按照《粮食流通管理条例》《粮食流通监督检查暂行办法》等政策法规的要求，切实履行粮食行政管理和政府公共管理职责，严格监督管理，做好公共服务。此外，2010 年和 2012 年政府还对价外补贴标准进行了小调整。2008~2009 年的水稻价外补贴标准是每公斤 0.12 元，2010 年和 2011 年提高到每公斤 0.16 元，2012~

表4-3 苏州市粮食价格支持政策为农增收情况

粮食	年份	最低收购价（元/百斤）	实际收购价格（元/百斤）	实际与最低收购价差（元/百斤）	收购量（扣除托市收购）（万吨）	指导价增收金额（万元）	价外补贴收购量（万吨）	价外补贴（元/百斤）	价外补贴增收（万元）	农民增收合计（万元）
稻谷	2008	82	98.5	16.5	16.7	5511	12.5	6	1500	7011
	2009	95	102	7	18.7	2618	13.4	6	1608	4226
	2010	105	135	30	22.8	13780	18.7	8	2992	16772
	2011	128	145	17	25	8500	24	8	3840	12340
	2012	140	144	4	32	2560	29	10	5800	8360
	2013	150	151	1	36.5	730	31.1	10	6220	6950
小麦	2008	72	75	3	11.2	672	—	—	—	672
	2009	83	85	2	17.4	696	—	—	—	696
	2010	86	96	10	17.3	3460	—	—	—	3460
	2011	93	99	6	18.5	2220	—	—	—	2220
	2012	102	104	2	19.8	792	—	—	—	792
	2013	112	113	1	21	420	14.4	10	2880	3300
稻麦合计	2008~2013					41959			24840	66799

资料来源：江苏省苏州市粮食局(2014年6月)。

2014年提高到每公斤0.20元。2013年和2014年的小麦价外补贴标准是每公斤0.20元。

2. 农民申报签约

凡是符合政策补贴对象的农民或粮食生产专业合作社，自愿决定是否申请补贴。申请者在每年水稻移栽或者小麦播种后，要向所在地政府指定的粮食收购企业进行申报，按照规定要求提交《自产晚粳稻价外补贴申请表》《自产小麦价外补贴申请表》，经所在村（社区）和镇核实确认，并通过公示后，与各地粮食购销公司签订水稻或小麦价外补贴订单收购合同。

3. 指定机构收储

政府指定的粮食收购企业主要是国有粮食购销企业及其委托收购单位，在与农民签订合同后，要根据粮食单产水平核定农民售粮数量区间，按照粮食局编制的粮食收购结算电脑程序的要求，与粮食局协调印制和准备专用的粮食收购原始凭证，与农发行协调提前落实粮食收购资金，与财政局协调提前落实好价外补贴资金；在当年粮食生产收割后，要积极组织粮食收购，同时兑付农民售粮款和政府（水稻）价外补贴款。在粮食收购中，政策要求收购企业强化为农服务意识，积极为售粮农民提供必要的整晒场地和工具，主动延长收购时间，不让农民卖"过夜粮"，让售粮农民高兴而来、满意而归。具体要求是严格执行"五要五不准"（要敞开收购、随到随收，不准折腾农民；要依质论价、优质优价，不准坑害农民；要公平定等、准确计量，不准克扣农民；要现款结算、不打白条，不准算计农民；要优质服务、排忧解难，不准怠慢农民）的粮食收购守则，坚持挂牌收购、作价公平、计量公正、验粮公开、程序规范、诚信待农，做到政策上墙、纪律上榜、标样上台，切实保护种粮农民利益。

4. 财政直补到户

政府对农民种粮提供的价外补贴款实行由财政直接补贴到农户的办法。水稻的价外补贴给付办法是在农民按照订单交售粮食时随农民售粮款一次性发放到户。小麦的价外补贴给付办法与水稻略有不同，实行一次收购、两次结算，即农户或合作社出售粮食时，先由市粮食购销公司按照市场挂牌收购价格结清售粮款，等到收购结束后，由市财政局对符合价外补贴收购条件的农户和合作社的售粮情况进行核实，在订单收购合同范围内的粮食发给粮食价外补贴款。

（三）重要特点

苏州市粮食收购价外补贴政策具有农产品目标价格制度的重要元素，是一种具有特殊针对性的农业支持保护制度。苏州试验既有其特殊性，也有其一般性。首先，这种制度需要大量的财政资金，如果政府缺乏财政可支付能力，不可能实行这种制度。其次，除了财政支持外，科学合理的制度设计是重要的，这种制度在实施中引入了一系列的条件，实际上是一种限额交易合约，政策执行的结果与政策设计的目标是基本一致的。此外，这个制度在实行中，逐步建立和完善了一套完整的从农民申报到乡村核查、签约企业、粮食交售、仓储入库和财政直补的高效运行的公共管理服务组织系统、基础数据库和信息化网络，是对政府实行农业支持保护制度方式方法的重要创新。

1. 能够享受补贴的对象是有符合特定条件的生产者

在这种制度中，参加者的资格条件是严格的：在土地经营规模上要求达到15亩以上，由于当地人均土地少，这一规模相当于大约5户以上的土地数量，一般的散户是享受不到政策优惠的；对于参加小麦价外补贴政策的，还限定为本地户籍的农民，户籍非本地的外地种粮大户享受不到政策优惠；参加者必须按规定要求进行申报并接受核查公示，与指定粮食收购企业签约，在粮食收割后将粮食交售给签约企业，由于这种粮食需要作为地方储备，对粮食质量的要求也是比较高的，如果不申报以及没有完成签约或没有粮食销售的，也享受不到政策优惠。

2. 在制度性质上以农产品市场损失补助为主要内容

这种制度在形式上是一种价外补贴制度，在性质上仍是一种农产品市场损失补助制度或者商品粮食生产比较效益补助制度，核心是政府代表消费者为从事商品粮食生产经营的农民提供一定的利益补偿，提高粮食生产的比较效益，保障国家粮食安全。一方面，粮食是关系国计民生和社会安全的特殊农产品，从国家发展战略的角度，是可以多一点而不能少一点，由于粮食供求价格弹性小，粮食供给比需求多一点价格就会明显下降，这对生产者是极为不利的；国家为了保障粮食安全，会鼓励多生产一点并保持一定的储备，包括中央储备和地方储备。显然，增加了地方储备，就有降低粮食价格的压力，实际上给种粮农民带来了粮食市场损失。另一方面，粮食是资源密集型产品，我国人多地少，农业经营规模小，将稀缺的水土资源用于发展商品粮食生产，比较效益是偏低的，从事商品粮食生产的农民与其他从事非农产业以及非粮作物生产的农民相比，客观上存在一定的农产品市场损失。

3. 在界定农产品市场损失及确定补助标准上采取了简便办法

这主要是以农民生产商品粮食并交售给地方粮食购销企业作为地方储备基本标准，实际上是以向地方储备定向提供商品粮数量作为界定标准，具有"看质、看量、不看价"的特点，这与其他农产品目标价格制度按照市场价格变化来界定损失具有明显不同。实行这种方法的隐含假设是，制度的参加者是符合特定条件的生产者，在数量上很有限，同时我国对水稻和小麦实行粮食最低收购价格制度。在正常情况下，不同粮食的价格差距不大，粮食市场价格的变化也比较平稳。目前粮食价格水平总体不高或者相对其他农产品是偏低的，加上作为储备的粮食在质量要求上是比较高的，如果质量不好或不符合储备标准，地方粮食购销企业不会收购用来作为地方储备。简单地采用向地方储备进行商品粮食交售的数量就可以直接反映粮食生产经营者的市场损失，粮食交售越多，总体损失（相比农民进入城镇从事非农行业和在农村从事其他非粮食作物经营产业）越多。至于政府提供补助的标准，主要决定于政府的财政可支付能力和行政可管控能力，也决定于地方粮食流通经营系统的效率及与外地粮食市场竞争力的差距，数量是不高的。

4. 在组织运行上实行自愿参加、严格手续和合约治理

这种制度的补贴资金全部来源于苏州市地方财政，实行计划管理，每年列入预算，补贴资源是有保障的，但也是有限的。在制度设计上，由于参加者必须具备一定的资格条件并要求申报、核查和签约，符合条件的农民自愿参加而不是强制参加，一旦参加就需要严格办理相关手续并承担粮食交售义务，在此基础上获得政府的价外补贴。整个制度的性质实际上是一个限额交易合约，政府部门、地方收储企业和参加制度的农户分工负责，各自在合约规定的有限权利范围内从事相关活动，按照合约治理的方式进行严格管理，制度的组织运行机制是合理的和高效的。

【专栏4-6】　　2008年苏州市水稻价外补贴实施办法

为认真贯彻落实《苏州市水稻价外补贴政策意见》（苏府[2008] 36号），推动水稻规模经营，促进农民增收，保障苏州粮食供应安全，经研究，特制定本实施办法。

一、补贴对象的确定

（1）水稻价外补贴是补本市范围内种植晚粳稻1公顷以上（含1公顷）的规模经营者或粮食生产专业合作社等经济组织所交售的当年自产商品晚粳稻。

（2）规模经营者要凭承包土地合同（或协议）证明其资格，凭镇村二级证明核实确认其实际种植的晚粳稻面积。粮食生产专业合作社等经济组织要凭工商行政管理部门颁发的粮食生产专业合作社法人营业执照等有效证件证明其资格。

（3）单个规模经营者或粮食生产专业合作社等经济组织当年自产商品晚粳稻交售的最低标准是5000公斤，最高标准是亩产600公斤与种植面积的乘积。交售数量在最低标准和最高标准之间的，价外补贴按实结付；交售数量低于最低标准的，或交售数量高于最高标准的部分，价外补贴则不能享受。受灾严重的年份，最低标准另行确定。

（4）符合条件的晚粳稻规模经营者或粮食生产专业合作社等经济组织在每年水稻移栽后向所在地粮食收购企业提交《自产晚粳稻价外补贴申请表》（附件一），经所在村（社区）和镇核实确认，并通过公示（附件二）后，与各地粮食购销公司签订订单合同（附件三），作为售粮时兑付价外补贴的基本依据。

二、补贴标准和资金来源

（1）价外补贴标准由市政府确定并在每年水稻播种前公布。2008年度价外补贴标准为每50公斤6元，即在按市场价收购的基础上，由财政给予每50公斤6元的补贴。

（2）享受价外补贴的晚粳稻进入苏州市级储备的，其补贴由苏州市财政承担，其余的由当地财政承担。

（3）补贴资金可从粮食风险基金中列支，粮食风险基金不足的由同级财政预算安排。

三、补贴办法和手续

（1）各地粮食购销公司作为实施水稻价外补贴政策的合同主体和结算主体。为方便规模经营者或粮食生产专业合作社等经济组织售粮，粮食购销公司可委托指定粮食收购企业组织收购。指定粮食收购企业由当地粮食行政管理部门每年确定并公布。

（2）在每年水稻播种前，各地粮食行政管理部门要组织粮食购销公司和指定粮食收购企业主动调研本区域水稻规模经营者和粮食生产专业合作社等经济组织的情况，通过告示等形式，宣传水稻价外补贴政策和优质优价等收购政策，可通过签订意向订单协议等形式引导生产。

（3）水稻移栽结束后，规模经营者或粮食生产专业合作社等经济组织凭镇村二级核实确认的《自产晚粳稻价外补贴申请表》到指定粮食收购企业登记备案。拟签订订单合同的规模经营者和粮食生产专业合作社名单及种植水稻面积，先要在村委会所在地公示10天。公示结束后，对无异议的，正式签订订单合同，并领取《晚粳稻价外补贴售粮证》（附件四）。

（4）苏州市级储备晚粳稻的数量和库点由苏州市粮食局、财政局与各地商量确定，并下达市级储备晚粳稻收购计划。作为苏州市级储备粮收购的，必须储存在具有苏州市级储备粮承储资格的库点。如储存在当地的，集并由当地负责。如调往苏州市区指定库点的，则发生的调拨费用由调入方负责。

（5）除苏州市级储备晚粳稻计划外的享受价外补贴的晚粳稻，由各地政府自行处理，作为地方储备粮或政府控制性周转库存。

（6）订单合同签订后，粮食购销公司应于7月底前将订单合同数量等情况（附件五）汇总上报当地粮食行政管理部门。粮食行政管理部门经审核后，及时向财政部门提出当年所需价外补贴的资金数额。

（7）财政部门在每年10月20日前，按订单合同数量，将当年所需价外补贴的资金预拨到当地粮食购销公司专户。当地粮食购销公司根据指定粮食收购企业负责的订单合同数量及收购进度，将补贴资金预拨到位。

（8）收购时，规模经营者或粮食生产专业合作社等经济组织交售晚粳稻应当提供《晚粳稻价外补贴售粮证》，指定粮食收购企业应做好每次交售数量的记录，符合补贴条件的，应将价外补贴款与按市场价结算的货款一起兑付。订单合同的晚粳稻原则上在12月15日之前收购结束。

（9）收购结束后，指定粮食收购企业应当及时进行统计和清算，粮食购销公司要在12月18日前将价外补贴实际发生的情况（附件六）上报当地粮食行政管理部门和财政部门。县（市）、区粮食行政管理部门会同财政部门对当年价外补贴实际发生的数量和金额进行核实确认，原则上在12月底前进行清算，并将结果报市粮食局和财政局备案。

(10) 承担苏州市级储备收购任务的粮食购销企业，市财政按储备计划和订单合同在 10 月 20 日前预拨价外补贴款。收购结束后，凭订单合同和收购凭证，经当地粮食和财政部门审核确认后，由市粮食局和财政局进行清算。

四、监督检查

(1) 市和县（市）、区两级粮食、财政行政管理部门共同负责水稻价外补贴政策的监督检查。

(2) 粮食行政管理部门要加强对粮食购销企业的政策宣传和业务指导，确保水稻价外补贴政策正确实施。粮食行政管理部门必须公布举报电话。

(3) 粮食购销公司和指定粮食收购企业的《自产晚粳稻价外补贴申请表》及附件、订单合同、收购凭证（附件七）等原始资料必须妥善保存三年以上。

(4) 严禁以任何手段和借口套取水稻价外补贴资金，杜绝截留、挤占、挪用补贴资金现象的发生。如有违规行为，一经发现，立即追回套取的价外补贴资金，并依法追究有关单位、个人的责任；构成犯罪的，移交有关部门依法追究刑事责任。

五、附则

(1) 本办法由苏州市粮食局和苏州市财政局负责解释。

(2) 本办法自发文之日起执行。

资料来源：苏州市粮食局、苏州市财政局：《关于印发〈苏州市水稻价外补贴实施办法〉的通知（苏粮调［2008］第 19 号）》。

附件一

自产晚粳稻价外补贴申请表

(2008 年)

苏州市　　　市（区）　　镇　　村　　组　　编号：000

申请人（单位）			原籍	省　市（县）
身份证号		联系电话		
所在地址			邮编	
现承包土地属		镇　　村　　组		
承包面积	亩	种植晚粳稻		亩
可交售当年自产商品晚粳稻				万公斤
村委会审核确认盖章。 （盖章） 审核日期　　月　　日		镇政府审核确认盖章。 （盖章） 审核日期　　月　　日		

申请人、法定代表人签字：

（盖章）

申请日期：2008 年　月　日

备注：申请表格一式三份，一份留村委会、一份留镇政府、一份交当地粮食部门。

要求：1. 附种粮大户身份证、承包土地合同（或协议）等复印件。

2. 附粮食生产专业合作社等经济组织要凭工商行政管理部门颁发的粮食生产专业合作社法人营业执照等有效证件的复印件。

附件二

公 示

根据苏州市人民政府《苏州市水稻价外补贴政策意见》（苏府[2008] 36 号）精神，对晚粳稻种植面积在 15 亩以上（含 15 亩）的规模经营者或粮食生产专业合作社签订年交售晚粳稻 5000 公斤以上订单合同的，依据同合和粮食收购期间订单农户实际交售晚粳稻数量进行补贴，经市（区）粮食购销公司和镇、村两级进行逐一核实，现将符合水稻价外补贴政策的规模经营户及粮食生产专业合作社具体名单和晚粳稻种植情况公示如下：

规模经营者、粮食生产专业合作社全称	晚粳稻种植面积（亩）	签订晚粳稻交售数量（公斤）	备 注

对上述公示对象如有异议，可以公示日起的十日内，向本市（区）粮食局反映，联系电话：××××××

特此公示

市（区）粮食购销公司（章）

二〇〇八年五月十二日

附件三

＿＿＿＿市（区）晚粳稻订单收购（价外补贴）合同

甲方：＿＿＿＿市（区）粮食购销公司

地址：＿＿＿＿＿＿＿＿＿＿＿

乙方：＿＿＿＿＿＿＿＿＿＿＿

地址：＿＿＿镇＿＿＿村＿＿＿组

根据《苏州市水稻价外补贴政策意见》精神，为提高水稻规模经营者和粮食生产专业合作社等经济组织的生产积极性，增加种粮收益，甲乙双方按照平等、互利原则，经协商一致，签订本订单收购合同。

一、面积：乙方2008年种植晚粳稻面积＿＿＿＿亩，预计产量＿＿＿＿公斤。其中，优质品种种植面积＿＿＿＿亩，品种为＿＿＿＿，预计产量＿＿＿＿公斤。

二、品种：2008年生产的晚粳稻。

三、数量：乙方交售给甲方晚粳稻数量预计为＿＿＿＿公斤，最高交售给甲方晚粳稻数量为＿＿＿＿公斤。

四、质量：符合国标三等粳稻谷质量标准。其中，水份、杂质超标，按国家有关规定执行；等外稻谷及卫生指标超标稻谷不能交售。

五、价格：按当时市场收购价依质论价，另按交售净粮数加每50公斤6元价外补贴。

六、结算方式：乙方交售的粮款由甲方一次结清，价外补贴款在交满 5000 公斤后，即可由甲方按实一次结清。

七、交售地点：_____粮库（站），如甲方另行指定库点，双方商量另贴运费。

八、收购截止时间：原则上 2008 年 12 月 15 日截止。

九、如遇不可抗力自然灾害，造成乙方生产的晚粳稻质量低于国家标准 5 等的，甲方根据市（区）政府有关要求，决定是否收购。

十、本合同未尽事宜，由甲乙双方协商解决。

十一、本合同一式五份，甲乙双方和指定粮食收购企业各执一份，市（区）粮食局（农发局）、乙方所在镇政府农业服务中心（公司）各备一份。

甲　　方：（章）　　　市（区）粮食购销公司

法人代表：

电　　话：

乙　　方：（章）

委 托 人：

电　　话：

资金开户银行：

账号（卡号）：

二〇〇八年_____月_____日

附件四　　　　　　　　　　　　　　　编号：_____

晚粳稻价外补贴售粮证

_____镇_____村_____组

姓名_____身份证号_____

种植面积_____亩，补贴数量_____公斤。

收购库点_____

苏州市粮食局印制

二〇〇八年　月　日

凭证交售，采善保管。如有遗失，及时挂失。

出售记录　　单位：公斤、元、元/公斤

月	日	本期			累计		价外补贴		经手人
		净粮数	单价	粮款	净粮数	粮款	本期	累计	

附件五

_____市（区）订单合同签订情况汇总表

单位：户、亩、公斤

指定粮食收购企业名称	订单合同签订情况			其中：									
:::	总户数	总面积	总产量	合同收购量	种植面积在15~50亩之间的				种植面积在50~100亩之间的				种植面积在100亩以上的			
:::	:::	:::	:::	:::	户数	面积	产量	合同收购量	户数	面积	产量	合同收购量	户数	面积	产量	合同收购量
合计																

附件六

_____市（区）订单合同落实情况汇总表

单位：户、亩、公斤、元

指定粮食收购企业名称	订单合同签订情况			订单合同落实情况			其中：										
^	总户数	合同总面积	已到账收购量	兑付价外补贴款	实际入库量	兑付价外粮款补贴款	种植面积在15~50亩之间的				种植面积在50~100亩之间的				种植面积在100亩以上的			
^	^	^	^	^	^	^	户数	面积	实际入库量	兑付价外粮款补贴款	户数	面积	实际入库量	兑付价外粮款补贴款	户数	面积	实际支付入库量	兑付价外粮款补贴款
合计																		

· 155 ·

附件七 苏州市价外补贴晚粳稻收购凭证

200　年　月　日

编号：000000

镇（乡）		村名		组		姓名		售粮证号		联系电话	
仓囤号											

质量	水分%;	杂质%;	出糙%;	黄粒%;	整精米粒%;	色泽气味	小计
	1	2	3	4	5	6	7	8	9	10	%
1							
2							
3							
4							
5							
小计							

毛数	皮重	净数	水分扣量	杂质扣量	烘耗
结算数量	水分升扣价	黄粒升扣价	杂质升扣价	单价	结算粮款
应付价外补贴					烘费

大写	拾万	万	仟	佰	拾	元	角	分

检验　司磅　结算　复核　客户

价外补贴收购凭证

××联　编号：0000

姓名		村		组
售粮证号				
质量	水分		杂质	出糙
交售净数				
价格				
价外补贴				
结算金额				

检验　司磅　结算

【专栏4-7】 2013年苏州市小麦价外补贴政策出台的背景及现实意义

2013年2月18日，苏州市政府印发了《关于实施小麦收购价外补贴的通知》（苏府〔2013〕40号），明确从2013年起，对本市范围内种植小麦1公顷以上（含1公顷）的本市户籍规模经营者或粮食生产专业合作社等经济组织所交售的自产商品小麦实行价外补贴政策，补贴标准为每50公斤补贴10元。这是继2008年出台水稻价外补贴政策后，苏州出台的又一项重要的粮食政策。

一、苏州市出台小麦价外补贴政策的背景

（1）地区产需平衡被打破，苏州已经成为一个典型的粮食主销区。近十年来，苏州市的粮食产需平衡关系已从"产需总量基本平衡，品种调剂"演变为"总量缺口2/3，各品种均需大量引进"。据统计资料，1997~2010年，全市粮食种植面积从601.6万亩减少到242.6万亩，减幅为59.7%；粮食总产量从56亿斤减少到22.9亿斤，减幅为59.1%。2002~2010年，总人口从705万人增加到1261.09万人，增幅为78.9%，其中外来人口从120万人增加到623.4万人，增加4.2倍。全市粮食总需求从58.7亿斤增加到71.2亿斤，增幅为21.3%，年度粮食产需缺口增加到近50亿斤，全市粮食自给率在30%左右。实现全市粮食供需总量平衡、保障区域粮食供应安全的任务十分艰巨。

（2）实施水稻价外补贴，实现了多方共赢。2008年，苏州市政府出台了《苏州市水稻价外补贴政策意见》（苏府〔2008〕36号），5年来，取得了显著的政策效应：一是调动了农民种粮积极性，推动了水稻规模经营，全市水稻规模经营面积已达到了80万亩；二是

促进了种粮农民持续增收，5年累计促进农民增收1.5亿元；三是保障了地方储备粮源，本地粳稻收购量增加了1.87倍，各市（县）基本可用本地粳稻完成粳稻储备任务，降低了地方储备粮运作成本和风险，对保障全市粳稻（米）供应安全的作用非常明显。

（3）小麦生产效益低，亟须有效的政策支持。小麦是苏州市仅次于粳稻的主要粮食品种，由于缺乏有效的政策支持，苏州市小麦生产和粮源掌控的形势不容乐观。苏州市小麦种植面积已从2000年的155.5万亩减少到2011年的102.4万亩，减幅达34.1%。因小麦生产收益较低，农民种植积极性不高，个别农户出现了抛荒，小麦生产下滑的势头难以遏制。据物价部门对2012年粮食生产成本调查分析，2012年全市小麦生产总成本为627元/亩，比粳稻少334元；小麦亩均现金收益为172元，比粳稻低684元，小麦亩均净利润为73元，比粳稻低613元。此外，由于苏州毗邻上海市和浙江省两个粮食大销区，每季小麦上市期间本地小麦外流量较大，粮食部门掌握小麦粮源的难度较大。

（4）人大代表积极呼吁，推动了小麦价外补贴政策出台。在2012年2月召开的苏州市十四届人大五次会议上，刘建芳、徐锦章、钱妙琴等人大代表联名提交了《关于尽快出台小麦价外补贴政策的建议》，呼吁尽快出台小麦价外补贴政策，促进小麦生产和农民增收。苏州市粮食局作为建议主办单位，积极组织调研，广泛听取粮食企业、种粮大户、粮食专业合作社等基层代表的意见，积极与市财政、农委等部门加强沟通协调，并征求了苏州所辖五市两区政府的意见，向市政府提交了《关于建议尽快出台小麦价外补贴政策的报告》。

二、苏州市出台小麦价外补贴政策的现实意义

实施小麦价外补贴政策后，可在以下方面发挥积极作用。

（1）农民种粮的积极性提高。实施小麦价外补贴政策后，在不增加成本的前提下，小麦亩产现金收益大幅提高，有利于助推农民收入倍增计划的实施，农民的种植积极性也将得到激发，种植面积将会扩大，抛荒现象减少，售粮热情也会进一步高涨。以签订70万亩小麦订单合同测算，亩产330公斤，80%履约的话，依照现行50公斤/10元的补贴标准，可以增加种粮农民收入3600万元。

（2）土地规模经营得到促进。加快农业规模经营进程是2012年中央1号文件的明确要求，是建设现代农业的重要举措。通过实施对大农户交售商品小麦的价外补贴政策，进一步发挥土地集中经营、规模经营的导向作用，有利于引导土地向一部分经营者手中集中，从而保持适当规模，发挥规模优势，实施规模经营。

（3）地方储备粮轮换压力减轻。小麦基本上属于商品粮，实施小麦价外补贴政策后，农民会按照订单合同的数量要求，交售足额小麦。因此，粮食部门掌握本地粮源的主动性将大大增加。同时，在地方储备小麦的总量中，地产小麦的比重将进一步提高，这不仅可以降低小麦外购的成本和难度，更为重要的是大幅降低依赖小麦外购所产生的风险。因此，地方储备小麦轮换收购工作的压力将会减轻，政府的宏观调控能力将得到增强。

三、苏州市小麦价外补贴政策的具体内容

（1）补贴对象。苏州本市范围内种植小麦1公顷以上（含1公顷）的本市户籍规模经营者或粮食生产专业合作社等经济组织所交售的自产商品小麦。本市户籍规模经营者凭身份证、承包土地合同（或协议）等有效证件证明其资格；粮食生产专业合作社等经济组织凭工商行政管理部门颁发的粮食生产专业合作社法人营业执照等有效证件证明其资格。补贴资格和实际种植的小麦面积，由镇、村

两级核实，并通过至少 10 天公示无异议后盖章确认。冒名顶替、弄虚作假的，不予补贴。

（2）补贴依据。由苏州市和所辖各市、区国有粮食购销公司与上述补贴对象签订小麦价外补贴订单合同，根据订单合同和订单农户（或粮食生产专业合作社）在小麦收购期间实际交售的小麦数量进行补贴。分户补贴数量的最低标准为 4000 公斤，最高标准为当年小麦亩产与种植面积的乘积。交售数量低于最低标准的，或高于最高标准的部分，均不享受价外补贴。

（3）补贴标准和资金来源。在市场价收购的基础上，2013 年度起，按交售商品小麦每 50 公斤补贴 10 元的标准进行补贴。小麦收购的价外补贴，除进入市级地方储备的由市财政承担外，其余的均由当地财政承担。未进入市和各市、区级储备的价外补贴小麦，由当地国有粮食购销公司经营。补贴资金可在粮食风险基金中列支，粮食风险基金不足的，由同级财政预算安排。补贴标准的调整，由市政府确定并公布。

（4）补贴时间和补贴方法。收购结束后，由市和各市、区粮食行政管理部门审核汇总价外补贴小麦数量，报同级财政部门核实后结付小麦价外补贴款。同时，还明确要求各级粮食、财政行政管理部门要加强小麦价外补贴政策执行情况的监督检查。严禁以任何手段和借口套取小麦价外补贴资金，杜绝截留、挤占、挪用补贴资金现象的发生。如有违规行为，一经发现，立即追回套取的价外补贴资金，并依法追究有关单位、个人的责任；构成犯罪的，移交有关部门依法追究刑事责任。

资料来源：苏州市粮食局。

五、北京生猪价格指数保险制度

2013年以来，北京市试行了生猪价格指数保险制度，这是我国在建立生猪目标价格制度方面的重要探索。2013年5月，北京市试点开办的生猪价格指数保险为顺义区等区县的143户专业化大型生猪养殖场出栏的41万头生猪，提供了5亿元的价格风险保障。2014年5月，北京市召开国内第一单生猪价格指数保险理赔兑现会，公开宣布启动对参保的生猪养殖户发生的保险事故按照约定进行理赔。此次赔付，不仅调动了生猪养殖大户的养殖积极性、促进了生猪生产市场稳定发展、保障了居民日常生活的市场供应，而且也为我国逐步建立市场机制下成熟的生猪产业链提供了有别于期货、订单农业等化解市场价格波动的风险解决手段和工具，更是在新时期加快中国特色农业现代化建设过程中，把国家支农惠农政策贯彻落实和加大保险创新支持农业力度相结合的一个具体表现。

（一）政策背景

生猪属于鲜活农产品，与粮食不同，很难通过国家储备进行有效调节，或者通过国家储备进行调节的作用和范围是非常有限的。近几年来，受多种因素影响，我国生猪市场周期性频繁波动且波幅较大。作为世界上第一养猪大国和猪肉消费大国，我国生猪价格变化给老百姓的日常生活具有严重影响，已成为全社会广泛关注的重要指标，牵动着国内物价的整体水平。党中央、国务院高度重视生猪市场建设发展，在扶持生猪生产发展和调节生猪市场价格波动方面先后出台了一系列政策，取得了重要成效，提高了生猪生产能力，保障了生猪市稳定供应，但在保护农民基本收益方面仍然存在不足或缺陷，相比调节生猪价格上涨的措施，国家在调节生猪价格下降方面的措施基本是无力的。利用价格保险这一手段，帮助农民分担市场损失，提高生猪养殖户的风险防御能力，促进我国生猪市场的健康发展，是新时期我国农业支持政策改革的一个重要内容。2013年5月，在国家相关部门和北京市政府的支持与领导下，安华农业保险股份有限公司在北京市顺义区签订了国内首款农业保险创新型指数产品——生猪价格指数保险的第一单签约仪式，此款产品一经发布，立刻受到国务院领导的高度重视，国家发改委、农业部和保监会领导也做了相关的批示和指示，国内各大新闻媒体也进行了广泛的报道，山东、大连等地区也陆续开展了此项业务。

（二）主要做法

北京市生猪价格指数保险由北京市农村工作委员会和安华农业保险股份有限公司共同研制，以生猪为保险标的，以生猪平均价格指数为保险责任，以合约管理为基础，以农民缴费参保为条件，以财政资金扶持为保证，以保险公司承办为支撑，在保险期间生猪平均价格指数低于保险责任约定价格指数时，保险公司按保险合同的约定给予赔偿。生猪平均价格指数以国家发展改革委公布的"全国平均猪粮比价"为参照指标，在保险期内，当"全国平均猪粮比价"低于6:1时，视为保险事故发生，保险公司按保险合同给予养殖户赔偿。这一保险纳入北京市政策性农业保险补贴范围。2013年，根据北京市生猪生产和市场发展基本情况，按照约定的生猪出栏体重和玉米价格，每头保险金额为1200元，保险费率1%，每头保险费12元，其中各级财政累计补贴保费80%，生猪养殖户承担保费的20%，符合投保规模的养殖户投保每头生猪只需承担2.4元。

2013年5月1日到2014年4月30日是北京市生猪价格指数保险的第一个保险期限。在这一年中，全国生猪市场跌宕起伏，价格涨落无常，打破了原有的周期性变化模式。在2014年春节前就一反常态开始了跌跌不休的局面，在2014年上半年，个别省市生猪价格达到近15年来的最低点。具体情况是：农民参保以后生猪价格先是小幅震荡上升，在2013年7月24日猪粮比价超过6∶1后，持续上涨，到2013年9月18日达到近一年最高6.72∶1，此后开始震荡调整，持续了12期，于2013年12月25日进入持续下跌通道，从6.69∶1一路下跌，其中2014年1月15日跌破6∶1，2014年2月19日跌破5.5∶1，2014年3月26日跌破5∶1，2014年4月23日出现了近5年以来猪粮比价的最低点4.6∶1。

按照保险公司与生猪养殖户签订的保险合约（见专栏4-8），当保险期间的猪粮比平均值跌破6∶1的盈亏平衡点后，保险公司要对由此造成的价格损失进行赔偿。按此约定，在2013年5月1日至2014年4月30日间，北京生猪价格保险产品保险期间平均猪粮比为5.95∶1，已低于盈亏平衡点，对于承保的143户专业化大型生猪养殖场，共赔付410万元，用于补偿参保者在2013年5月1日至2014年4月30日养殖区间遭受的养殖成本损失。

（三）重要特点

北京市实行的生猪价格指数保险制度是农产品目标价格制度的重要内容，是一种具有特殊针对性的政策性农业保险补贴制度。

1. 能够参加制度的对象是非常特殊的和有限的

目前这种价格保险的品种只限于生猪，主要考虑长期从事生猪养殖的特定地区、特定规模、诚信经营的生产者的合理利益需求，参加者只限于北京市特定地区满足特定条件的大户，主要是143户专业化大型生猪养殖场。主要原因，一方面是政策性补贴资金来源于北京市地方财政，其资源是稀缺的；另一方面是北京作为首都和特大城市，目前并不鼓励指定区域范围以外的生猪养殖以及农村小户和散户发展生猪养殖。

2. 在确定制度保障的性质及目标上比较科学合理

在形式上，这种制度是一种生猪价格指数保险制度，参加者获得的利益以缴费参保为条件，是一种带有不确定性的保险收益，与生猪市场价格的变化挂钩。严格地说，这种制度是一种生猪养殖基本经营收益保险制度，并不是一种单纯的生猪价格保险制度。因为在这种制度中，保险公司对保险责任的界定是以国家发展改革委公布的猪粮比价为客观依据的，并不单纯是以生猪市场价格的变化为标准或者是将生猪市场价格的变化与玉米市场价格的变化联系起来的猪粮比价的变化作为农民市场损失衡量的标准。由于猪粮比价是反映生猪养殖在市场经济条件下的基本经营收益水平以及是否发生不合理市场损失的最重要的客观指标，这种制度设计相比单纯以生猪市场价格的变化为标准进行保险赔付要更加科学合理。

3. 在确定农产品市场损失及补助标准工作上采取了简便办法

这主要是以国家发展改革委定期公布的全国平均生猪批发市场价格与玉米批发价格的对比数字（猪粮比价）及其变化等作为基本依据，对发生保险事故进行赔付的数量标准按照农业生产成本收益调查数据进行约定，保险总费率为1%。采取这一简便办法的隐含假设条件是全国生猪市场交易是完全开放的，北京市生猪市场交易情况与全国的情况基本一致，因而北京市生猪市场价格的变化可以用全国平均情况代表或替代。同时，这也意味着这一制度的实行对国家发展改革委提供的生猪市场信息服务工作具有依赖性，一旦国家发展改革委改变其猪粮比价及玉米价格等数据的统计口径或者中断发布乃至停止发布该数据，将有可能严重影响该项工作的顺利开展，有可能导致参保者和承保者之间重新签约。

4. 在组织管理上实行合约治理

在制度设计上，地方政府及管理部门、参保的农民和保险公司分工负责、相互合作，建立和形成了高效运行的组织、管理、监督和约束机制，政府的职责是制定补贴政策、提供财政资金和监管农民参保过程和保险公司承保过程，农民的职责是申报生猪生产经营情况、缴费购买指定保险和在发生市场损失时从保险公司按照约定获得保险赔付，保险公司的职责是销售指定保险、监督农户生产经营和在发生保险事故时提供保险理赔。

【专栏4-8】 2013年北京市生猪价格指数保险条款

总　则

第一条　本保险合同由保险条款、投保单、保险单、保险凭证以及批单等组成。凡涉及本保险合同的约定，均应采用书面形式。

第二条　同时符合下列条件的生猪养殖企业、生猪专业合作社以及规模生猪养殖户等可作为本保险的投保人：

1. 在当地从事生猪养殖时间1年以上；

2. 保险期间内持续养殖生猪；

3. 饲养生猪的品种在当地饲养2年以上（含）。

第三条　本保险合同所涉及的猪粮比数据以国家发展和改革委员会发布的数据为准。

保险责任

第四条 保险期间结束后，因本保险合同责任免除以外的任何原因，造成保单年度猪粮比平均值低于6:1时，视为保险事故发生，保险人按本保险合同的约定负责赔偿。

保单年度猪粮比平均值=保险期间内发布的猪粮比之和/发布次数

责任免除

第五条 下列原因造成保险生猪价格下降所造成的价格损失，保险人不负责赔偿：

1. 对于生猪或玉米实施价格管制的政府行为；

2. 战争、军事行动或暴乱。

第六条 任何原因导致的保险生猪死亡产生的一切损失和费用，保险人也不负责赔偿。

保险金额

第七条 本保险合同的保险金额按照下列公式计算：

保险金额=（猪粮比6:1）×约定玉米批发价格（元/公斤）×承保单猪平均重量（公斤/头）×承保头数

其中：

1. 约定玉米批发价格可为上一自然年度全国玉米批发价格的平均价或平均价的一定比例，具体数据以国家发展和改革委员会发布的数据为准。

2. 承保单猪重量最高不得超过150公斤。

3. 承保头数最高不得超过被保险人年计划出栏生猪的总头数。

上述约定的玉米批发价格、承保单猪平均重量和承保头数由投保人和保险人协商确定，以保险合同载明为准。

保险期间

第八条 保险期间为12个月，具体以保险单载明的起讫时间为准。保险期间一经确定，在保险期间内不得更改。

保险费

第九条 保险费按照保险人规定的费率规章计收。

保险人义务

第十条 订立保险合同时，采用保险人提供的格式条款的，保险人向投保人提供的投保单应当附格式条款，保险人应当向投保人说明保险合同的内容。对保险合同中免除保险人责任的条款，保险人在订立合同时应当在投保单、保险单或者其他保险凭证上做出足以引起投保人注意的提示，并对该条款的内容以书面或者口头形式向投保人做出明确说明；未做提示或者明确说明的，该条款不产生效力。

第十一条 本保险合同成立后，保险人应当及时向投保人签发保险单或者其他保险凭证。

第十二条 保险期间结束后，保险人应将保单年度猪粮比平均值及相关数据以书面形式通知投保人或被保险人。当保单年度猪粮比平均值低于6:1时，保险人应当及时通知被保险人提供相关的索赔资料和办理索赔手续。保险人依据本保险合同约定，如认为被保险人提供的索赔资料不完整的，应当及时一次性通知投保人或被保险人补充提供。

对属于保险责任的，在与被保险人达成赔偿保险金的协议后十日内，履行赔偿保险金义务。保险合同对赔偿保险金的期限有约定的，保险人应当按照约定履行赔偿保险金的义务。保险人依照前款的规定做出核定后，对不属于保险责任的，应当自做出核定之日起3日内向被保险人发出通知书，并说明理由。

第十三条 保险人自收到赔偿保险金的请求和有关证明、资料之日起 60 日内，对其赔偿保险金的数额不能确定的，应当根据已有证明和资料可以确定的数额先予支付；保险人最终确定赔偿的数额后，应当支付相应的差额。

投保人、被保险人义务

第十四条 订立保险合同，保险人就投保生猪或者被保险人的有关情况提出询问的，投保人应当如实告知。

投保人故意或者因重大过失未履行前款规定的如实告知义务，足以影响保险人决定是否同意承保或者提高保险费率的，保险人有权解除保险合同。

前款规定的合同解除权，自保险人知道有解除事由之日起，超过 30 日不行使而消灭。自合同成立之日起超过 2 年的，保险人不得解除合同；发生保险事故的，保险人应当承担赔偿保险金的责任。

投保人故意不履行如实告知义务的，保险人对于合同解除前发生的保险事故，不承担赔偿保险金的责任，并不退还保险费。

投保人因重大过失未履行如实告知义务，对保险事故的发生有严重影响的，保险人对于合同解除前发生的保险事故，不承担赔偿保险金的责任，但应当退还保险费。

保险人在合同订立时已经知道投保人未如实告知的情况的，保险人不得解除合同；发生保险事故的，保险人应当承担赔偿保险金的责任。

第十五条 除另有约定外，投保人应当在合同成立时一次性支付保险费。

第十六条 因非出栏销售因素发生的各种转让等情形导致被保险人养殖的生猪所有权全部转移的，投保人、被保险人应当及时通知保险人，自通知保险人之日起，保险合同解除，保险人按照保险责任开始之日起至合同解除之日止期间与保险期间的日比例计收保险费，并退还剩余部分保险费，保险人不承担任何赔偿责任。

投保人、被保险人未履行本条规定的通知义务，保险人不承担赔偿责任，投保人、被保险人应向保险人支付保险费5%的退保手续费后，保险人按照保险责任开始之日起至合同解除之日止期间与保险期间的日比例计收保险费，并退还剩余部分保险费。

第十七条 被保险人请求赔偿时，应向保险人提供下列证明和资料：

1. 保险单正本或保险凭证；

2. 被保险人或其代表填具的索赔申请书；

3. 保险人要求的其他材料或证明。

被保险人未履行前款约定的索赔材料提供义务，导致保险人无法核实损失情况的，保险人对无法核实的部分不承担赔偿责任。

赔偿处理

第十八条 保险事故发生时，被保险人对保险标的不具有保险利益的，不得向保险人请求赔偿保险金。

第十九条 发生保险事故时，保险人按以下方式计算赔偿：

1. 当保单年度猪粮比平均值≥（猪粮比2∶1）时，保险人按照下列公式计算赔偿金额：

赔偿金额=［（猪粮比6∶1）－保单年度猪粮比平均值］×约定玉米批发价格（元/公斤）×承保单猪平均重量（公斤/头）×承保头数

2. 当保单年度猪粮比平均值＜（猪粮比2∶1）时，保险人统一按照保险金额进行赔偿：

赔偿金额=保险金额

第二十条 发生保险事故时，如果存在重复保险，保险人按照本保险合同的相应保险金额与其他保险合同及本合同相应保险金额总和的比例承担赔偿责任。

其他保险人应承担的赔偿金额，本保险人不负责垫付。若被保险人未如实告知导致保险人多支付赔偿金的，保险人有权向被保险人追回多支出的部分。

第二十一条 被保险人向保险人请求赔偿的诉讼时效期间为两年，自其知道或应当知道保险事故发生之日起计算。

争议处理与法律适用

第二十二条 保险人和被保险人均应履行本保险条款约定的合同义务。一方不履行该等合同义务或履行该等合同义务不符合本保险条款约定的，应按法律法规及双方约定承担违约责任。

第二十三条 因履行本保险合同发生的争议，由当事人协商解决。协商不成的，提交保险单载明的仲裁机构仲裁；保险单未载明仲裁机构或者争议发生后，未达成仲裁协议的，依法向有管辖权的人民法院起诉。

第二十四条 与本保险合同有关的以及履行本合同产生的一切争议，适用中华人民共和国法律（不包括港、澳、台地区法律）。

其他事项

第二十五条 投保人提出保险要求，经保险人同意承保，保险合同成立。依法成立的保险合同，自双方约定的保险起期开始时生效，但投保人未向保险人交清保险费或未按双方约定向保险人交付保险费的情形除外。

> 第二十六条 保险责任开始前，投保人要求解除保险合同的，应当按本保险合同的约定向保险人支付保险费的5%作为手续费，保险人应当退还保险费。保险人要求解除保险合同的，不得向投保人收取手续费并应退还已收取的保险费。
>
> 保险责任开始后，投保人要求解除保险合同的，自通知保险人之日起，保险合同解除，保险人按照保险责任开始之日起至合同解除之日止期间与保险期间的日比例计收保险费，并退还剩余部分保险费；保险人要求解除保险合同的，应提前15日向投保人发出解约通知书，保险人按照保险责任开始之日起至合同解除之日止期间与保险期间的日比例计收保险费，并退还剩余部分保险费。
>
> 保险期间内，被保险人由于遭受意外事故（火灾、疫病等）等因素导致生猪大量灭失或部分所有权转移的，对于该部分保险费，保险人按照保险责任开始之日起至保险人接到被保险人通知之日止期间与保险期间的日比例计收保险费，并退还剩余部分保险费，同时不承担该部分的保险责任。

资源来源：安华保险公司。

六、上海绿叶菜成本价格保险制度

2010年底以来，上海市试验推出淡季绿叶菜成本价格保险制度，这是我国在建立蔬菜目标价格制度方面的重要探索。几年来，这一制度在实践中不断修改和完善，取得显著成效，充分发挥了保险的经济杠杆作用，降低了农业生产经营风险，提高了菜农种植淡季绿叶菜的生产积极性，稳定了城市郊区菜市场生产供应，为破解"菜贱伤农"

和"菜贵伤民"难题创造了一条新途径,在全国属首创,受到了保监会、农业部、上海市各级领导的关注和广大菜农的充分认可,引起了社会各界的普遍关注。

(一)政策背景

绿叶菜在上海主副食品供应中有着特殊的地位:一是消费需求大。市民历来对绿叶菜有很大的消费偏好,有着"三日不可不吃青"的消费需求。二是消费比重大。目前上海绿叶菜自给率达到90%左右,也就是说市郊地产绿叶菜的生产面积对绿叶菜的供应数量有主导作用,并直接影响绿叶菜价格波动,而蔬菜价格的上涨是影响CPI的重要因素之一。三是生产波动大。绿叶菜生产受天气影响较大,有生产的"淡季"和"旺季",加之本身具有不易储存和保鲜的特点,一旦遇到恶劣天气,产量波动明显,且无法通过外地调运来调剂市场供应,直接影响市民的消费。四是价格波动大。在行政干预下,农民重视绿叶菜的生产发展,但这些蔬菜上市后,价格经常大幅波动,尽管政府提供了政策补贴,但补贴赶不上市场损失,生产经营基本收益很不确定,对农民没有吸引力。由于上海已经推行蔬菜种植保险,在一定程度上回避了生产风险,为激发郊区菜农种菜的积极性,"淡季"绿叶菜成本价格保险作为一项市场价格风险的保障手段应运而生,与蔬菜种植保险相得益彰,共同为郊区绿叶菜生产保驾护航。

蔬菜市场价格保险作为一种目标价格制度,是一种非常具有挑战性的政策性保险制度,一般的保险公司不具备承保能力。上海市在蔬菜产业发展中引入政策性农业保险制度的时间最早可以追溯到1999年,迄今已有十余年历史,目前的政策性保险品种已经涵盖蔬菜灾害和事故损失险、蔬菜制种保险、蔬菜种植保险、蔬菜质量保证保险和

"夏淡""冬淡"绿叶菜综合成本价格保险五大类型,保险的内容不断创新和完善并相互补充,菜农参保积极性不断提高,参保面积不断增加。在制约蔬菜生产发展的因素中,市场风险越来越成为农业生产不可忽视的因素。

据报道,上海安信农业保险股份有限公司(以下简称安信农保)曾在农民中做过一个调研,在自然风险、市场风险和政策风险中,由于自然风险和政策风险都有一定的保障机制,接近70%的农民最为担忧的是市场风险。然而,目前农业保险重点多在自然灾害方面,在防范市场风险方面,很多国内保险公司几乎未曾涉足。市场保险机制设计对制度实施至关重要。上海市安信农保公司从2006年就开始探索试点蔬菜市场价格保险制度,当时的试点不仅有绿叶菜,还有茄果等。茄果类的试点证明不成功,原因是受外地市场影响大,集中生产、集中上市,风险无法分散,公司算是交了学费。2008年雪灾期间,安信农保曾经为4万亩抢种的蔬菜种植户提供了成本价格保险,结果是保险试点出险,保险赔付很大,简单赔付率达到300%多,公司损失惨重,不过这些试点为之后全市的推广积累了重要经验教训。上海全市"夏淡""冬淡"绿叶菜综合成本价格保险制度从2010年7月1日起开始全面推广。该机制是在前几年的试行经验基础上改良而成,并在此后的推广中不断进行了改进。比如,2010年"冬淡"指2011年1月1日至2月28日;2011年"夏淡"指7月1日至9月15日,"冬淡"指12月15日至下年3月15日。到2013年,"夏淡"指6月15日至9月15日,"冬淡"指12月15日至下年3月15日。几年来,这个制度的内容不断完善,取得的成效显著,在促进淡季绿叶蔬菜生产发展、保障市场充足供应和价格基本稳定发展上取得重大突破。

从2010年冬季开始,安信农保严格按照上海市农委对各区县下达的绿叶菜计划面积开展承保工作,通过引导均衡播种、均衡承保,基本达到均衡上市,使上海市范围内的绿叶菜价格基本保持稳定。同时,通过对部分季节菜价低于约定价格时及时启动理赔程序对菜农进行补偿,保护了菜农种植指定绿叶菜的积极性。2013年"冬淡"保险是个特例。2013年12月中旬以来,上海市气温偏高,日照较好,对青菜等绿叶菜生长十分有利,导致全市绿叶菜上市量累计达到54万吨,较往年超过4万吨,由于上市量的增加,使得上海市绿叶蔬菜价格持续低位运行,有三期绿叶菜的同期跌幅超过30%,菜农损失严重,安信农保及时启动理赔程序,三期的赔款总额达到了3049.1万元,赔付率高达275.1%。而根据统计,2013年"冬淡"总的承保面积为7.9万亩次(计划面积为8万亩次),保费收入为1108.5万元,如果从当年保费收支平衡看,保险公司损失惨重。但从2010年"保淡"绿叶菜成本价格保险开展到2013年,安信农保公司该项保险的累计保险面积为69.74万亩次,累计保费收入7225.5万元,累计赔付52.13万亩次,累计赔款金额为6337.56万元,平均赔付率为87.7%(据公司介绍,70%左右的赔付率为盈亏平衡点,30%为工作费用及相关成本),从总体收支平衡看,参保农民获得最大好处,保险公司略亏(见表4-4)。

表4-4 2010~2013年上海市"保淡"绿叶菜成本价格保险承保及赔付情况

保险季节	承保面积 (万亩次)	保费收入 (万元)	赔付面积 (万亩次)	赔款金额 (万元)	赔付率 (%)
2010年"冬淡"	6.00	570.0	5.30	424.00	74.4
2011年"夏淡"	14.44	1125.0	8.40	812.00	72.2
2011年"冬淡"	8.30	1100.0	6.50	220.00	20.0
2012年"夏淡"	12.90	1150.0	8.70	711.00	61.8
2012年"冬淡"	7.50	1065.0	4.90	498.00	46.8

续表

保险季节	承保面积（万亩次）	保费收入（万元）	赔付面积（万亩次）	赔款金额（万元）	赔付率（%）
2013年"夏淡"	12.67	1107.0	10.40	623.46	56.3
2013年"冬淡"	7.93	1108.5	7.93	3049.10	275.1
累　计	69.74	7225.5	52.13	6337.56	87.7

资料来源：《安信农业保险股份有限公司关于"保淡"绿叶菜成本价格保险的专报》（2014年5月12日）。

（二）主要做法

上海市淡季绿叶菜综合成本价格保险制度是上海市委市政府指导、上海市农委直接组织、上海市统计局和上海市蔬菜食用菌流通协会参与、上海市财政出资补贴及各区县相关部门大力支持配合、农民缴费参保、上海安信农业保险股份有限公司负责承保的一种具有特殊针对性的农业保险制度。

1. 实行问题导向，明确目标，平衡利益，严格按保险设计制度

实行这个制度的目的是落实党中央、国务院和上海市委、市政府领导关于"促进蔬菜生产稳定市场供应"的任务要求，从机制上解决上海市夏冬淡季期间绿叶菜的产销不均衡以及与此相关的菜农收益和市民利益不平衡问题；途径是根据蔬菜种植特性和上海市场的特性，针对淡季需求量大、市场价格容易产生波动、当地政府有能力进行有效调节的几种特定地方绿叶蔬菜，对农民种菜实施政策扶持，引导农民合理安排布局与茬口，在引导种植的绿叶菜的销售价格低于合同确定价格时给予适当补偿，平衡菜农和市民利益，促进蔬菜均衡生产和均衡上市；性质是建立一种政策性保险机制，为菜农提供成本价格保障，帮助分解蔬菜市场风险。

2. 精心选择品种，见菜承保，均衡投保，严格按计划配额承保

相比其他农产品，蔬菜市场风险很大，如果不从源头上对蔬菜生产进行管控，发生风险后是很难分散的。上海市淡季绿叶菜综合成本价格保险制度的保险标的是列入上海市农业行政部门政策支持的"保淡"品种和面积，并已播种于大田的，能按照农业行政部门要求，在"保淡"期间做到均衡种植和均衡上市的蔬菜。这一制度目前选择了青菜、鸡毛菜、米苋、生菜、杭白菜 5 个品种，这些品种是安信农保公司与上海市政府、农委经过深入研究和精心测算后做出的决策。主要考虑到三点：一是可用保险机制解决问题。这 5 种蔬菜销售量大，多是以万亩为单位播种，以每天几百吨为单位上市，市场价格走向不易被人为因素打乱。其他在上海销售量并不大的蔬菜品种，价格数据受区域、人为因素影响大，且能采集到的数据单薄，难以准确进行保险风险测算。二是产品地位非常重要。这 5 种绿叶菜占据了上海绿叶菜生产和消费的 70% 以上，直接关系到老百姓日常生活和切身利益，与民生关系重大。据估算，在夏淡保险期间，如果按这 5 个品种、参保面积 12.5 万亩计算，预计保证每天 3000 吨的供应量，从而避免市场价格大起大落。三是政策支持非常必要。这些绿叶菜以本地生产为主，保鲜期非常短，生产发展对市场价格的变化敏感度更强，迫切需要价格保险机制的介入。为了控制风险和提高政策效果，在选择蔬菜品种和范围的基础上，制度对各地区蔬菜播种、生产和上市各个环节的时间安排和数量调控也是非常重要的，核心是要实现"三个均衡"（均衡播种、均衡生产、均衡上市）。为此，在政策实践中，安信保险公司与上海市农委合作，明确引入了生产计划配额管理制度，并严格按计划配额承保，一方面控制参保蔬菜播种的面积总量，另一方面控制参保蔬菜生产的时间安排，凡是不在配额所规定的数量和时间范围内的蔬菜生产，保险公司不予承保。据调查，按照绿叶菜日均上市量的目标，目前保障"夏淡"蔬菜供应的种植面积一般稳定在12万~15万亩，保障"冬淡"绿叶菜供应的种植面积一般稳定在10万亩以下，两季合计在23万亩左右，投保相应按此制定生产计划配额。

3. 分类组织参保，农民缴费，财政补助，严格按合同规范管理

上海市淡季绿叶菜综合成本价格保险制度的参保对象是菜农，不仅蔬菜龙头企业、专业合作社和专业大户可以参保，而且种植面积在2亩以上的小农户也可以参保，但两种主体的参保方式有所不同。目前投保人自缴保费比例原则上不低于10%，上海市财政对参与蔬菜价格保险的企业、合作社、农户给予50%的保费补贴；区县财政根据当地的实际自行确定配套财政补贴比例，基本上给予40%的配套保费补贴。各区县农委根据补贴方案以及配额将参加蔬菜价格保险的种植户名、种植时间、品种、面积以及种植地点等信息反馈给当地安信农保公司，由安信农保公司联系投保人办理投保手续，严格落实"五公开"（惠农政策公开、承保情况公开、理赔结果公开、服务标准公开、监管要求公开）、"四个一"（一品、一户、一棚、一单）、"三到户"（承保到户、定损到户、理赔到户）的各项要求，实行"见菜承保""分开投保""上市理赔"，全面落实清单到户，签署保险合同，按照合同进行规范管理。

4. 政府购买服务，专门采价，详细披露，严格按市场损失理赔

上海市淡季绿叶菜综合成本价格保险制度的理赔依据是菜农市场损失，判断标准是生产价格下跌到综合成本以下。由于蔬菜生产的分散性和市场交易的复杂性，价格数据的采集、处理以及作为理赔工作的依据是至关重要的。最直接的数据就是菜农的田头交易价，但因为菜农成交大多口头协商，加上菜的品质、交易地点和成交方式不同，价格差异很大，数据的客观性和连续性都有问题。由于田头交易价格调查、统计和测算的难度较大，且缺乏历史统计数据，在实践中主要采用指定市场、指定时间、指定交易的蔬菜平均价格进行替代生产价格。实际上，由于上海农村基础设施条件非常好，城乡农产品市场是一体化的，市场信息传导灵敏，物流配送高效，用消费价格替代生产价格没有问题。同时，由于为菜农提供的补贴是政府代表消费者提供的或者本质上来源于消费者的转移支付，用消费价格替代生产价格，还可以更好地反映产销之间的利益平衡关系并促进蔬菜产销一体化发展，在理论上也没有问题乃至更为科学合理。

在早期的探索中，"冬淡"期间采用的保险赔付价格参照标准是从5大批发市场收集的批发价，由于每天上市蔬菜的数量不同，价格波动非常剧烈。此外，除了批发市场，还有近一半的蔬菜通过农产品与标准化菜场、超市的对接或其他方式直接进入了市场，使得作为参照的批发价并不能全面反映市场价格。不仅如此，这些价格数据是市场报送的，价格偏高且随意性比较大，基本原因是市场本身有利益驱动，为了吸引卖家入场交易，存在价格高报现象。因此，采用这些价格作为保险赔付重要依据的做法不太符合保险的大数法则和精算原则。在后来的方案中，就抛弃了单纯采用批发价作为保险赔付价格参照依据的方式，转而以18家标准化菜市场的平均零售价作为基本依据。

具体做法是，在上海市政府支持下，由上海蔬菜食用菌行业协会与国家统计局上海调查总队合作，委托国家统计局上海调查总队，在"冬、夏淡"期间，对9种地产绿叶菜开展日调查工作，按照"定时、定点和定人"的原则，在上海市CPI调查涉及的中心城区和郊区、县的24个集贸市场进行采价，按约定时间以电子文件形式提供所调查的9种绿叶菜24个集贸市场的日价格和平均价格，2013年合约经费为人民币16万元（见专栏4–9）。保险公司以此价格数据为依据，计算18

家标准化菜市场的平均零售价,与保险合约确定的参考价格进行对比,如果市场价格有下降,出现约定蔬菜市场损失或蔬菜市场损失超过成本价格范围,保险公司按跌幅同比例启动理赔;如果市场价格没有下降,没有出现约定市场损失或者市场损失没有超过成本价格以及市场价格超过成本价格,保险公司免除理赔责任。为保证价格数据的公平、公正性,在2011年"夏淡"期间以统计局采集的价格数据为标准,赔偿处理首次将CPI纳入进来;为了反映成本价格的上涨趋势,保护生产者的合理利益,在2013年以后对保单约定价格引入了指数化调整。简单举例,保险合同确定青菜综合成本价每公斤1.44元,市场零售价每公斤5.5元,保险时间为20天,如果届时这20天里青菜平均市场零售价只有每公斤4.95元,较合同确定的市场零售价降低10%,保险公司就认为农户市场损失了10%,保险公司按每公斤补齐差价0.144元作为对农户的保险理赔标准(见专栏4-10)。

(三) 重要特点

上海市实行的保淡蔬菜成本价格保险制度是农产品目标价格制度的重要内容,是一种具有特殊针对性的政策性农业保险补贴制度。上海试验既有其特殊性,也有其一般性。首先,财政补贴是重要的。如果没有财政补贴,农业保险几乎无法展开,目前推广较快的农业保险几乎全是自然风险保险,政府会补贴80%~90%的保费。其次,核心问题并不仅是财政补贴,科学合理的制度设计、农业的组织化程度和产业化程度是保险能否顺利发挥作用的一个重要因素。上海市委市政府的公共管理服务能力、农业的组织化程度和产业化程度都比较高,这为开展蔬菜价格保险提供了有效的体制保障和物质基础。如果面对众多的散户开展价格保险,缺乏组织化和产业化支撑,其难度将大大增加。此外，价格保险不是解决农民市场风险问题的唯一方法，这种制度的适用范围和约束条件是非常严格的，政策目标是有限的，并不能解决农民在生产发展中面临的全部市场损失问题。在应对市场风险上，还有农民、农户与企业通过合约的方式锁定价格、通过期货市场对冲风险、国家通过储备进行调节等多种方法可以选用及配合使用。

1. 准确定性是基础，能够参加制度的对象是特殊的和有限的

这种成本价格保险带有很强的针对性和特殊性，在性质上是一种实行有限目标和带有严格条件限制的政策性保险制度，在品种上只限于地产绿叶菜，包括青菜、鸡毛菜、米苋、生菜、杭白菜5种，在参加者上只有蔬菜生产经营规模在2亩以上的规模户并且列入全市统一生产计划配额和属于县乡政府支持范围才能参保，在保险时间上只限于淡季蔬菜，包括"夏淡"（6月16日~9月15日）和"冬淡"（12月16日~3月15日），9月16日到12月15日和3月16日到6月15日间是不予保险的。在这种制度中，整个保险费用由农民和地方财政共同出资，上海市级财政给予50%保费的专项补贴，列入政府预算内计划，各区县和乡镇结合各自情况给予相应的配套补贴，菜农的缴费投入比例不低于保险费的10%。

2. 均衡投保是关键，在参保上实行分阶段、分品种、一次性投保缴费

价格保险作为市场风险的管理调节手段，初衷是为了稳定面积，平稳菜价。在制度设计上，统筹保障淡季绿叶菜市场稳定供应和保护蔬菜生产者基本经营收益两大目标，坚持"均衡承保、见菜承保"的原则，促进农民分三个阶段（一个阶段为一个月）、按计划面积（2013年"夏淡"第一阶段3.5万亩次，"夏淡"第二阶段6万亩次，"夏淡"第三阶段3.5万亩次，"冬淡"第一阶段2万亩次，"冬淡"

第二阶段3.5万亩次,"冬淡"第三阶段2.5万亩次)、在指定时间前进行投保,要求农户一次性完成三个阶段的投保工作,引导生产发展,实行"均衡播种、均衡生产、均衡上市",约束农民选择单个阶段来投保的投机性行为,有效地避免了绿叶菜上市量的大起大落,降低了市场风险。由于上海市农业生产组织化水平较高,且区域种植面积有限,在保险实施的具体操作中,还逐步实现了"四个一"分开投保,清单到户,从而规范了承保环节,保护了农民利益。2013年保险基本费率为9%(为鼓励蔬菜生产提高组织化程度,对蔬菜生产龙头企业、农民专业合作社、具体合作农场实行一定费率优惠,按8%执行),按照青菜、鸡毛菜、苋菜、生菜和杭白菜的每亩次保险金额为1218元、772.8元、788.9元、1024.8元和1124.2元计算,青菜、鸡毛菜、苋菜、生菜和杭白菜的每亩次保险费分别为109.6元、69.55元、71元、92.23元和101.18元。

3. 合理赔付是重点,在采价、定损和定补上采取了科学方法

一是实行专门采价。上海采取了政府购买服务的办法,专门委托国家统计局上海调查总队按照"定时、定点和定人"的原则,在上海市CPI调查涉及的中心城区和郊区、县的24个集贸市场进行采价,具体工作由上海市农委、上海蔬菜食用菌行业协会、国家统计局上海调查总队三个单位分工合作完成,安信保险公司以这一价格数据为客观依据进行保险赔付。

二是确定理赔标准。蔬菜市场损失由农户和保险公司分担,保险公司代表政府只负责承担基本经营收益损失中的70%,基本收益损失中的30%以及超过基本经营收益损失的部分由农户自己承担。保险金额按照保险产量(约为亩均产量的70%)与单位生产成本乘积计算,以蔬菜生产部门在生产基地监测点采集的数据和历年"淡季"亩均产量为依据。赔偿金额按照保险金额、保险亩数和保险期间18家标准化菜市场平均价格与保单约定价相比的下跌率的乘积计算。保险期间，18家标准化菜市场平均价格与保单约定价相比提高的不予赔付。保单约定价为18家标准化菜市场前三年实际价格的平均值、结合前三年每年蔬菜价格涨幅和当年绿叶菜综合成本指数进行综合考虑计算。

三是引入指数浮动。为了使理赔标准更加科学合理，在保险赔付金额计算公式中充分考虑前三年的蔬菜价格上涨因素和当年绿叶菜综合成本指数，从2013年"夏淡"起，保险公司在以前方案的基础上增加10%的绿叶菜综合指数，目的是提高菜农生产和投保的积极性，在市场价格低迷之际增加菜农获赔机会和获赔额度。实施这一政策后，2013年"冬淡"保险中赔付大幅增加，若按上年方案"冬淡"的合计赔付为2000万元，而新方案下合计赔款额达到3049.1万元。由于这次赔付增加太多，保险公司建议2014年绿叶菜综合指数修改为5%。

4. 高效管理是支撑，在组织上实行公共管理和合约治理

一是在制度设计上，对不同类型的蔬菜生产者实行分类管理，蔬菜龙头企业、专业合作社和专业大户优先参保和独立参保，2亩以上绿叶菜种植小农户联合参保并由乡镇统一组织办理参加缴费保险事宜，使小菜农也能从制度中受益，但需要乡镇协助支持。这既体现了公共政策的公平性，也体现了公共管理的有效性。

二是在组织领导上，上海市农委、市统计局、安信农保公司等单位联合成立了"上海市蔬菜价格保险推进工作协调小组"，按照"政府引导、政策支持、市场运作、自主自愿和协同推进"原则，各小组成员依据自身的行政或工作职能，认真开展工作研究，落实配套资金，抓好监督检查，切实将"保淡"生产与保险落到实处，协调解决保险工作中存在的各种实际问题。

三是在组织机制上，政府部门、保险公司、上海蔬菜食用菌行业协会和农民分工合作，各自分别在合约框架内承担有限责任。农业部门负责确定政策支持标准、引入生产计划配额和对蔬菜生产进行管理服务，财政部门负责配套缴费出资和安排财政预决算，统计部门负责对蔬菜市场价格进行调查统计，农民负责生产申报、约定计划、缴费参保和在保险事故发生时理赔，保险公司负责实行专业承保、核查参保面积、分析价格风险和提供保险理赔。

四是在服务载体上，引入了专业保险公司。整个保险业务工作由安信农保公司统一负责经办，这家公司成立于2004年9月，注册资金5亿元，是我国第一家专业性股份制农业保险公司，长期从事农业保险工作，保险产品结构齐全，具有从事农业保险和商业保险的丰富实践经历和专业经验教训。公司最早是国有企业，自1983年以来在农业方面的保险工作一直没有断过。为了做好蔬菜市场保险工作，公司有5~6个外勤人员专门从事管理服务工作，与外围的两个服务体系配套（一个是以统计局为核心的价格采集处理服务体系，一个是政策落实为核心的行政管理服务体系特别是农委管理的1700名农业保险协保员队伍）密切合作，形成了健全而有效率的业务经办服务工作机制。

【专栏4-9】　　2013年上海市"冬、夏淡"期间绿叶菜价格日报调查协议书

委托方（以下称甲方）：上海蔬菜食用菌行业协会

受托方（以下称乙方）：国家统计局上海调查总队

甲乙双方经充分协商一致，甲方委托乙方就开展"冬淡"期间地产绿叶菜价格日调查工作达成如下约定。

1. 乙方受甲方委托，与 2012 年 12 月 16 日开始至 2013 年 3 月 15 日、2013 年 6 月 6 日开始至 2013 年 9 月 15 日期间，对 9 种地产绿叶菜（青菜、鸡毛菜、米苋、生菜、行白菜、空心菜、油麦菜、草头和蓬蒿菜）价格开展日调查工作。调查范围为上海市目前 CPI 调查设计的中心城区和郊区、县的 24 个集贸市场，调查依据《流通和消费价格调查方案》中有关"定时、定点、定人"原则进行。

2. 乙方按约定时间向甲方以电子文件形式提供所调查的 9 种绿叶菜、24 个集贸市场的日价格和平均价格。

3. 甲方在乙方完成调查工作后向乙方一次性支付劳务费人民币壹拾六万元整，以银行转账形式支付。

4. 保证条款：乙方保证在为甲方提供调查服务时，未经甲方书面同意，不把该调查项目的全部或部分工作委托第三方；乙方保证提交甲方之数据、资料真实可靠。

5. 违约责任：乙方未按照约定日期和要求完成调查工作的，甲方未按照约定向乙方支付劳务费的，均按照有关法律法规支付违约金。

6. 争议的解决：本协议在履约过程中发生争议的，由当事双方友好协商解决。

7. 本协议一式两份，甲乙双方各执一份。

8. 未尽事宜由双方友好协商解决。

甲方：上海蔬菜食用菌行业协会　　乙方：国家统计局上海调查总队

签字（盖章）　　　　　　　　　　签字（盖章）

日期：2013 年 6 月 10 日　　　　　日期：2013 年 6 月 10 日

【专栏4-10】 2013年上海市"淡季"绿叶菜成本价格保险实施方案

为贯彻落实《国务院关于进一步促进蔬菜生产保障市场供应和价格基本稳定的通知》的精神，保护本市蔬菜生产者的生产积极性，稳定蔬菜生产和保障市场供应，通过制度创新引入保险机制，维护蔬菜生产者的经济利益，促进本市绿叶菜的均衡生产和均衡供应。

一、方案内容

1."夏淡"绿叶菜成本价格保险

保险标的："夏淡"期间上市的青菜、鸡毛菜、米苋、生菜、杭白菜5种绿叶菜。

保险期间："夏淡"期间为2013年6月16日至9月15日。9月16日后上市的绿叶菜均不接受投保。

投保对象：以蔬菜龙头企业、专业合作社和种植大户作为优先，2亩以上的绿叶菜种植散户由所属乡镇统一组织投保。

投保面积和时段："夏淡"期间上述绿叶菜最高保险面积为13万亩次，超过此面积的，市级财政不予保费补贴。如有特殊情况，经商议一致后可酌情增加面积。按照"均衡播种、均衡生产、均衡上市"的工作要求，分三个时段分计划进行投保。

第一时段：2013年6月16日至7月15日，保险面积为3.5万亩次。该时段投保截止日期为2013年6月30日。

第二时段：2013年7月16日至8月15日，保险面积为6万亩次。该时段投保截止日期为2013年7月31日。

第三时段：2013年8月16日至9月15日，保险面积为3.5万亩次。该时段投保截止日期为2013年8月31日。

保险金额和费率：保险金额按照保险产量（约亩均产量的70%）与单位生产成本乘积计算，保险基本费率为9%（为鼓励蔬菜生产提高组织化程度，对蔬菜生产龙头企业、农民专业合作社、集体合作农场按8%费率执行）（见表4-5）。

表4-5　　　　　"夏淡"绿叶菜成本价格保险

"夏淡"保险品种	保险产量（公斤/亩次）	生产成本（元/公斤）	保险金额（元/亩次）	保费（元/亩次）
青　菜	700	1.74	1218	109.6
鸡毛菜	280	2.76	772.8	69.55
米　苋	490	1.61	788.9	71.00
生　菜	420	2.44	1024.8	92.23
杭白菜	770	1.46	1124.2	101.18

保费补贴标准：市级财政给予50%保费补贴，各区县根据财力予以配套补贴，投保人自缴保费比例应不低于10%。

理赔方法：根据国家统计局上海调查总队采集本市18家标准化菜市场前三年同期的零售价格数据作为基础理赔标准，在此基础上再加上10%绿叶菜综合成本指数作为理赔标准。若在保险期间市场平均零售价低于保单约定价，则按其跌幅同比例进行相应赔付；高于保单约定价的则不发生赔付。

赔偿金额 = 保险金额 × ［保单约定价 - 保险期间市场平均零售价］/ ［保单约定价］× 保险亩数

保单约定价 = ［保险三年前同期市场价格 × $(1+r_1)$ × $(1+r_2)$ × $(1+r_3)$ + 保险两年前同期市场价格 × $(1+r_2)$ × $(1+r_3)$ + 保险一年前同期市场价格 × $(1+r_3)$］/3 × 110%

保单约定价是指纳入前三年各年蔬菜价格涨幅和当年度绿叶菜综合成本指数考虑后，保险前三年实际价格的平均值。其中，r_1指

2011年6~9月各月蔬菜价格涨幅，r_2指2012年6~9月各月蔬菜价格涨幅，r_3指2013年6~9月各月蔬菜价格涨幅。2010~2012年"夏淡"期间相关蔬菜同比涨幅见表4-6。

表4-6　　2010~2012年"夏淡"期间相关蔬菜同比涨幅情况

年　份	6月	7月	8月	9月
2010	11.5%	39.4%	-2.4%	15.2%
2011	16%	-1.5%	10.7%	-1.6%
2012	-5.8%	2.2%	12.7%	4.6%

2. "冬淡"绿叶菜成本价格保险

保险标的："冬淡"期间上市的青菜、杭白菜。

保险期间："冬淡"期间为2013年12月16日至2014年3月15日。3月16日后上市的绿叶菜均不接受投保。

投保对象：以蔬菜龙头企业、专业合作社和种植大户作为优先，2亩以上的绿叶菜种植散户由所属乡镇统一组织投保。

投保面积和时段："冬淡"期间上述绿叶菜最高保险面积为8万亩次，超过此面积的，市级财政不予保费补贴。如有特殊情况，经商议一致后可酌情增加面积。按照"均衡播种、均衡生产、均衡上市"的工作要求，分三个时段分计划进行投保。

第一时段：2013年12月16日至2014年1月15日，保险面积为2万亩次。该时段投保截止日期为2013年12月15日。

第二时段：2014年1月16日至2月15日，保险面积为3.5万亩次。该时段投保截止日期为2014年1月15日。

第三时段：2014年2月16日至3月15日，保险面积为2.5万亩次。该时段投保截止日期为2014年2月15日。

保费补贴标准：市级财政给予50%保费补贴，各区县根据财力予以配套补贴，投保人自缴保费比例应不低于10%。

保险金额和费率：保险金额按照保险产量（约亩均产量的70%）与单位生产成本乘积计算，保险基本费率为9%（为鼓励蔬菜生产提高组织化程度，对蔬菜生产龙头企业、农民专业合作社、集体合作农场按8%费率执行）（见表4-7）。

表4-7　　　　"冬淡"绿叶菜成本价格保险

"冬淡"保险品种	保险产量（公斤/亩次）	生产成本（元/公斤）	保险金额（元/亩次）	保费（元/亩次）
青菜	1600	1.06	1696	152.6
杭白菜	1400	0.97	1358	122.2

理赔标准：根据国家统计局上海调查总队采集本市18家标准化菜市场前三年同期的零售价格数据作为基础理赔标准，在此基础上再加上10%绿叶菜综合成本指数作为理赔标准。若在保险期间市场平均零售价低于保单约定价，则按其跌幅同比例进行相应赔付；高于保单约定价的则不发生赔付。

赔偿金额 = 保险金额 × [保单约定价 - 保险期间市场平均零售价] / [保单约定价] × 保险亩数

保单约定价 = [保险三年前同期市场价格 × $(1+r_1)$ × $(1+r_2)$ × $(1+r_3)$ + 保险两年前同期市场价格 × $(1+r_2)$ × $(1+r_3)$ + 保险一年前同期市场价格 × $(1+r_3)$] / 3 × 110%

保单约定价是指纳入前三年各年蔬菜价格涨幅和当年度绿叶菜综合成本指数考虑后，保险前三年实际价格的平均值。其中，r_1指2011年12月至2012年3月各月蔬菜价格涨幅，r_2指2012年12月至2013年3月各月蔬菜价格涨幅，r_3指2013年12月至2014年3月各月蔬菜价格涨幅。2010~2013年"冬淡"期间相关蔬菜涨幅见表4-8。

表 4-8   2010~2013 年"冬淡"期间相关蔬菜涨幅

年 份	1月	2月	3月	12月
2010	—	—	—	-10.4%
2011	-3.6%	2.9%	10.6%	22.3%
2012	34.7%	17.3%	32.6%	2.2%
2013	-4.2%	-1.3%	-13.1%	—

二、工作要求

1. 明确任务目标，层层落实要求

区县农委以及相关单位应按照"均衡种植、均衡投保、均衡上市"的原则，尽早落实本方案"夏淡""冬淡"期间三个时段的投保计划，明确投保对象、保险品种、保险面积、种植茬口，并提早分解到相关乡镇和基地，确保投保任务目标的完成。各区县农委要做好相关行政村的动员工作，组织推动本村散户菜农联合投保。同时，积极引导投保农户一次性完成三个阶段的投保工作，约束农户选择单个阶段投保的投机性行为。

2. 细化工作流程，严格抽查核实

保险公司要贯彻"五公开、三到户"政策，坚持做到"见菜承保、上市理赔"，做到从承保到理赔各个环节中的公正、公开和透明，严禁出具不实保单。保险公司需在保单上注明约定绿叶菜上市日期，切实做到按时段、按计划均衡投保。各区县农委应加强对承保信息抽查核实。审核工作完成后，由区县农委会同区县财政局将所在区县"冬淡""夏淡"投保情况分别于当年9月底前和次年3月底前正式行文上报市农委、市财政局。

3. 协调工作机制，加强政策宣传

请各区县按照"政府引导、政策支持、市场运作、自主自愿和协同推进"原则，加强部门间协调，加大政策宣传力度，提高菜农政策的知晓度，共同推进"淡季"绿叶菜成本价格保险工作。对完成任务好并及时给予政策配套的区县，市推进农业保险工作委员会将给予表彰。

2013年度"淡季"期间各月蔬菜价格涨幅届时按照市统计局统计数据实施。

附件：

1. 2013年度"夏淡"绿叶菜成本价格保险面积计划表
2. 2013年度"冬淡"绿叶菜成本价格保险面积计划表

附表1　　2013年度"夏淡"绿叶菜成本价格保险面积计划表　　单位：亩次

区县/单位	青菜	鸡毛菜	米苋	生菜	杭白菜	合计
闵行区	2300	2700	900	1500	1500	8900
嘉定区	4200	3000	1700	1700	1200	11800
宝山区	1900	1100	300	100	100	3500
浦东新区	10400	9800	3100	2500	2200	28000
奉贤区	7500	6600	2300	1800	1500	19700
松江区	4200	2900	600	200	300	8200
金山区	7200	5000	1100	2000	1200	16500
青浦区	9800	4400	1700	1400	1500	18800
崇明县	5300	3700	1000	600	300	10900
光明食品集团	2200	800	300	200	200	3700
合计	55000	40000	13000	12000	10000	130000

附表2　　2013年度"冬淡"绿叶菜成本价格保险面积计划表　　单位：亩次

区县/单位	青菜	杭白菜	合计
闵行区	3700	1100	4800
嘉定区	4000	1500	5500
宝山区	1700	200	1900
浦东新区	18000	2200	20200
奉贤区	9600	1200	10800

续表

区县/单位	青菜	杭白菜	合　计
松江区	5500	500	6000
金山区	8800	1300	10100
青浦区	12000	1500	13500
崇明县	5000	300	5300
光明食品集团	1700	200	1900
合　计	70000	10000	80000

资料来源：上海市农业委员会、上海市财政局：《关于下发2013年度"淡季"绿叶菜成本价格保险实施方案的通知》（沪农委〔2013〕189号）。

七、张家港蔬菜价格指数保险制度

2013年以来，江苏省张家港市率先在全省推出淡季保淡绿叶菜价格指数保险政策，这是我国在建立蔬菜目标价格制度方面的又一重要探索。该保险由张家港市政府与中国人民财产保险公司"联办共保"，保险费承担由张家港市级财政补贴50%，镇级财政补贴40%，投保的蔬菜基地仅需自负10%。其主要内容是以张家港市政府确定的优质蔬菜基地为试点对象，对夏季伏缺期间绿叶菜展开批发价格保险，对指定蔬菜在保险期间内出现平均批发价格低于保险合同约定价格的，由人保财险公司对差价部分按照约定进行赔偿。

（一）政策背景

2011年，保监会印发了《关于保险业参与加强和创新社会管理的指导意见》（保监发〔2011〕69号），要求全行业深刻认识加强和创新社会管理的重要性和紧迫性，增强责任感和使命感，进一步完善体制机制,改进产品服务,提高技术和管理水平,努力满足社会风险管理需求,提高社会管理水平。2012年1月6~7日,全国金融工作会议在北京举行,强调金融要为实体经济服务,提出了推进政策性金融改革、加快农村金融发展等政策意见。2012年12月15~16日,中央经济工作会议在北京举行,明确了2013年经济工作"稳中求进"的总基调,提出要深入研究社会管理规律,拓宽思路,完善体制机制,注重源头治理,不断提高社会管理科学化水平,促进社会和谐稳定。为了落实党中央国务院政策精神,张家港市金融办牵头,协调张家港市委市政府农业部门和中国人民财产保险公司张家港支公司(以下简称人保财险张家港支公司)等部门和单位参与,结合张家港市实际和发展需要,积极推进金融创新,对发展蔬菜生产、保障蔬菜市场供应和保护农民利益问题进行了调研,提出了对蔬菜基地在夏季伏缺期间开展绿叶菜批发价格保险的政策意见。

2013年6月,张家港市推进农业保险工作委员会办公室发出《张家港市夏季保淡绿叶菜价格指数保险试行意见》,正式启动蔬菜价格保险工作。在整个保险期间,由张家港市农委蔬菜办负责对被保险基地的生产和上市销售情况进行监管。由于绿叶菜类蔬菜的生长周期短,对查勘的时效性要求很高,为保证定损数据的完整、准确,市蔬菜办采取每期绿叶菜上市前逐户检查的方式,6月15日至9月14日保险期间,共出动查勘43次。截止9月,全部九期已经查勘完毕,保险总面积663亩,实际查勘面积527.5亩。其中,第四期、第五期、第六期、第八期价格达到出险要求,赔偿总额达85017.62元。据反映,该保险的实施为保护全市优质蔬菜基地利益和保障夏季蔬菜均衡供应发挥了积极作用。

2014年5月,张家港市政府对蔬菜价格保险政策进行完善,制定《张家港市夏季保淡绿叶菜价格指数保险实施意见》(见专栏4-11),

对保险品种、对象、面积和金额进行扩面升级提档,在保险品种方面增加2种,从上年的青菜、鸡毛菜和空心菜3种扩大到青菜、鸡毛菜、杭白菜、生菜和空心菜5种;在保险对象上有所扩大,覆盖13个重点蔬菜生产基地,50亩以上农户均可参保;在保险面积和金额上有所增长,市政府财政扶持力度增大,全年共有8个参保基地投保,总计投保面积1596亩,最高可获赔付511万元,保费支出51.2万元。

(二)主要做法

张家港市夏季保淡绿叶菜价格指数保险由张家港市农业局、财政局和人保财险张家港支公司等共同研制,目的是通过推进保险创新和发挥保险的作用,降低保淡绿叶菜种植的市场风险,保障全市夏季保淡期绿叶菜的市场供应,保护蔬菜基地和农户在保淡期间种植绿叶菜的积极性。

1. 明确制度基本性质,按农业保险进行管理,由专门机构推进实施

张家港市夏季保淡绿叶菜价格指数保险的保险标的为夏季保淡绿叶菜价格指数,为蔬菜生产者分散市场风险,纳入农业保险管理,具体由张家港市推进农业保险工作委员会组织实施。根据2006年张家港市委农工办、市财政局、农业局制订的《关于推进张家港市农业保险的实施意见》,农业保险推进工作由市推进农业保险工作委员会组织实施和监管。分管农业和农村工作的市委、市政府领导分别兼任主任、副主任,市委农工办、市发改委、财政局、劳动和社会保障局、建设局、规划局、农业局、卫生局、审计局、园林绿管局、公安局、司法局、气象局、人保财险张家港支公司等单位主要负责人和各镇镇长、常阴沙管理区管委会常务副主任为成员。委员会下设办公室,由市委农工办、市财政局、农业局、园林绿管局、人保财险张家港支公司派员组成，办公室设在市财政局。各镇（管理区）参照组建推进农业保险工作协调小组，下设农业保险协办组。村级应配备兼职农业保险协保员。市推进农业保险工作委员会负责全市农业保险的统筹规划、政策制定、统一管理、综合协调和监督检查。市推进农业保险工作委员会办公室负责委员会日常工作，具体农业保险业务委托人保财险张家港支公司运作。各镇（管理区）推进农业保险工作协调小组负责本镇（管理区）的农业保险工作。农业保险采取"统一招标、分层委托、自愿参保、政府支持、市场运作、专业监管"的"委托代办"模式。农业保险资金由市推进农业保险工作委员会办公室负责监管。整个工作从2012年开始准备，2013年6月张家港市推进农业保险工作委员会办公室印发试行政策文件，基本原则是"先行试点、探索路子、逐步完善、稳步推进"，正式启动蔬菜价格保险工作。2014年5月，该委员会对文件进行修订并印发实施意见。

2. 严格界定参保条件，约定保险责任，完善职责分工和健全基础数据

2013年夏季保淡绿叶菜价格指数保险的品种只有青菜、鸡毛菜和杭白菜3个，这些品种在淡季种植困难，市场价格很容易波动。保险对象主要是张家港市政府确定的13个优质蔬菜基地。保淡时间为3个月，从2013年6月15日到9月15日；实行分品种、分批次投保，由参保者在投保时选定。保险责任期为保淡期间内各保险品种每茬10天（含），具体按投保时确定的每茬种植计划时间起算。保险理赔依据张家港市物价部门采集提供的近三年对应保险日的蔬菜市场零售价平均计算确定，保险责任为在保险责任期内当保险品种的市场日平均零售价格低于保险日平均零售价时，视为出险。保险赔付标准按照生产成本核定，在保险赔付中考虑消费价格指数的变化。生产成本以调查研究为依据，按照完全成本计算，包括人口费、大棚折旧、农药、效益

（适当考虑，约占10%），根据亩茬保险产量和亩茬保险成本价确定，2013年鸡毛菜亩茬保险产量为750公斤/批，每公斤保险成本价格4.1元，核定保险金额为3075元/批；青菜亩茬保险产量为1400公斤/批，每公斤保险成本价格2.3元，核定保险金额为3222元/批；杭白菜亩茬保险产量为1500公斤/批，每公斤保险成本价格2.3元，核定保险金额为3450元/批。保险费率统一执行江苏省颁布条款规定10%的费率。政策规定是相关部门要与镇区协同配合，加强实施过程生产监管并把本保险纳入年度农业考核。由于过去的蔬菜市场零售价统计数据并不连续且质量可能存在瑕疵，相关部门对这些数据进行了重新审核并进行了技术处理，健全了基础数据，形成了2013年蔬菜价格指数保险各品种保险日零售价格，作为保险公司承保和农民进行理赔的客观依据。

3. 实行农民缴费参保，政府提供保费补贴及承担超赔责任，保险公司负责提供承保服务，农业部门和乡镇进行引导、督促、检查和落实

蔬菜基地农户缴费投保，在保险费上承担10%；市财政提供保费补贴，在保险费上承担50%，镇财政补贴40%；人保财险张家港支公司提供保险承保服务，执行《中国人民保险股份有限公司江苏省分公司夏季保淡绿叶菜价格指数保险条款》，为农户办理投保手续，出险后为农户及时理赔；财政除了承担保费补贴外，还要与保险公司共担超额风险，当保险资金出现超赔时，按照江苏省的规定，由各级政府财政和人保财险公司按比例分担。张家港市委市政府对农民投保工作实行计划管理，并责成有关部门和乡镇进行监督检查落实。

（三）重要特点

张家港市实行的夏季保淡绿叶菜价格指数保险制度是农产品目标价格制度的重要内容，是一种具有特殊针对性的政策性农业保险补贴制度。

1. 能够参加制度的对象是非常特殊的和有限的

在参加品种上，只限于对 3~5 种特定的地产绿叶菜，2013 年为青菜、鸡毛菜和空心菜，2014 年增加了生菜和杭白菜。在参加对象上，2013 年只有全市生产规模较大的重点蔬菜生产基地才有资格，2014 年扩大到保淡绿叶菜种植面积 50 亩以上的蔬菜基地和大户，凡是蔬菜种植面积在 50 亩以下的小规模农户是没有资格的。在参加时间上，要严格按照蔬菜价格指数保险种植计划表进行选择并安排播种进度，只限于投保在保淡期间的 6 月 15 日到 9 月 14 日上市的 3 个月内（建议播种期为 5 月 20 日到 8 月 20 日），以每 10 天为一期（共 9 期）进行分期承保、价格核算和保险理赔，参保时一次性订购，时间提前或延后是不行的或者不在承保范围之内。在销售管理上，投保者的被保险绿叶菜必须保证供应本地市场，凡是销往外地市场的，所销批次不享受保险理赔权利。

2. 在制度性质上以提供农产品市场损失补助为主要内容

这种制度在形式上是一种价格指数保险，实际上是一种提供农产品市场损失补助为主要内容的蔬菜种植基本经营收益保障制度，是否发生农产品市场损失以及哪些市场损失需要政府给予补助是以价格指数或价格变化为依据进行判断的。从制度设计上看，农户（被保险基地）在投保过程中需要申报自己的种植计划和面积，并受镇、区监管和接受市有关部门抽查，但在全市范围内并没有引入生产计划配额控制，这意味着农民在保淡期内可以自由安排自己的生产品种和面积。与没有这个制度时相比，该制度的主要功能就是为参保农民在发生蔬菜市场价格下降引发的市场损失超过成本收益时提供差额补偿，保障蔬菜种植者获得基本经营收益，并没有直接引导参保农民均衡生产和均衡供应的制度功能或者相关的调控功能是比较弱的，这种制度的内容与农产品目标价格补贴制度在本质上是一致的。

3. 在界定农产品市场损失及确定补助标准工作上采取了简便办法

在这种制度中,在保险价格上主要是以张家港市物价部门采集的保险日市场零售价格作为依据,对历史数据进行技术处理形成约定价格,并没有对相关价格数据的形成要求"定时、定点、定人";同时,对单位保险金额或亩茬保险金额(亩茬保险产量和亩茬保险成本价)的确定比较简单,直接进行保险产量和保险成本价约定,没有体现政府与农民对市场损失进行按比例分担的关系;参保农民自己对投保产品是否发生市场损失以及发生市场损失后能获得多少补贴是无从知道的或者很难知道的,必须依赖于物价部门公布的数据。采取这一简便办法的隐含假设条件是政府物价部门对当地蔬菜价格数据的采集和提供承担全部责任,所提供的蔬菜零售市场价格数据是全面、准确、及时和可靠的,同时地方政府对参保的菜农在基本经营收益上的市场损失可以承担全部责任。

4. 在组织运行机制上实行自愿参加、严格参保和合约治理

在这种制度中,地方政府和农民都是出资者,地方政府的财政资金投入很大,主要用于补贴保险费,补贴资金来源于张家港市镇两级财政,实行预算内计划管理;农民也出资投保,但比例很小。在组织运行机制上,地方政府、保险公司和农民之间既有分工,也有合作,实行合约治理。农民根据政策规定自愿参保,参保手续是严格的,在参保中需要如实申报个体基本信息,与保险公司签订保险合同,约定生产品种、日期和数量,在保险合同约定范围内承担缴费责任、生产责任和享有理赔权利,这种权利是有限的,也是有效的,受到法律的保护。人保财险公司负责整个保险业务的经办工作,在制度中的责任和权利也以合约规定为限。地方政府在制度中的角色是一个公共管理服务者,负责代表消费者为投保者提供保费补贴,参与保险合约的制定,采集和提供价格数据,为承保者分担超额风险,协调处理参保者和承保者之间的矛盾和问题,承担有限责任,具有有限权利,这种权利也是有效的。

【专栏 4-11】 2014 年张家港市夏季"保淡"绿叶菜价格指数保险实施意见

2013 年我市试点的夏季"保淡"绿叶菜价格指数保险,有效地降低了保淡绿叶菜种植的市场风险,保障了我市夏季"保淡"期绿叶菜的市场供应、保护了蔬菜基地和农户在保淡期种植绿叶蔬菜的积极性。为更好地发挥保险的作用,扩大保险创新成果,深入推进蔬菜价格指数保险,现对 2014 年我市夏季"保淡"绿叶菜价格指数保险提出如下实施意见。

一、保险对象

"保淡"绿叶菜种植总面积 50 亩以上蔬菜种植基地和大户。

二、保险绿叶菜品种

青菜、鸡毛菜、杭白菜、生菜和空心菜 5 个品种。

三、保险金额及费率

保险绿叶菜的亩茬保险金额根据亩茬保险产量和亩茬保险成本价确定。各品种的亩茬保险产量、亩茬保险成本价和亩茬保险金额如下:

亩茬保险产量:鸡毛菜 750 公斤、杭白菜 1500 公斤、青菜 1400 公斤、生菜 1300 公斤、空心菜 1000 公斤,"保淡"期亩保险总产量 3000 公斤(期间按收获 3 茬计算)。

亩茬保险成本价:鸡毛菜 4.1 元/公斤、杭白菜 2.3 元/公斤、青菜 2.3 元/公斤、生菜 3.1 元/公斤、空心菜 2.6 元/公斤。

亩茬保险金额：鸡毛菜3075元、杭白菜3450元、青菜3220元、生菜4030元、空心菜2600元，"保淡"期内亩总保险金额7800元。

保险费率：统一执行省颁布条款规定10%的费率。

四、保费承担

保费承担比例，继续执行张农险办［2013］6号文件中的规定，即市财政补贴50%、镇财政补贴40%、被保险基地农户自负10%。

五、保险期间

1. 夏季"保淡"期：从6月15日（含）起至9月15日止。

2. 保险责任期："保淡"期内各保险品种每茬保险责任期统一为10天（含）。具体各品种的保险责任期起算时间，按投保时确定的每茬种植计划时间起算，种植计划表式见表4-9。

表4-9　　2014年蔬菜价格指数保险种植计划表

参保单位：

	鸡毛菜				生菜		
期数	建议播种期	投保期	投保面积	期数	建议播种期	投保期	投保面积
1	5.20~5.30	6.15~6.24		1	5.20~5.30	6.15~6.24	
2	6.01~6.10	6.25~7.04		2	6.01~6.10	6.25~7.04	
3	6.11~6.20	7.05~7.14		3	6.11~6.20	7.05~7.14	
4	6.21~6.30	7.15~7.24		4	6.21~6.30	7.15~7.24	
5	7.01~7.10	7.25~8.03		5	7.01~7.10	7.25~8.03	
6	7.11~7.20	8.05~8.14		6	7.11~7.20	8.05~8.14	
7	7.21~7.30	8.15~8.24		7	7.21~7.30	8.15~8.24	
8	8.01~8.10	8.25~9.03		8	8.01~8.10	8.25~9.03	
9	8.11~8.20	9.05~9.14		9	8.11~8.20	9.05~9.14	
	合　计				合　计		

续表

青　菜				空心菜（注：9期中选3期）			
期数	建议播种期	投保期	投保面积	期数	建议播种期	投保期	投保面积
1	5.11~5.20	6.15~6.24		1	5.20~5.30	6.15~6.24	
2	5.21~5.30	6.25~7.04		2	5.20~6.10	6.25~7.04	
3	6.01~6.10	7.05~7.14		3	5.20~6.20	7.05~7.14	
4	6.11~6.20	7.15~7.24		4	5.20~6.30	7.15~7.24	
5	6.21~6.30	7.25~8.03		5	5.20~7.10	7.25~8.03	
6	7.01~7.10	8.05~8.14		6	5.20~7.20	8.05~8.14	
7	7.11~7.20	8.15~8.24		7	5.20~7.30	8.15~8.24	
8	7.21~7.30	8.25~9.03		8	5.20~8.10	8.25~9.03	
9	8.01~8.10	9.05~9.14		9	5.20~8.20	9.05~9.14	
合　计				合　计			

杭白菜				参保绿叶菜综合面积		
期数	建议播种期	投保期	投保面积	品种		投保面积
1	5.20~5.30	6.15~6.24		鸡毛菜		
2	6.01~6.10	6.25~7.04		青　菜		
3	6.11~6.20	7.05~7.14		杭白菜		
4	6.21~6.30	7.15~7.24		生　菜		
5	7.01~7.10	7.25~8.03		空心菜		
6	7.11~7.20	8.05~8.14				
7	7.21~7.30	8.15~8.24				
8	8.01~8.10	8.25~9.03				
9	8.11~8.20	9.05~9.14				
合　计				累　计		

资料来源：《张家港市推进农业保险工作委员会办公室关于下发〈张家港市夏季保淡绿叶菜价格指数保险实施意见〉的通知》（张农险［2014］6号）。

六、保险品种保险日零售价格

鸡毛菜、杭白菜、青菜的保险日零售价格根据市物价部门采集提供的 2011~2013 年对应保险日市场零售价平均计算确定；生菜、空心菜的保险日零售价格根据市物价部门采集提供的 2013 年对应保险日市场零售价确定，具体各品种保险日零售价格见表 4-10。

表 4-10　2014 年蔬菜价格指数保险各品种保险日零售价格　单位：元/500g

日期	青菜	鸡毛菜	杭白菜	生菜	空心菜
6月15日	2.22	3.13	1.93	2.75	3.31
6月16日	2.22	3.13	1.93	2.75	3.31
6月17日	2.26	3.20	1.90	2.65	3.34
6月18日	2.23	3.03	1.91	2.76	3.34
6月19日	2.25	2.98	1.97	2.82	3.34
6月20日	2.24	3.04	1.99	2.77	3.25
6月21日	2.23	2.98	1.98	2.77	3.30
6月22日	2.25	3.03	1.96	2.75	3.31
6月23日	2.25	3.03	1.96	2.75	3.31
6月24日	2.18	2.98	1.98	2.74	3.20
6月25日	2.18	2.83	1.96	2.74	3.10
6月26日	2.16	2.76	1.88	2.74	3.10
6月27日	2.13	2.66	1.96	2.74	3.10
6月28日	2.03	2.69	1.86	2.71	3.00
6月29日	2.06	2.72	1.86	2.73	3.10
6月30日	2.12	2.75	1.91	2.73	3.10
7月1日	2.04	2.71	1.75	2.61	2.81
7月2日	1.88	2.67	1.63	2.56	2.81
7月3日	1.92	2.71	1.65	2.56	2.81
7月4日	1.96	2.67	1.69	2.51	2.81
7月5日	1.99	2.62	1.71	2.55	2.85
7月6日	1.99	2.64	1.72	2.56	2.81
7月7日	1.97	2.67	1.70	2.56	2.81

续表

日期	青菜	鸡毛菜	杭白菜	生菜	空心菜
7月8日	1.88	2.60	1.67	2.70	2.67
7月9日	1.90	2.82	1.74	2.65	2.67
7月10日	1.96	2.85	1.77	2.67	2.67
7月11日	1.99	2.88	1.79	2.67	2.64
7月12日	1.99	2.68	1.79	2.67	2.61
7月13日	2.00	2.76	1.80	2.67	2.65
7月14日	1.96	2.80	1.77	2.67	2.65
7月15日	1.96	2.84	1.76	2.77	2.53
7月16日	2.18	3.09	1.99	2.87	2.58
7月17日	2.30	3.25	2.11	2.89	2.51
7月18日	2.41	3.43	2.20	2.99	2.56
7月19日	2.49	3.60	2.25	3.07	2.56
7月20日	2.46	3.65	2.24	2.92	2.55
7月21日	2.36	3.39	2.15	2.92	2.55
7月22日	2.37	3.48	2.14	3.10	2.46
7月23日	2.60	3.79	2.33	3.05	2.38
7月24日	2.65	3.77	2.40	3.02	2.33
7月25日	2.68	3.72	2.44	3.02	2.30
7月26日	2.69	3.79	2.48	3.07	2.35
7月27日	2.69	3.69	2.44	3.05	2.36
7月28日	2.66	3.76	2.42	3.05	2.36
7月29日	2.76	3.92	2.47	3.04	2.35
7月30日	2.83	3.82	2.49	3.12	2.35
7月31日	2.76	3.85	2.44	3.12	2.35
8月1日	2.83	3.85	2.39	3.12	2.35
8月2日	2.88	4.00	2.42	3.12	2.38
8月3日	2.77	3.79	2.41	3.10	2.36
8月4日	2.80	3.83	2.44	3.10	2.36
8月5日	2.94	4.07	2.48	3.33	2.24

续表

日期	青菜	鸡毛菜	杭白菜	生菜	空心菜
8月6日	2.89	4.02	2.38	3.28	2.29
8月7日	2.88	4.18	2.43	3.35	2.35
8月8日	2.98	4.45	2.40	3.43	2.35
8月9日	3.11	4.51	2.49	3.58	2.35
8月10日	2.95	4.37	2.43	3.39	2.32
8月11日	2.94	4.25	2.41	3.39	2.32
8月12日	3.24	4.58	2.52	3.79	2.61
8月13日	3.33	4.84	2.66	4.08	2.70
8月14日	3.43	4.84	2.73	4.16	2.63
8月15日	3.54	5.04	2.84	4.13	2.63
8月16日	3.60	5.06	2.85	4.15	2.61
8月17日	3.52	5.05	2.81	4.06	2.64
8月18日	3.46	4.93	2.75	4.06	2.64
8月19日	3.70	5.10	3.04	4.31	2.71
8月20日	4.16	5.50	3.37	4.42	2.68
8月21日	4.28	5.63	3.47	4.40	2.68
8月22日	4.16	5.47	3.46	4.50	2.65
8月23日	4.24	5.33	3.53	4.53	2.65
8月24日	4.35	5.55	3.59	4.43	2.67
8月25日	4.23	5.51	3.48	4.43	2.67
8月26日	4.22	5.25	3.40	4.68	2.63
8月27日	4.25	5.27	3.43	4.60	2.65
8月28日	4.27	5.16	3.46	4.60	2.61
8月29日	4.14	5.10	3.31	4.60	2.55
8月30日	4.19	5.10	3.38	4.56	2.52
8月31日	4.21	5.18	3.39	4.61	2.59
9月1日	4.21	5.18	3.40	4.61	2.59
9月2日	4.20	5.02	3.39	4.60	2.55
9月3日	4.14	4.77	3.27	4.54	2.61

续表

日期	青菜	鸡毛菜	杭白菜	生菜	空心菜
9月4日	3.97	4.61	3.14	4.52	2.61
9月5日	4.02	4.56	3.18	4.52	2.61
9月6日	3.98	4.44	3.09	4.57	2.61
9月7日	3.90	4.37	3.07	4.55	2.60
9月8日	3.99	4.56	3.15	4.55	2.60
9月9日	3.84	4.29	3.08	4.62	2.60
9月10日	3.65	3.85	2.88	4.72	2.61
9月11日	3.61	3.75	2.87	4.74	2.66
9月12日	3.37	3.53	2.74	4.75	2.66
9月13日	3.34	3.52	2.70	4.90	2.66
9月14日	3.45	3.62	2.75	4.75	2.64
9月15日	3.49	3.68	2.79	4.75	2.64

七、保险责任

在保险责任期间，当保险品种的市场日平均零售价低于保险日平均零售价时，即视为出险，保险人按保险合同约定负责赔偿。

八、出险赔偿

符合保险责任的出险，保险人按照以下公式计算赔偿：

赔偿金额＝亩茬保险产量×亩茬保险成本价×出险茬保险面积×（1－保险责任期间市场日平均零售价／保险责任期保险日平均零售价）

市场日平均零售价，根据市物价部门采集提供的、保淡期全市市场日零售价、取保险责任期对应日10天的市场日零售价平均计算得出。

保险日平均零售价，按照附表、对应保险责任期具体10日的保险日零售价格平均计算得出。

九、特别约定

1. 参保品种、茬次、各茬面积、由参保基地和农户根据各自情况，自主选择确定，并在保险合同中载明。如无不可抗力因素，合同计划不得变更。

2. 保淡期内，各茬种植面积之和少于投保面积的，出险后按实种面积计算理赔，减少面积所缴保费不予退还；实种面积超过保险面积的，出险后按保险面积计算理赔。

3. 因故非工作日市场零售价缺少数据的，按保险责任期间有价日的平均零售价计算。

4. 保险产量和保险成本价，是确定保额的依据，出险后按此保险产量和保险成本价计算理赔。实际生产中，实际产量超出保险产量或实际生产成本超过保险成本的，仍按保险产量和保险成本价计算理赔。

5. 被保险基地、农户的被保险绿叶菜，必须保证供应本地市场，凡是销往外地市场的，所销批次不享受本保险理赔权利。

6. 本保险执行《中国人民财产保险股份有限公司江苏省分公司夏季保淡绿叶菜价格指数保险条款》，本意见未尽事项按条款相关相定处理。

八、对现行探索的总体评价

迄今为止，我国对建立农产品目标价格制度的探索还比较有限，但内容非常丰富，试点试验产品涉及棉花、大豆、水稻、小麦、生猪、绿叶菜等，建立这些制度在实践中取得了重要成效，也存在一些需要解决的突出问题。从政策实施的背景上看，新疆和黑龙江的做法是外生驱动，内容为农产品目标价格补贴制度；苏州的做法是内生驱动，内容带有农产品目标价格补贴制度的性质和元素；而上海、北京和张家港的做法更是内生驱动，内容为农产品目标价格保险制度。这些做法在制度设计上存在差异，在实施效果上也有所不同。

（一）重要突破

从现行探索的总体情况来看，我国建立农产品目标价格制度在政策设计上已经取得重大进展，在实践中积累了行之有效的重要经验，并对国外的制度实现了一定创新。这些改革和试验顺应了农产品市场全面放开的要求，引导了产销均衡，协调农业生产者和农产品消费者之间的利益平衡关系，保护了农民的基本经营利益，促进了农业生产稳定发展，保障了农产品市场稳定供应。

1. 在发挥市场机制作用上有所突破，提高农产品价格信息的准确性，推动农业生产结构调整和农业生产发展方式转变

实行农产品目标价格制度以后，国家对农产品市场价格变化的直接干预和不合理干预大幅减少乃至取消，在农产品市场供求存在过剩的情况下，农产品消费价格下降，消费者将得到实惠，而农业生产者和经营者在市场上的竞争非常激烈，这会推动农业生产结构优化调整，低水平、低效率的农业生产会逐步退出，高水平、高效率的农业生产比重将上升，农业产业链的优化重组将加快，结果是农业生产效率和国际竞争力提高，农村稀缺资源配置效率提高。新疆通过实行棉花目标价格制度，恢复了自由市场活力，使棉花生产价格向国内外均衡价格回归，对棉花市场供求关系的反应更加全面、及时和准确，同时通过加强棉花市场建设管理，提供比较规范和完善的棉花市场交易平台，在引导稀缺农业资源优化配置中发挥决定作用。

2. 在发挥政府机制作用上有所突破，国家在有限政府框架内进行利益调节，在解决市场机制所不能解决的激励悖论方面发挥重要作用

实行农产品目标价格制度以后，国家在制度内的角色发生重要变化，主要是在有限政府框架内实行合约治理方式，政府所做的工作和所投入的资源是有限的，但政府作为的方式更科学，通过合理引入条件，为符合条件的农业生产者提供一定的市场损失补助，开创了我国农业支持保护制度的新方式。在制度设计上，实行市场的归市场、政府的归政府，凡是市场发挥作用的地方就让市场充分发挥作用，政府只是在市场机制存在失灵的地方发挥作用，有限的财政补贴"四两拨千斤"。在实践中，相比以前的方式，财政资源投入使用的效果更好、更到位、更合理，特别是在发挥农产品市场机制在资源配置中的决定性作用的同时，也解决了市场机制所不能解决的农产品生产激励悖论问题，对农业生产者基于自己的劳动贡献在市场机制下不能实现的合理利益提供必要的保护。一方面消费者从市场获得农产品消费价格上的好处，另一方面农业生产者从转移支付获得一定损失补助，实现了农业生产者和农产品消费者之间的利益平衡、共同发展和相互合作，落实了劳动价值论，调动了农业生产者积极性，加强了农产品供给保障，提高了社会总福利水平。

3. 在发挥科技支撑作用上有所突破，科技创新在促进社会分工方面更加深化，微观管理方法更加科学有效，知识经验不断积累

实行农产品目标价格制度以后，最重要的内容是要合理界定农产品市场损失并为农业生产者提供基本经营收益保障，由于农业生产方式和农产品市场本身是不断变化的，在制度设计上，就需要设置必要而合理的条件，并以这些条件为客观依据进行定性（可不可由财政直补)、定损(是否发生市场损失以及市场损失是否在基本经营损失范围内)、定量(合理补贴的数量确定)和定补(补贴支付的方式选择及法律责任)。现代科技发展日新月异,社会分工越来越细,这些条件的内容是需要不断修正、不断细化、不断深化和不断完善的,合理引入条件的过程就是一个科技创新和管理创新的过程。目前的改革在这些条件的引入并以此为依据为农民提供财政直补方面已经积累了很多适合国情、行之有效的管理控制方法和发展经验,比如在新疆试点中引入了票证管理系统,在苏州试点中引入了农民申报签约和地方粮食购销企业收储,在上海试点中引入了政府购买市场价格服务,在北京试点中引入按照生猪基本经营收益提供保险,在张家港试点中引入了农民、保险公司与政府之间的风险分担,发挥科技创新的支撑作用,促进了社会分工的更加深化,减少和控制政府公共管理服务行为中的失灵问题。

4. 在发挥制度保障作用上有所突破,制度建设在促进人与人之间的合作方面更加有效,社会发展秩序更加公平合理,社会结构更加稳定

实行农产品目标价格制度以后,从宏观上看,一些关系国计民生和社会安全的棉花、粮食、生猪、绿叶菜等特定农产品及基础农产品的市场供给得到稳定保障和可靠保障,而农业生产者在发生基本经营收益损失时获得一定补贴,农业生产者降低市场风险,农业生产积极性提高,整个农业生产稳定发展,农业生产发展和市场运转更合理有序。农业生产者在参加制度过程中,在农产品市场价格出现下降和农业基本经营收益出现受损的情况下,直接或间接从政府补助中受益,获得基于其劳动贡献特别是市场商品贡献的一定补偿,具有"雪中送炭"和利益平衡的性质,解决了生计问题及稳定发展问题,实现了激励相容和社会公平，激励农业生产者的积极性，保障农产品市场稳定供应，促进人与人之间在深化分工基础上相互合作，是建立良好稳定的现代社会秩序和现代社会结构的重要内容。

（二）存在的问题

从现行探索的情况来看，我国农产品目标价格制度在设计上还存在一些不足——"六大缺陷"，主要是在宏观政策目标上考虑比较粗糙，在微观利益平衡上考虑欠公平，在目标价格条件上考虑不太明确，对个人补助的峰值缺乏必要限制，在补贴标准确定上考虑因素太少，在组织管理运行上考虑数据支撑不够，在制度形式上以文件式政策为主，导致行政管控手段比较低效，这些问题亟须引起重视。

1. 对市场失灵的可能性缺乏充分认识，简单放弃临储政策

市场机制在引导和促进稀缺资源优化配置中具有重要作用，但这些作用的发挥有隐含的假设条件或者严格的前提条件。市场机制最重要的特点是参加者之间完全平等、交易自由、决策自主和风险自担，前提条件是市场流通和交易基础设施比较健全、产需之间不存在垄断或过度失衡、市场交易情况公开并形成比较规范的参考信息特别是价格数据在社会上广泛传播等。市场机制不能发挥好作用的领域就存在市场失灵，农产品市场失灵问题有农产品物流周转失灵和农产品交易利益分配不公平两种失灵。

农产品目标价格制度本质上是一种具有特殊针对性的农业补贴制度，核心是解决农产品交易利益分配失灵问题。这种制度在实践中发生作用是有前提条件的，比如农村市场流通体系比较健全、社会化服务比较完善、农产品交易比较顺利等。换言之，这个制度的功能是有限的，并不能解决农产品物流周转失灵问题或者受到农产品市场流通建设管理条件的严格约束。在制度设计上，就需要对这个制度功能的有限性以及可能带来的问题引起高度重视，设立必要的应急预案，特别是解决农产品流通物流周转可能存在的各种问题。

但目前我国在改革试点中对农产品物流周转失灵的危险重视不够，缺乏必要的应急预案。国家发展改革委等在2014年4月公布新疆棉花目标价格改革试点政策时，明确宣布取消棉花收储政策、生产者按市场价格出售棉花，在2014年5月公布大豆目标价格改革试点政策时，明确宣布取消大豆临时收储政策、生产者按市场价格出售大豆，并没有对棉花和大豆市场流通中可能存在的物流周转失灵问题进行相关的制度安排，这与我国很多农村地区市场流通基础建设不健全和社会化服务缺少的发展现状并不完全适应。

2. 对政府补贴的合理性缺乏科学认识，对参加者资格设定欠公平

在市场经济条件下，政府有责任代表国家为农业生产者提供农产品市场损失补贴，但政府的可分配资源是有限的，人们不能对这种补贴要求过多，同时补贴工作本身是要占用或消耗稀缺资源的，这种补贴有严格的条件要求。现代国家的政府是有限责任政府，由政府代表国家所实际占有和可以自由支配的财政资源本身是稀缺的。不仅如此，政府本身不是财富生产者，政府用于补贴的资金本质上是一种转移支付，政府在制度中的角色只不过是一个中间人或公共管理服务者，这些补贴表面上是政府提供的，实际上不是最终来源于政府，而是来自于社会特别是为支付买单的人。补贴工作本身也需要占用或消耗一定资源，在制度设计上既需要讲求国家战略，也需要讲求社会公平，还需要讲求管理效率。

农产品目标价格制度是实现国家发展战略的一种基本制度安排，是政府代表国家为符合条件的农民提供补贴的一种支持保护政策。在这一制度中，政府补贴是国家为保障关系国计民生和社会安全的农产品市场的充分供应和稳定供应提供的必要支出，是按照农业生产者提供的市场商品贡献和农产品消费者获得消费价格下降的好处，专门针对农民从事农业生产发生的农产品市场损失提供的一种补助，是对农业生产性努力因为在市场机制下无法获得基本回报提供的一种补偿，是从农产品消费者（在市场中获得价格下降的好处、不再享受公共财政资金的分配）到农业生产者（在市场中受到价格下降的损害、从公共财政资金获得分配）的一种转移支付。从国家战略的角度看，只有少数关系国计民生和社会安全的基础农产品和符合特定管理条件的农业生产者才属于政府补贴支持范围。从社会公平的角度看，只要农业生产者提供了市场商品贡献，不管是专业大户及农业企业，还是小农户，在理论上都应该纳入财政直接补贴范围。从运行效率的角度看，由于大户和小户的组织管理工作成本差异悬殊，对小户和大户既要统筹考虑，也要将其分开，在财政直接补贴管理工作上要实行分类管理。

从试点试验情况来开，我国目前中央财政支持的农产品仅为棉花和大豆，尚未覆盖到谷物、油料和糖料；地方财政支持的农产品主要是口粮、生猪和绿叶菜，但提供支持的地区非常少。在参加者的资格和申请参加管理的具体做法上，上海的做法兼顾了大户和小户又将其合理分开，相对而言最科学合理；黑龙江的做法没有区分大户和小户，在设计上过于简单，在实践中容易产生矛盾；新疆的做法注重了对小农利益的保护，但对大户的合理利益考虑不足；苏州、北京和张家港的做法偏重对大户利益的保护，对小户的合理利益考虑不足。

3. 对目标价格的条件缺乏明确界定，在科学合理性上存在差距

农产品目标价格是农产品目标价格制度中的一个核心概念，但目前学术界对农产品目标价格的基本解释是将其作为与农产品市场价格相对应的一种价格目标或预测价格及参考价格来对待，这在理论上存在缺陷，在实践中容易引起歧义。在现实社会中，农产品价格问题本身是非常复杂的，每一个价格的背后其实都隐含了众多的假设和条件，比如交易目标、交易时间、交易环节、交易地点、交易对象、交易规模、交易频率、交易可持续性、产品品种、产品等级、产品质量等，一个交易就有一个价格，不同的交易就有不同的价格，如果简单抽掉价格背后的这些假设条件，是无法对价格进行合理评价的，从而也无法解决价格确定的科学性和合理性问题。从经济学角度看，农产品目标价格本质上是一种合约价格，是在农产品市场全面放开条件下，政府代表国家，为保护社会特殊群体的合理利益，在公共财政可支付能力和行政可管控能力范围内核算和发放临时补贴的一种价格计算标准。农产品目标价格的决定因素，并不仅仅是农业生产综合成本及合理收入，而是由国家战略因素、财政因素、行政因素和农业生产综合成本及合理收入因素等共同决定的，并随社会经济的不断发展会有所变化。

在建立农产品目标价格制度过程中，合理的制度应当对农产品目标价格的性质进行明确和对这种价格的条件进行科学合理的规定，在性质上要明确这种价格是国家所设立的一个指定时期、指定地区、指定市场、指定农产品、指定部门监督管理服务的社会平均市场交易合约的农产品交易价格，是国家用于界定农产品市场损失的基本标准和确定政府补贴标准的参考依据，在条件上要深入详细地规定农产品价格所包含的交易品种、等级、质量标准、交易地点、价格类型、价格水平特别是不同等级和不同交易地点之间价格水平的折算关系等。随着现实社会农产品交易方式的不断变化，对农产品市场损失的范围界定需要不断深化和不断完善，在农产品目标价格的条件设定上会越来越深化和细化。

从试点试验情况来开,人们对农产品目标价格的性质解释非常简单,对目标价格的条件缺乏明确的界定。国家发展改革委在棉花和大豆目标价格改革试点政策时,只明确2014年新疆棉花目标价格为每吨19800元,2014年大豆目标价格为每吨4800元,缺乏对价格条件和内容明确、准确而清晰的说明。由于缺乏对目标价格条件的明确界定,导致改革试点政策在落地过程中产生了很多矛盾和问题,特别是将这一价格理解为国家定价(价格目标或预测价格及参考价格),农民不管在什么时间、地点、品种、等级、质量标准等都按这一价格计算差额补贴,期待与实际存在较大差异,政府补贴的效果打了折扣,国家进行了巨额的投入,但农民和社会对此还并不很满意。

4. 对个人补助的峰值缺乏必要限制,制约稀缺资源配置效率提高

从发达国家的经验来看,对参加农产品目标制度的个人(包括自然人和法人)所能领取的政府补贴设置最高限额,是一个非常好的做法,具有重要意义。基本原因是,公共财政资金是一种稀缺资源,政府可以为农业生产者提供的补贴是有限的,这种补贴的出发点和归属点不是物而是人,核心是促进人的生产性努力并保护其获得合理的报酬,同时要提高社会资源的宏观配置效率。当国家开始为农业生产者提供目标价格差额补贴时,表明这种农产品的供求结构已经出现过剩,农业生产的资源配置效率是不高或存在浪费的,需要进行一定生产控制或结构调整。与小农户相比,经营规模越大的生产者在收集分析信息、预防和控制经营损失方面具有更强大的能力,也具有更重要的社会责任。通过设置个人补助设置峰值,不仅可以适当控制财政支付总负担,而且可以加强经营规模较大的生产者的市场责任,促进其调整优化结构和转变生产发展方式,通过国家补贴以外的其他生产性手段比如开发多功能农业、发展品牌农业、推进产加销纵向一体化、参与期货市场交易、参加市场价格保险制度等解决经营收益提高和市场风险分散问题，从整体上提高国家财政资金作为一种稀缺资源的配置效率。

从试点试验情况来看，在新疆的棉花目标价格改革试点中有对小农户和大农户及农业企业区别对待的政治考虑，但不如对个人补助的峰值设置限制的做法好；在上海的绿叶菜成本价格保险制度中，有对农业生产者的数量配额限制，也不如对个人补助的峰值设置限制的做法好；在黑龙江、苏州、北京和张家港的目标价格改革试点中，没有对个人补助的峰值设置限制的做法。由于对个人补助的峰值没有设置限制，有可能造成富的越富、穷的越穷，不利于促进社会和谐稳定，不利于提高财政资金分配的公平性，不利于提高社会资源的配置效率。

5. 对补贴标准的确定缺乏全面解释，对财政风险的化解存在不足

在农产品目标价格制度中，农业生产者得到的补贴标准，表面上决定于目标价格和市场价格的差额和农产品产量统计，实际上还决定于更多的复杂因素，包括国家发展战略、财政可支付能力、行政可管控能力、农产品生产成本及合理利益因素等，特别是需要考虑面积统计、产量统计和商品量（交售量）统计之间的客观差异及其对补贴标准的影响，需要考虑财政支出安排和支付实际需要之间的资金平衡。一方面，年度补贴资金总量在财政支出安排上要求比较稳定可控。这种补贴资金来源于公共财政，可用于补贴的数量是稀缺的，要求在各种支出上进行平衡。同时，这种补贴在使用程序上有严格的要求，要求年度支出相对稳定可控并严格按预算管理。此外，这种补贴还要遵守我国加入世界贸易组织所承诺的黄箱政策补贴数量等要求，控制补贴总量。解决这个问题，合理的方式是引入对个人补助的峰值规定等控制变量，加强综合预算管理。另一方面，年度补贴资金总量在支付实际需要上又具有不可控性。这种补贴的支付在多数情况下实行补价结合，补贴资金数量是随农产品价格的变化而变化的，由于农产品价格的变化客观上具有不确定性，决定了补贴的支付数量也具有不确定性。解决这个问题，合理方式是引入周期管理，从长计议，特别是在跨年度之间进行综合平衡。

在制度设计上，这就需要对补贴标准的确定进行全面系统的解释而不是简单片面的解释，将国家为农业生产者提供补贴的内容分解为定性（对符合条件的农业生产劳动者提供市场损失补助）、定损（是否发生市场损失主要以农产品市场交易价格变化实际情况结合农产品目标价格约定进行界定）、定量（政府对农业生产者的损失补助数量根据参加者人数、种植面积、产量、商品量、实际价格、财政可支付能力、对个人补助的峰值规定、农产品价格变化周期、行政可管控因素等综合确定）和定补（政府对农民提供补贴的次数及时间安排在一定条件下自由选择）四个环节，一方面要将这四个环节统筹起来综合考虑，另一方面也要将四个环节合理分开，将决定农业生产者补助标准的各种因素显性化，提高制度设计的科学性特别是对现实社会各种复杂情况的适应性和可操作性。

从改革试点地区看，人们对补贴标准的理解非常简单，考虑不周、解释片面和忽视条件，基本上认为补贴标准就是目标价格和市场价格的差额和产量统计数据的乘积，基本上没有对宏观抽样调查数据与微观申报汇总数据之间的差异进行理性解释和有机关联，由于宏观产量统计、价格监测统计与微观产量申报、实际交易价格之间存在很大差异，导致地方以及农业生产者在制度内投机或寻租，地方普遍对国家统计局、国家发展改革委和中央财政的工作意见很大，认为这些部门低估产量或高估价格,批评中央的改革试点承诺自己不落实。

6. 对基础数据的处理缺乏管理规范,导致行政管控手段比较低效

在农产品目标价格制度中,参加者多,涉及面广,影响因素复杂,各种管理手续繁杂,政府的组织管理服务至关重要。从科学管理的角度看,人和事是不断变化的,但数据是可以长久不变的,通过依法建立基础数据并据此追究责任,可以建立长期稳定的运行机制。为了从根本上发挥好农产品目标价格制度的重要作用,国家在制度设计上要全面系统考虑对农业生产者进行市场损失补助的各种可能因素并在制度内充分显示出来和建立形成内在一致的合理联系;同时在技术上需要对农产品市场风险进行调研统计、客观评估和精算平衡并根据形势发展变化不断进行修正,在组织上需要建立全国统一、高效运行、书面票证和电子数据相结合、以电子数据为基础、高效运行的农产品收购票证管理系统和农业生产者信息申报系统,作为对农业生产者核算补贴资金数量的最重要的客观依据;在管理上需要对各种参加者在制度内可能的投机或寻租行为进行跟踪分析。这些都需要大量的基础数据支撑并保证这些数据的质量标准没有较大偏差,同时需要在制度形式上将以文件式政策为主转变为以法案式政策为主。

基础数据建设管理水平和政策本身的法律形式直接关系到农产品目标价格制度运行的成败。一方面,系统的基础数据是科学决策和有效管理的基础。如果没有数据支撑,农产品目标价格制度实施风险无法进行评估和精算平衡。最能准确反映农业生产基本经营收益保障的是田头收购交易价,但这种价格往往千差万别,价格条件复杂多样,在基础数据不完整时,无法进行比较和汇总。农户基本经营收益是否一定会随着市场零售价同比例上下、中间环节的利润是否会恒定不变,如果没有数据支撑,很难确定。中国农业科学院农业信息研究所信息分析与评估研究中心主任、博导张峭曾经在山东跟踪过农产品生产到销售的过程，他发现，由于中间环节的存在，零售价和田头收购价往往并不能同比例上下。另一方面，由于基础数据建设本身是需要有成本投入的，在基础数据建设上既要高度重视，也要讲究方法，必须进行严格规范和严格管理。比如，由于通胀因素存在，以前三年价格为基础确立的价格指数在目标价格保险制度设计上不是简单的平均法，而是与天气指数设计方法类似，剔除趋势性因子，考虑通货膨胀等因素，使价格更能反映波动情况。此外，在政策中对各种数据形成的前提条件和数据本身的内容、标准、使用及其法律责任等进行规范管理，就意味着需要将文件式政策转变为法案式政策。

从改革试点地区看，在引入农产品目标价格制度的过程中，对各种相关基础数据的内容、形式、质量、标准、法律责任、申报、采集、分析、加工、处理、发布、服务的管理和规范存在不足或缺陷，有忽视基础数据库建设以及数据联网运行服务的问题或倾向。在政策形式上以文件式政策为主，限制了制度内容的不断完善和制度功能的发挥。在新疆棉花目标价格改革试点中，非常注意基础数据建设工作，但在基础数据的规范化、电子化并及时高效地联网运行服务方面还存在不足，还没有形成书面票证和电子数据相结合的高效运行的农产品收购票证管理系统、农业生产者信息申报系统和农业数据共享平台，也没有将政策的形式从文件上升到法案的高度。在上海市绿叶菜成本价格保险中，由于基础数据的缺乏，安信农保在试点过程中至今并未找到愿意进行分保的国际再保商分担风险，而要解决数据库问题、完善蔬菜数据体系，除了保险公司努力外，还需要与农委、统计局、发改委、物价局等相关部门合作，将田头交易价到批发价到零售价的整个价格体系所需的数据元素收集起来建立数据集中平台。

第五章

引入农产品目标价格制度的基本原理

农产品目标价格制度是国家设立的一种具有特殊针对性的农业补贴制度或农产品市场损失补助制度，主要目的是为了发挥市场机制在农业资源配置中的决定作用和解决市场机制所不能解决的利益分配上的失灵问题以及与此相关的政府失灵问题。基本内容是在农产品市场流通完全放开的条件下，实行价补分离（农产品价格由市场主体决定，农业补贴由政府统筹决定）和补价结合（农业补贴与农产品价格变化和农业实际生产等挂钩）。补贴在价外运行，国家在有限政府框架内按照公开、公平和效率原则，帮助解决主产区农业生产者和低收入消费者农产品市场价格损失问题，在制度设计上带有公共性、长期性和合约性。基本思路是放开市场，发挥市场机制在资源配置中的决定性作用，让农产品市场损失问题显性化，用制度解决问题，实行合约治理。主要方式是政府财政出资，让国家对农业生产者及低收入消费者提供的政策性补贴显性化，建立激励约束机制，确保制度在实践中执行的实际结果与制度设计目标保持一致。

一、基本思想：市场决定价格，政府决定补贴

实行农产品目标价格制度最基本的思想是适应我国经济社会发展阶段发生重要转变和农产品供求形势发生重要变化的需要，国家全面放开农产品市场交易，实行市场决定价格、政府决定补贴，让市场在资源配置中起决定性作用和政府在资源配置中更好地发挥作用。一方面，实行价补分开，提高市场价格作为一种供求信号的准确性、及时性和有效性，更好地反映市场供求关系及其变化，让市场机制在资源配置中起决定性作用；另一方面，实行补价结合，提高政府补贴作为一种利益补偿的针对性、条件性和合理性，解决市场价格变化给农业生产经营者和低收入贫困群体带来的利益失衡问题，更好地反映政府的利益平衡作用，支持人们积极从事劳动比较艰苦、收益风险比较大、社会需求比较强的农业生产经营活动，以及为社会低收入贫困群体提供必要的基本的最低生活保障。

（一）国家放开市场交易，价格由市场主体决定

所谓市场决定价格，主要内容是国家要放开农产品市场交易、建立开放的市场购销及流通服务体系、促进农产品自由交易和对农产品市场交易提供必要的公共管理服务，尊重个体差异性，提供开放性，建立包容性，农产品价格由参加市场交易的买卖双方自主协商决定，只要交易双方能在平等、自愿和互利的基础上达成交易，国家不对农产品价格的高低及其变化进行直接的干预，在价格运行上是上不封顶、下不保底、按质论价和各取所需。在社会现实中，农产品价格由农产品的市场参加者、市场规则和市场状态（包括市场结构、仓储物

流信息体系、交易双方的供求关系、前期价格、期望价格、国际价格、替代品价格、互补品价格等）确定。在市场上，供求双方根据自己的利益追求、交易产品或服务的品种、质量、等级、供求信息，以及交易人员竞争者的状况等自主确定交易价格。市场上的生产者、经营者和消费者根据交易价格及其变化来决定自己下一步的生产、经营、消费活动及稀缺资源分配等行为。

市场决定价格既是一个理论问题，也是一个实践问题。在理论上，主要是农产品价格问题太复杂，价格的确定关系重大，是需要具体到特定时间、特定地点、特定品种、特定质量、特定等级和特定交易的，不同群体的利益诉求不同，卖农产品的人员希望高价格，而买农产品的人希望低价格，一个交易就有一个价格，国家无论如何定价都很难做到公平合理。合理的解决方案就是国家不管定价而只负责为市场交易提供必要的公共管理服务，具体的农产品价格由农产品市场交易的参加者双方自己协商确定。在实践上，市场决定价格是我国新一轮市场化改革的重要内容。2013年党的十八届三中全会通过的《中共中央关于全面深化改革若干重大问题的决定》提出，要完善主要由市场决定价格的机制，指出凡是能由市场形成价格的都交给市场，政府不进行不当干预；推进水、石油、天然气、电力、交通、电信等领域价格改革，放开竞争性环节价格；政府定价范围主要限定在重要公用事业、公益性服务、网络型自然垄断环节，提高透明度，接受社会监督；完善农产品价格形成机制，注重发挥市场形成价格的作用。

市场决定价格既是一个改革问题，也是一个发展问题。由于农产品供应问题对于国计民生和社会稳定的特殊重要性，与其他非农产品相比，农产品市场价格形成机制具有一定的特殊性，一个国家实行市场决定价格是有隐含条件或前置条件的。这个条件就是一定时期内全国农产品的生产供给或通过库存及贸易调节后的农产品市场供给至少能够基本满足社会消费需求，以至于国家可以用经济手段进行调节，而不用其他非经济的手段，就能解决农产品市场供应保障问题。如果在一定时期内农产品供求缺口过大，单纯用经济的办法就无法很好地解决供求矛盾，采用行政管理、社会调剂以及票证制度等非经济的办法就可能是配置资源的重要手段。只有当农产品生产能力或市场供应保障能力基本满足社会消费需求的时候，才能主要采用经济的办法乃至取消非经济手段配置资源。

（二）国家促进利益平衡，补贴由政府统筹决定

所谓政府决定补贴，主要内容是国家要针对市场机制所不能解决的在利益分配上的失灵问题采取重要措施，保护合理性（有投入就有所回报），促进生产性努力，控制消费性负担，抑制分配性努力，调节人的不努力，促进参加者利益平衡，由政府统筹决定补贴，补贴在价外运行，核心是政府更好地发挥作用。政府决定补贴的重要原则是考虑国家发展战略，贯彻落实劳动价值论，政府在财政可支付能力和行政可管控能力内做事，对符合特定条件的参加制度的农业生产者和低收入消费者由于农产品市场价格大幅波动所带来市场损害进行一定的限额补助，推动建立良好稳定的社会秩序和社会结构。

一是促进生产性努力。劳动是创造社会财富的源泉，对农业劳动者的努力要尊重和承认，保护其获得基本经营收益，激励农业生产发展，确保农产品市场供应。只有农业劳动者的利益得到保护，社会才有持续不断的巨大动力。在市场经济条件下，个人的力量是有限的，有的风险是个人能控制的，有的风险是个人不能控制的。对于农业劳动者个人不能控制的市场风险，国家负有帮助解决问题的责任。在制

度设计上，国家的责任是帮助符合政策法规要求的特定农业生产者分解农产品生产价格下降所带来的损害风险。

二是控制消费性负担。国家要帮助符合政策要求的收入水平低于最低生活保障标准的低收入农产品消费者等特定群体分解农产品市场价格上涨所带来的损害风险，保护其享有最基本生活。

三是抑制分配性努力。交换和分配是实现财富价值增长的重要环节。在市场经济条件下，由于存在信息不对称和人的不完全理性、不完全能力等，人的行为也是复杂的。劳动者是多样化的，劳动者的努力有生产性努力，也可能会有分配性努力。国家的可分配补贴资源是有限的，要引入科学高效管理系统，对农业劳动者在制度中申请补贴的行为进行甄别，提供激励约束，严格控制制度内投机或寻租，防止国家稀缺资源配置使用浪费。

四是调节人的不努力。人的行为有努力和不努力之分，努力是一种财富，不努力也是一种财富（经济学上称之为"闲暇"）。不努力是人的自由，不努力可能也会有收入（比如财产收入），但不努力有社会成本。不努力有个人的原因，也有社会的原因，要区别对待。从国家的角度看，在有限政府的框架内，要实行合约治理，为个人的行为提供自由选择的空间，可以进行调节，建立公平合理的社会秩序。

二、基本观念：基于有限政府，帮助分担损失

实行农产品目标价格制度最基本的观念是国家在有限政府框架内帮助符合政策法规要求的农业生产经营者分担由于农产品生产价格下降产生的市场损失，帮助符合政策法规要求的低收入贫困群体分解由于农产品消费价格上升产生的市场损失，平衡农业生产经营者和消费

者之间以及普通消费者与低收入消费者之间的利益，保障农业基本经营收益，调动农业生产者的积极性，促进社会公平，建设社会安全网。

（一）政府可用资源是稀缺的，补贴的性质是一种损失补助

农产品目标价格制度在形式上是政府代表国家发放农业补贴，包括为农业生产经营者提供补贴和为低收入贫困群体提供补贴，而政府可用于农业补贴的资源是稀缺的，这与农业生产经营者和低收入贫困群体的主观需求相比存在矛盾。从农业生产经营者或者低收入贫困群体的需求看，这种补贴是越多越好。但是，在现代社会市场经济条件下，国家不是财富的直接生产者，不是全部社会收入和财富的所有者，而是一个有限能力政府和有限责任政府，政府可以直接支配的资源主要是公共财政，可用于这种补贴资源是非常稀缺的。换言之，国家解决问题是有条件的，是在约束条件下办事，只能做力所能及的事、做有限的事和将有限的事做到位和做好。同时，政府做事的程序是比较复杂的，要讲求公开、公平和公正，讲究依法治理，在管理上要严格要求，在措施上要精准发力，防控机会主义，实行必要的强制、必要的保护和相应的转化衔接相结合。如果不对政府及其工作部门或机构在制度中的角色、性质、职责、工作流程、技术支撑、违法责任追究，以及农业生产经营者和低收入贫困群体在制度中的角色及其应该得到补贴的性质、资格条件、数量标准、管理流程和违约责任追究等进行严格规范的界定，这种补贴政策在实践中的执行将非常困难或者低效，有可能会吃力不讨好，有可能各方都存在不满意。

在制度设计上，这种制度在性质上是一种具有特殊针对性的农产品市场损失补贴制度。明确这种定性在理论上非常重要，它意味着没有市场损失就没有补贴，而在有市场损失的情况下还要将这种损失在参加者和政府之间进行合理分担。参加者自己首先要承担一部分责任乃至主要责任，政府提供的补贴不是全部损失而是部分补贴、差额补贴和限额补贴，政府代表国家在制度中的角色是一个中间人。这种补贴本质上是一种转移支付，参加者在制度内获得政府的补贴是有严格的条件限制和客观的标准约束的，建立制度的最终目标是发挥现代国家的作用，在有限政府框架内，帮助人们解决市场机制所不能解决的在利益分配上的失灵问题，促进人与人之间的合作，建立良好稳定的社会秩序和社会结构。在这一制度中，农业生产经营者获得的补贴是一种基于其劳动贡献从社会消费者得到的补偿（国家放开农产品市场交易，农业生产经营者进行了大量的农业生产性劳动投入，向社会提供了多余的农产品，导致农产品生产价格过度下降，消费者得到了价格下降的好处，应当向生产者提供一定补偿或转移支付，解决农业基本经营收益不保乃至破产问题），低收入贫困群体获得补贴是基于其生活贫困的救助从普通消费者及一般社会大众获得的补偿（国家放开农产品市场交易，农产品消费价格过度上升导致低收入贫困群体购买下降，而普通消费者或一般社会大众购买增加，需要向贫困群体提供一定补偿或转移支付，解决低收入贫困群体基本生活不保问题）。

（二）制度建设既复杂又简单，关键是合理引入条件实行合约治理

农产品目标价格制度在内容上要对农产品市场损失进行界定并以此为依据提供补贴，如何进行这种界定是整个制度实施的关键。从农业生产经营者的微观角度，在界定时需要综合考虑土地性质、种植面积、作物单产、产品质量、销售时间、销售地点、营销方式、生产投入及成本、农产品生产价格、与一般正常生产年份的比较等多个方面，

非常复杂。但是从公共管理的角度，在界定时可以对相关因素进行简化，基本方式是引入中间变量，考察农产品市场价格的实际变化及与这个中间变量的关系，结合有关因素综合确定。

从公共管理角度看，一个特定区域内的农产品市场损失可以用农产品产销量与单位产品市场价格损失来反映。国家对单位农产品的价格损失补贴相同，并按照社会平均价格进行计算。不同的农业生产经营者以其实际产销量为依据，结合区域内单位农产品价格损失补贴和国家补贴限额规定，就可以核算相应的补贴数额。这样，对农业生产经营者而言，在微观上可以根据自己实际情况自由定价而并不影响其补贴数额，在宏观上可以有效控制财政支付负担总额，发挥市场机制的作用，从制度设计上减少乃至消除机会主义的影响。

在制度设计上，这种制度是一种引入条件实行合约治理的限额交易合约。建立制度的目的是实行问题导向，从根本上解决市场失灵以及由此带来的政府失灵问题，在消费者获得好处的时候由国家代表消费者给生产者提供一定补助，建立促进生产稳定发展和保证市场稳定供应的长效机制。制度设计的对象是人的行为，人的行为具有复杂性。制度的基础是交易，在补贴上按照交易的方式组织实施。引入政府代表国家作为中间人，一方面与全体消费者进行交易，筹集和提供政策性补贴资金（财政预算拨款），另一方面与符合政策法规要求的农业生产者等进行交易，要求按规定办理申报手续并为其分配和支付补贴资金（财政直补到户）。在补贴的对象和内容上要引入条件，约定责任和权利，要保证合约在法律上有效，产权受国家政策法规保护，同时要防控农业生产者的分配性努力，确保制度设计公平合理。

这样做的原因是：现实社会中的市场是复杂的，有多种多样的市场，好的市场和差的市场并存；同时，现实社会中的政府也是复杂的，有多种多样的政府，不好的政府和好的政府并存；只有好的市场和好的政府，对经济社会发展才是需要的。通过合理引入条件、实行合约治理，可以对市场机制和政府机制进行必要的限定和必要的保护相结合，发挥两种机制的有利作用而又能有效控制其存在的问题。

三、基本定义：一种补贴合约，参加条件严格

农产品目标价格制度的基本内容是一种具有特殊针对性的对参加者有严格条件要求的农业补贴制度。这种制度是一种引入前提条件的限额交易合约，有一套严格管理的严密实施办法。

（一）一种限额交易合约，引入前提条件

农产品目标价格制度是国家在有限政府框架内帮助符合政策法规要求的农业生产者或低收入消费者分担农产品市场损失的一种政策性补贴制度，按照限额交易合约的方式进行设计，主要特点是通过合理引入条件，国家在财政可支配能力和行政可管控能力内，为符合条件的特定农业生产者或低收入消费者提供财政直接补贴。制度的参加者主要有农业生产经营者、农产品加工企业、农产品购销及贸易企业、农产品仓储及中介服务企业、普通农产品消费者、低收入消费者、政府及政府部门等。

在制度中，这些参加者可以归并为市场损失者（申请损失补助）和损失补助者（参与、提供和兑付损失补助）两种主体。前者主要是符合政策法规要求和符合约定条件的农业生产者和低收入消费者，以农产品市场损失为依据，按照合约规定申请补助和获得补助；后者主要是政府及政府部门（代表国家），在有限政府框架内，代理普通消

费者，与农产品加工企业、农产品购销及贸易企业、农产品仓储及中介服务企业一起，按照合约规定为申请者审查条件和提供补助。这两者进行交易，但这种交易既不是自由的交易，也不是管理的交易，而是一种限额的交易。限额的内容是国家从公共管理服务的角度，综合考虑市场机制缺陷、国家发展战略需要和社会上不同群体的合理利益，在有限政府框架内对农产品市场损失进行合理界定并提供财政直补到个人的条件、程序、标准、责任和监管等详细要求。

在制度设计上，总的思路是将人作为制度安排的出发点和落脚点，将制度的参加者作为理性人或者现实社会中行为比较复杂、可能诚信也有可能投机的人，将国家作为一个公共管理服务者，将参加者在制度内的权利作为一种有条件的财产权利（相对产权），将促进个人的生产性努力并保护其获得报酬、协调个人之间的矛盾和冲突、平衡个人之间的利益关系、调动人的生产积极性、形成良好稳定的社会秩序和社会结构作为制度的目标，将制度的内容设计为一种限额交易合约。一方面，制度的内容是公平开放的，平等对待社会上每一个人，放开参加者资格，凡是符合条件的个人（包括自然人和法人）都可以申请参加制度，实行自愿参加。另一方面，制度的内容是严谨合理的，参加制度者既有权利也有责任，合理引入条件，实行合约治理，谁参加、谁有责、谁投入、谁受益，每个参加者在制度内享有的权利都是有前提条件的，也是有保障的。这样，整个制度设计的内容就是科学合理的，实现公开、公平和公正，提高资源配置效率。

在实践中，一个设计合理的农产品目标价格制度需要考虑的主要参加者及其主要行为特点如下。

农业生产经营者：指申请损失补助、从事农产品生产经营、在农产品生产价格下降及低位运行中受到农产品市场损害的个人，包括自然人（代表农民家庭，包括基本农户和大户）和法人（包括农民专业合作社、农业企业和农业生产基地）。在制度内，农业生产经营者的角色属于市场损失者，主要行为是应按照制度规定及时申报基本信息、生产信息和销售信息，参加登记备案，提供地票和发票，获得政府直接补助、保证基本经营受益。

农产品加工企业：指参与损失补助、从事农产品加工、在农产品生产价格下降及低位运行中获得农产品市场好处的法人。在制度内，农产品加工企业的角色从属于损失补助者。其主要行为是应按照制度规定参加登记备案，增加投入用于向产区延伸经营网点直接对农民收购农产品，及时提供正式收购发票，及时申报收购信息，获得收购价格降低、提高抵御国际市场竞争的能力。

农产品购销及贸易企业：指参与损失补助、从事农产品购销及对外贸易和对外贸易、在农产品生产价格下降及低位运行中获得农产品市场好处的法人。在制度内，农产品购销及贸易企业的角色从属于损失补助者，主要行为是应按照制度规定参加登记备案，增加投入用于向产区延伸经营网点直接对农民收购农产品，提供正式收购发票，及时申报收购信息，获得经营风险降低、提高抵御国际市场竞争的能力。

农产品仓储及中介服务企业：指参与损失补助、从事农产品仓储、监管及中介服务、在农产品生产价格下降及低位运行中获得农产品市场好处的法人。在制度内，农产品仓储及中介服务企业的角色是从属于损失补助者，主要行为是应按照制度规定参加登记备案，进行规范经营、管理和服务，获得经营风险降低、提高可持续发展的能力。

普通农产品消费者：指提供损失补助、从事农产品消费、在农产品生产价格下降及低位运行中获得农产品市场好处的个人和单位。在制度内，普通农产品消费者的角色是损失补助者，主要行为是按照制度规定参与对政策执行的社会监督，应支持政府调整优化农产品价格调控政策和合理分配政府掌握的带有稀缺性的财政资金，用于建立目标价格补贴基金和及时按规定标准为遭受市场损害的农业生产经营者以及低收入消费者支付限额补贴资金，获得消费价格降低、保障农产品稳定供应的好处。

低收入消费者：指申请损失补助、在农产品消费价格上涨中受到市场损害、难以承担市场损失的农产品消费者。在制度内，低收入消费者的角色属于市场损失者，主要行为是应按照制度规定及时申报基本信息和购买信息，参加登记备案，获得政府直接补助，保证基本生活。

政府及政府部门：即从事公共管理服务、代理普通农产品消费者、为符合条件的农产品目标价格补贴申请者提供补助资金、兑付损失补助的法人。在制度内，政府及政府部门的角色是公共管理服务者，主要行为是综合考虑国家发展战略、农业生产者和农产品消费者的合理利益、政府在市场经济条件的有限性等，制定科学、合理、规范、详细的管理规定，合理调整优化政策，建立专门补助基金或财政预算专项和专门的农产品市场损失补助经办系统、管理系统和信息系统，获得财政风险降低、免除对生产者和消费者以及加工企业和流动企业的福利改进及利益平衡责任。

(二) 一套严密实施办法，实行严格管理

农产品目标价格制度在理论上是政府代表国家与农业生产者或低收入消费者之间就提供农产品市场损失补助进行限额交易的一个约定或合约，在实践中是对国家向农业生产者或低收入消费者提供与农产品市场损失有关的财政直接补贴的一整套具体制度安排的结合。为了

保证制度在设计上科学合理和在运行上富有效率，核心是通过合理引入条件，建立一套严密的实施办法，并将这些办法作为整个制度本身的非常重要的内容，实行严格管理，确保引入制度后的效果与制度设计所需要达到的目标保持一致。在制度设计上，就是要转变过去的传统的文件式政策的设计理念，引入新的现代的法案式政策的基本框架。在这种现代化的法案式政策中，政策的基本形式是法案，政策的基本框架长期不变，在具体内容上结合现实社会的复杂性，引入多种条件和提供多种选择，非常复杂而又激励相容，不仅有一般政策主张、路线图和原则要求，而且有比较深入细致的关于政策实施的人、财、物的资源分配的具体数字及其相互关系，还有比较详细的关于政策实行中各种参加者的责、权、利，特别是违约违法责任及其追究机制等。一个政策的制定时间比较长（一般至少1年以上），政策的有效期也比较长（按照周期运行，美国一个农业法案管6年），确保政策实施能够达到设计效果。

在农产品目标价格制度中，如果制度设计完善，需要结合现实社会所面临的多样性和复杂性，深入考虑多方面的影响因素并进行严格规范量化，对这些影响因素的规定就形成了参加者在制度内领取补助的重要条件，也是决定参加者在制度内获取补助数量标准的重要变量。如果对这些重要因素考虑不周密以及不以明确显示的方式表示出来，就意味着决策者对这些因素的参考值设定隐含在制度规定中，当农业生产者或低收入消费者遇到的实际情况与之不一致时，无法在政策上进行必要而合理的修正，使制度实施的实际结果与设计目标不一致甚至南辕北辙，不仅可能导致政府出力不讨好，形成稀缺资源错配，引起参加者不满，还可能会引发社会矛盾。在实践中，一个设计比较完善的农产品目标价格制度在内容上需要明确规定的主要条件变量及相关影响如下。

农业生产品种：主要是申请损失补助的对象（条件）。基本内容是是否属于关系国计民生和社会安全的重要农产品、是否在国家财政提供损失补助的产品目录范围之内。这是一个定性变量，这个变量的设置关系国家发展战略。基本原因是，农业生产的品种非常多，在市场经济条件下，政府的财政能力和行政可管控能力都是有限的，不可能对所有农产品提供政策性补贴，由政府针对农民直接提供市场损失补助的农产品范围具有非常强的特殊针对性，只有关系国计民生和社会安全的极少数产品属于政策管理范围。随着经济社会发展阶段的变化，国家战略因素是变化的，实行农产品目标价格制度的对象和补贴水平也会有所变化。

农业生产区域：主要是政府提供损失补助的指定区域（条件）。基本内容是申请损失补助的农业生产经营者所在的国家、省份、市县、乡镇、村庄、地块，所从事农业生产经营的区域是否在禁止开荒的土地上、是否在未经批准开荒的土地上、是否在明确退耕的土地上、是否在限制农业生产的土地上、是否在属于政府鼓励生产发展的区域上，所从事农业生产经营的区域的地理位置、分布及构成、四至边界等。这是一个定性变量，这个变量的设置关系国家发展战略，从宏观上影响国家稀缺资源配置和社会总福利水平。由于一个国家或地区具有较好农业生产条件的农地特别是耕地资源和水资源等自然资源是稀缺的，当国家为农民提供市场损失补助时，表明农产品市场存在一定过剩或者这种产业发展的市场效益已经大幅降低，此时需要适当控制生产以及调整农业结构。如果不对农民的非法或非合理生产行为进行严格限制而简单进行补贴，实际上在浪费国家稀缺资源，也损害社会总福利。在制度设计上，明确引入农业区域因素后，不仅可以引导农业生产区域优势布局，还可以减少补助工作量，减少和排除很多干扰，控制补贴资源的不合理分配，提高对需要鼓励生产发展的农户在发生市场损失后的平均补助水平。

申请者个人身份：主要是政府提供损失补助的对象属性（条件）。基本内容是申请损失补助的主体是农业生产经营者，还是低收入消费者；是属于自然人（代表农民或特定个人，包括基本农户、种植大户和低收入消费者群体等），还是法人（代表农业生产经营单位，包括农民专业合作社、地方国有农场、司法农场、部队农场、非农公司、兵团农场等）；是诚实守信的人，还是有违约行为的人。这是一个定性变量，这个变量的设置关系国家发展战略，关系社会公平，关系社会资源配置的效率。

申报核准手续：主要是政府提供损失补助的对象要求（条件）。基本内容是符合条件的农业生产经营者是否及时按按规定要求提出申请、申请是否通过审核、是否获得农作物种植证明、是否与农产品收购企业签约、是否按照规定要求登记入数据库和联入信息网。这是一个定性变量，这个变量的设置关系制度公平，关系申请者的法律责任，关系稀缺资源配置的效率。

农作物种植面积：主要是政府提供损失补助的农作物面积数量（条件）。基本内容是申请损失补助的农业生产者所申报的农作物种植面积的数量、所核实的农作物种植面积的数量、没有被核实的农作物种植面积的数量。这是一个数值变量，这个变量的设置关系农产品质量、农产品产量和市场交易数据的真实性，关系农业生产发展方式，关系稀缺资源配置的合理性。

农产品质量：主要是政府提供损失补助的农产品质量（条件）。基本内容是申请获准损失补助资格的农业生产者在农业生产过程结束后上市的农产品的品种类型、等级、质量标准特点等。这是一个数值变量，这个变量的设置关系农产品产量和市场交易数据的真实性，关系农业生产发展方式和农业发展的国际竞争力，关系稀缺资源配置的合理性。

农产品产量：主要是政府提供损失补助的农产品产量（条件），基本内容是申请获准损失补助资格的农业生产者在农业生产过程结束后获得的农产品的产量；这是一个数值变量，这个变量的设置关系农产品市场交易数据的真实性，关系农产品供求平衡关系，关系稀缺资源配置的合理性。

农产品市场销量：主要是政府提供损失补助的农产品市场销售量（条件）。基本内容是申请获准损失补助资格的农业生产者在农业生产经营者在农业生产过程结束经过产后加工处理进入农产品市场实际销售的数量；这是一个数值变量，这个变量的设置关系农产品供求平衡关系，关系消费者福利，关系稀缺资源配置的准确性。

农产品销售价格：主要是政府提供损失补助的农产品市场销售价格（条件）。基本内容是申请获准损失补助资格的农业生产经营者在农产品市场实际销售的农产品的价格。这是一个数值变量，这个变量的设置关系农产品供求平衡关系，关系消费者福利，关系稀缺资源配置的准确性。

农产品（生产）目标价格：主要是政府界定农业生产者农产品市场损失并启动损失补助的农产品收购价格（条件）。基本内容是社会平均的农业生产经营者在农产品市场保本微利销售的农产品的成本价格。这是一个数值变量，这个变量的设置关系农产品供求平衡关系，关系生产者福利，关系稀缺资源配置的准确性。

农产品（消费）目标价格：主要是政府界定低收入消费者农产品市场损失并启动损失补助的农产品消费价格（条件）。基本内容是社会平均的低收入消费者在农产品市场购买基本消费的农产品的一般价格。这是一个数值变量，这个变量的设置关系农产品供求平衡关系，关系消费者福利，关系稀缺资源配置的准确性。

农产品消费品种：主要是政府界定低收入消费者农产品市场损失并启动损失补助的农产品消费品种（条件）。基本内容是社会平均的低收入消费者在农产品市场购买基本消费的农产品的一般品种。这是一个定性变量，这个变量的设置关系农产品供求平衡关系，关系消费者福利，关系稀缺资源配置的准确性。

国家财政可支付能力：主要是政府提供损失补助的总量限额（条件）。基本内容是国家财政对于农产品目标价格补贴总额是否有总量控制，对于年度农产品市场损失可能提供的补助总额和支付方式。这是一个数值变量，这个变量的设置关系申请获准损失补助的农业生产经营者的总体损失补助标准，关系稀缺资源配置的可持续性。

个人补贴调节系数：主要是政府提供损失补助给个人的调节因素（条件）。基本内容是国家对不同地区、不同身份申请获准损失补助资格的个人在年度获得财政直接补贴数量上进行一定的系数调节，平均数为100%，对政策鼓励发展地区和普通农户可以适当调高系数，对政策限制发展地区和农业企业可以适当调低系数。这是一个数值变量，这个变量的设置关系申请获准损失补助的农业生产经营者的损失补助标准，关系社会公平，关系稀缺资源配置的效率。

个人直接补贴限额：主要是政府提供损失补助给个人的最高限额（条件）。基本内容是国家对申请获准损失补助资格的个人在年度获得财政直接补贴数量上是否有最高数量限制以及最高限制数量的多少。这是一个数值变量，这个变量的设置关系申请获准损失补助的农业生产经营者的损失补助标准，关系公共财政支出安排与实际需要的平衡，关系社会公平，关系稀缺资源配置的效率。

年度总体补贴权利份额：主要是采价期结束后按照统计数据测算的年度需要政府提供损失补助的份额总量（条件）。基本内容是按照农产品市场价格变化、农产品目标价格、个人补贴账户登记的基础信息等核算的国家财政对于农产品目标价格补贴的份额总量，是对年度个人补贴权利份额的汇总数。这是一个数值变量，也是一个中间变量，这个变量的设置关系申请获准损失补助的农业生产经营者或低收入消费者的总体损失补助标准，关系跨年度政府补贴实际筹资的平衡，关系稀缺资源配置的可持续性。

政府补贴实际筹资：主要是政府用于农产品市场损失补助的实际筹资（条件）。基本内容是国家财政对于农产品市场损失补助资金的实际筹集总额和资金到位方式。这是一个数值变量，这个变量的设置关系申请获准损失补助的农业生产经营者的平均损失补助标准和实际支付标准，关系稀缺资源配置的可持续性。

政府补贴支付方式：主要是政府提供损失补助给个人的方式选择（条件）。基本内容是国家对申请获准损失补助资格的个人在年度可获得补贴支付额度内可以分期领取补助的次数以及各次领取的比例要求和具体情况。这是一个数值变量，这个变量的设置关系农业生产者的金融负担或生计问题，关系财政资金实际支付的时间安排，关系制度设计本身的包容性和灵活性。

四、基本模型：一种长效机制，内在自动平衡

实行农产品目标价格制度最重要的目标是国家要建立一种长效机制，在全面放开农产品市场交易的情况下，通过对农业生产经营者由

于农产品生产价格下降产生的市场损失按照约定条件和程序提供限额补助，对低收入贫困群体由于农产品消费价格上升产生的市场损失按照约定条件和程序提供限额补助，实现一定时间周期内实际财政支出负担和需要进行农业补贴的金额保持内在自动平衡，从根本上解决农产品市场全面放开后由于农产品价格波动给农业生产经营者生产发展和低收入贫困群体生活消费带来的利益损害的补偿问题。按照政策补贴对象及补贴机制的不同，可以分为生产者补贴模型和消费者补贴模型两种，分别形成政策性价格下限补贴机制和政策性价格上限补贴机制。

（一）生产者补贴模型——政策性价格下限补贴机制

所谓生产者补贴模型，是指国家在有限责任政府[①]框架内为解决农业生产者在农产品生产价格下降及价格低位运行情况下存在的农产品市场损失问题，由财政直接补贴农业生产者或政府对农业生产者参加农产品市场价格保险的保费进行补贴，然后由保险公司按照约定条件和标准对农业生产者进行保险赔付的一种经济学模型。在这种模型中，基本做法是政府引入政策性补贴价格下限，通过设立年度农产品（生产）目标价格（主要是指定时期、指定农产品收购市场、指定品种、指定质量标准的农产品生产价格或产地收购价格，在农产品市场流通体系比较健全和完善的情况下也可以为指定时期、指定农产品零售市场、指定品种、指定质量标准的农产品消费价格）作为界定农产品市场损失的依据。当指定农产品市场实际交易的社会平均价格低于

---

① 这种政府的性质不是代表暴力、强权和等级，而是讲求平等自由、以理服人和信守承诺，在市场经济条件下，在有限责任、有限权力和有限资源的框架内，以公共财政的可支付能力为主要基础，实行转移支付，为特定区域的每一个申请补贴的农业生产经营者平等提供力所能及的服务，政府本身要遵守法律，尊重差异性，保护合理性，提供开放性，鼓励先进性，抑制投机性，建立包容性。参考秦中春：《新养老金经济学》，清华大学出版社2014年版，第457页。

政府设立的年度农产品（生产）目标价格时，由政府财政部门以及保险公司按照约定向符合条件的农业生产者提供补贴或赔付。

1. 经济环境

国家实行社会主义市场经济，农产品市场购销完全放开，农产品价格由参加农产品市场交易的买卖双方自主协商确定，农业生产面临资源约束、环境约束、自然风险、技术约束和市场约束，农业生产劳动越来越稀缺，农业基础设施建设脆弱，农业生产发展比较效益偏低。在农产品生产价格下降或低位运行情况下，农业生产者难以承担市场损失（基本经营收益得不到保障），国家在保障粮食和重要农产品供应方面压力很大，政府代表国家具有促进农业生产稳定发展和保障农产品市场稳定供应的重要责任。但政府在市场经济条件下的能力是有限的，政府所能提供的可补贴资源是稀缺的，政府的行为具有复杂性，在组织管理效率上也是受到限制的。

2. 适用范围

符合特定条件的农业生产者。符合国家发展战略、关系国计民生和社会安全的基本农产品的生产经营者，在法律政策鼓励发展的农业生产区域，实际从事农业生产劳动并收获农产品，在农产品收获后及时向市场交售商品农产品和发生农产品市场损失，按照政府管理制度规定及时办理申报核查手续，在指定时期、指定市场、指定质量标准的农产品的生产价格水平较低以及低于政策性补贴价格下限或政府确定的年度农产品（生产）目标价格，农业生产基本经营收益在市场机制下得不到有效保障。

3. 补贴依据

在开放的市场经济条件下，农产品消费者捕获价格福利（农产品消费价格下降及低位运行），农业生产者遭受市场损失危及农业生产基本经营收益（农产品生产价格下降及低位运行），国家为农业生产者提供一定补助，解决为农业生产者的生计不保或农业生产稳定发展困难问题，平衡农产品产销者之间的利益关系，建立良好稳定的社会秩序和社会结构。

4. 基本原理

政府在公共财政可支付能力和公共行政可管控能力范围内，按照社会平均生产经营水平，核定农业生产者基本经营收益标准并以此为依据，按照农产品市场运行实际情况特别是农产品价格变化，为符合条件的、自愿申请并核准的农业生产者按照限额交易合约提供适当补助或政策性补贴。

5. 参加者

制度的参加者是人，既有个人及家庭，也有法人单位，包括农业生产经营者、农产品加工企业、农产品购销及贸易企业、农产品仓储及中介服务企业、普通农产品消费者、相关的社会组织和单位、政府及政府部门等，是面向全社会开放的、平等对待的和公正对待的，实行合约管理。除了政府及政府部门外，凡是符合条件的个人及家庭和法人单位自愿申请参加制度，并接受政策规定相关部门和单位核查，参加者依照政策规定享有约定的权利并对自己的行为承担相应的法律责任。

6. 目标函数

国家从公共管理服务入手，从根本上解决市场机制所不能解决的在农产品市场交易参加者利益分配上的市场失灵问题以及政府机制在保护农业生产者基本经营利益过程中所产生的政府失灵问题，保护农民的生产性努力保证获得基本的收益，促进农业生产发展，保障农产品市场供应，促进人与人之间的合作，保障社会公平，提高资源配置效率和社会总福利水平。

7. 约束条件

制度的建立、实施和可持续运行受国家发展战略、农产品生产发展、消费需求、市场建设和价格变化的特点、个人行为的复杂性、信息不对称、财政负担能力及预算管理要求、交易成本、组织保障等多种多样因素的影响，在制度设计上要综合考虑各种影响因素并以条件形式在制度内明确显示出来，在约束条件上设置农业生产品种、农业生产区域、申请者个人身份、申报核准手续、农作物种植面积、农产品质量、农产品产量、农产品市场销量、农产品销售价格、农产品（生产）目标价格、国家财政可支付能力、个人直接补贴限额、政府补贴支付方式等变量。

8. 制度安排

制度的内容是对申请补贴的农业生产者和提供补贴的政府部门及机构之间的补贴资金交易进行约定，按照限额交易合约进行治理。这些约定主要有：一是在交易的性质上，既不是自由（讨价还价）的交易，也不是管理（命令式）的交易，而是限额（按照约定条件和标准办理）的交易，是由国家立法或制定政策形成的交易，限额的主要内容由限定责任、限定标准和限定权利组成。二是在交易的程序上，是符合条件的农业生产者先申请并接受核查，然后政府部门及机构为其提供资金补贴。三是在交易的内容上，是个人凭借从事农业生产和遭受农产品市场损失情况获得补助，实行差额补助和限额补助，补助随农产品市场价格实际变化实行动态修正。四是在交易的形式上，主要是资金交易，同时有信息交换。五是在交易的时间上，是按周期规划、按年度核算和按次交易，按年进行调整和管理。

在具体内容上，核心是引入条件进行定性、定损、定量、定补和定责，对国家提供这种补贴的目的、依据、内容、形式和要求进行明确而细致地规定，包括这种补贴的政策目标是什么，哪些人可以获得补贴、哪些情况可以获得补贴、为什么要有条件，补贴资金从何而来、到哪里去、如何确定、如何提供、为什么，责任如何追究等。重点是明确这种制度是由公共财政为农业生产者提供的一种市场损失补助，以是否按法律政策要求从事生产和严格进行申报核查为依据，对个人能否申请及申请后的补贴资格进行定性，由公共行政以农产品价格为依据对农业生产者是否发生市场损失以及是否需要启动补助进行界定，以损害分担为原则，结合申报审核、补助限额等对年度补助总量、对个人补助标准和对个人补助数量进行界定，在补贴支付方式上可以选择但不同支付方式的补贴总额是一样的并实行多退少补。参加者在制度内有合理权利，也有相关的法律责任，要接受政府监管和社会监督，在违规违约时要严格追究责任。

9. 市场均衡

制度中的市场均衡方式主要按照"补贴支出等于实际筹资"和"补贴权利份额等于基本损失"的方式实行市场出清，实行"以申定性""以损定权"和"以筹定支"。一是"以申定性"，即根据符合条件的农业生产者申请核实情况定性到人，建立个人补贴账户，登记农作物种植面积、农产品品种、农产品产量和农产品市场销售量等劳动贡献，核定个人补贴调节系数。二是"以损定权"，即根据农产品市场价格变化与农产品（生产）目标价格的情况计算单位农产品市场损失，结合个人补贴账户登记的劳动贡献及个人补贴调节系数等定权到人，建立年度个人补贴权利份额，核定年度总体补贴权利份额。三是"以筹定支"，即在综合测算跨年度总体补贴权利份额、以支定筹、量入为出、实行周期收支平衡的基础上，根据年度补贴实际筹资情况，确定年度总体实际补贴支出数额，按照个人补贴权利份额占总体补贴权利份额的比例定支到人，建立个人补贴资金支出数额，将补贴资金拨付到个人补贴账户；在年度补贴实际筹资有所增加时，实行"水涨船高"，相应增加个人补贴资金支出数额并及时将增加的补贴资金拨付到个人补贴账户（见图5-1）。

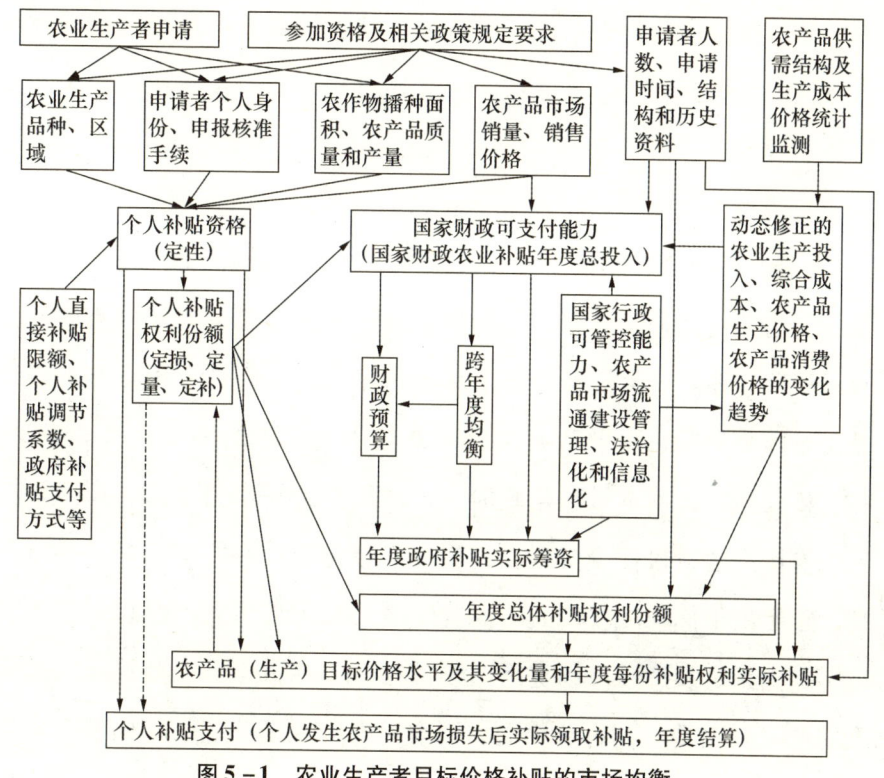

图5-1 农业生产者目标价格补贴的市场均衡

10. 政府角色

制度中的政府是一个现代国家的有限政府，既是一个与申请者进行交易的补助资金提供者，又是一个公共管理服务者，兼有组织管理、交易执行、交易促进、交易协调的责任和功能。在制度的组织体制上，由政府部门或机构承担资金补助责任，政府的角色是补助资金的出资者，同时也是制定规范者、补贴申请人的交易服务者和监督管理者。

政府对发生农产品市场损失的农业生产者提供一定补助，体现了国家和政府的社会责任。政府在这项制度中的工作内容主要是财政筹资、划线定规、交易服务、监督管理，负责从公共财政等渠道筹集专项补贴资金，建立农产品目标价格补助或补贴基金，根据财政能力、农业生产综合成本和农产品市场价格变化的实际情况明确规定和定期调整农产品目标价格及相关条件，对补贴申请者的农业生产经营情况及申报材料进行审查、明确界定和保护（相对）产权、按政策约定及时支付补贴资金。

（二）消费者补贴模型——政策性价格上限补贴机制

所谓消费者补贴模型，是指国家在有限责任政府框架内为解决低收入消费者在农产品消费价格上涨及价格高位运行情况下存在的农产品市场损失问题、由财政直接补贴低收入消费者的一种经济学模型。在这种模型中，基本做法是政府引入政策性补贴价格上限，通过设立年度农产品消费目标价格（指定时期、指定农产品零售市场、指定品种、指定质量标准的农产品的消费价格）作为界定农产品市场损失的依据，当指定农产品市场实际交易的社会平均价格低于政府设立的年度农产品（消费）目标价格时，由政府财政部门按照约定向符合条件的农业生产者提供直接补贴。

1. 经济环境

国家实行社会主义市场经济，农产品市场购销完全放开，农产品价格由参加农产品市场交易的买卖双方自主协商确定。而农产品价格关系国计民生和社会安全，社会上存在低收入消费者，在农产品消费价格上涨及价格高位运行情况下，低收入消费者难以承担市场损失（同样收入用于购买农产品的数量下降）。政府代表国家具有保障低收入消费者基本生活和保障农产品市场充分供应的重要责任，但政府的能力是有限的，政府所能提供的可补贴资源是稀缺的，政府的行为具有复杂性，在组织管理效率上也是受到限制的。

2. 适用范围

符合特定条件的低收入消费者。属于最低生活保障对象和其他国家政策扶持的低收入消费者，在农产品消费价格上涨及价格高位运行情况下发生农产品市场损失，在指定时期、指定市场、指定质量标准的农产品的消费价格水平较高以及高于政策性补贴价格上限或政府确定的年度农产品（消费）目标价格，重要农产品的基本生活消费在市场机制下得不到有效保障。

3. 补贴依据

在开放的市场经济条件下，在农产品消费价格上涨或持续高位运行时，所有消费者都承受价格上涨，但低收入消费者特别是特困群体收入低、对重要农产品的购买力不足，基本生活出现困难。国家为低收入消费者提供一定补助，解决生计保障困难问题，平衡不同收入消费者的利益关系，建立良好稳定的社会秩序和社会结构。

4. 基本原理

政府在公共财政可支付能力和公共行政可管控能力范围内，按照社会平均农产品消费水平，核定消费者基本生活需要的农产品购买标准并以此为依据，按照农产品市场运行实际情况特别是农产品价格变化，为符合条件的、自愿申请并核准的低收入消费者按照限额交易合约提供适当补助或政策性补贴。

5. 参加者

制度的参加者是人，既有个人家庭，也有法人单位，包括属于最低生活保障对象的个人家庭和其他国家政策扶持的学校、机关、团体和社会组织等法人单位，是面向全社会开放的、平等对待的和公正对待的，实行合约管理。除了政府及政府部门外，凡是符合条件的个人家庭和法人单位自愿申请参加制度，并接受政策规定的相关部门和单位核查，参加者依照政策规定享有约定的权利并对自己的行为承担相应的法律责任。

6. 目标函数

国家从公共管理服务入手，从根本上解决市场机制所不能解决的在农产品市场交易参加者利益分配上的市场失灵问题以及政府机制在保护农产品消费者利益过程中所产生的政府失灵问题，保护低收入消费者的合理利益，保证其获得基本的农产品消费，促进人与人之间的合作，保障社会公平，提高资源配置效率和社会总福利水平。

7. 约束条件

制度的建立、实施和可持续运行受国家发展战略、农产品消费需求、生产发展、市场建设和价格变化的特点、个人行为的复杂性、信息不对称、财政负担能力及预算管理要求、交易成本、组织保障等多种多样因素的影响，在制度设计上要综合考虑各种影响因素并以条件形式在制度内明确显示出来，在约束条件上设置申请者个人身份、申报核准手续、农产品消费品种、农产品消费数量、农产品消费价格、农产品（消费）目标价格、国家财政可支付能力、个人直接补贴限额、政府补贴支付方式等变量。

8. 制度安排

制度的内容是对申请补贴的低收入农产品消费者和提供补贴的政府部门及机构之间的补贴资金交易进行约定，按照限额交易合约进行治理。这些约定主要有：一是在交易的性质上，既不是自由（讨价还价）的交易，也不是管理（命令式）的交易，而是限额（按照约定条件和标准办理）的交易，是由国家立法或制定政策形成的交易，限额的主要内容由限定责任、限定标准和限定权利组成。二是在交易的程序上，是符合条件的低收入消费者先申请并接受核查，然后政府部门及机构为其提供资金补贴。三是在交易的内容上，是个人凭最低生活保障资格、其他国家政策扶持资格和遭受农产品市场损失情况获得补助，实行差额补助和限额补助，补助随农产品市场价格实际变化实行动态修正。四是在交易的形式上，主要是资金交易，同时有信息交换。五是在交易的时间上，是按周期规划、按年度核算和按次交易，按年进行调整和管理。

在具体内容上，核心是引入条件进行定性、定损、定量、定补和定责，对国家提供这种补贴的目的、依据、内容、形式和要求进行明确而细致地规定，包括这种补贴的政策目标是什么，哪些人可以获得补贴、哪些情况可以获得补贴、为什么要有条件，补贴资金从何而来、到哪里去、如何确定、如何提供、为什么，责任如何追究等。重点是明确这种制度是由公共财政为低收入消费者提供的一种市场损失补助，以是否符合法律政策要求和严格进行申报核查为依据对个人能否申请及申请后的补贴资格进行定性，由公共行政以农产品价格为依据对低收入消费者是否发生市场损失以及是否需要启动补助进行界定，以损害分担为原则，结合申报审核、补助限额等对年度补助总量、对个人补助标准和对个人补助数量进行界定，在补贴支付方式上可以选择但不同支付方式的补贴总额是一样的并实行多退少补，参加者在制度内有合理权利，也有相关的法律责任，要接受政府监管和社会监督，在违规违约时要严格追究责任。

9. 市场均衡

制度中的市场均衡方式主要按照"补贴支出等于实际筹资"和

"补贴权利份额等于基本损失"的方式实行市场出清,实行"以申定性""以损定权"和"以筹定支"。一是"以申定性",根据符合条件的低收入消费者申请核实情况定性到人,建立个人补贴账户,登记农产品消费品种、农产品消费量、家庭或单位人数等基础信息,核定个人补贴调节系数。二是"以损定权",根据农产品市场价格变化与农产品(消费)目标价格的情况计算单位农产品市场损失,结合个人补贴账户登记的基础信息及个人补贴调节系数等定权到人,建立年度个人补贴权利份额,核定年度总体补贴权利份额。三是"以筹定支",在综合测算跨年度总体补贴权利份额、以支定筹、量入为出、实行周期收支平衡的基础上,根据年度补贴实际筹资情况,确定年度总体实际补贴支出数额,按照个人补贴权利份额占总体补贴权利份额的比例定支到人,建立个人补贴资金支出数额,将补贴资金拨付到个人补贴账户;在年度补贴实际筹资有所增加时,实行"水涨船高",相应增加个人补贴资金支出数额并及时将增加的补贴资金拨付到个人补贴账户(见图5-2)。

10. 政府角色

制度中的政府是一个现代国家的有限政府,既是一个与申请者进行交易的补助资金提供者,又是一个公共管理服务者,兼有组织管理、交易执行、交易促进、交易协调的责任和功能。在制度的组织体制上,由政府部门或机构承担资金补助责任,政府的角色是补助资金的出资者,同时也是制定规范者、补贴申请人的交易服务者和监督管理者。由政府对发生农产品市场损失的低收入消费者提供一定补助,体现了国家和政府的社会责任。政府在这项制度中的工作内容主要是财政筹资、画线定规、交易服务、监督管理,负责从公共财政等渠道筹集专项补贴资金,建立农产品目标价格补助或补贴基金,根据财政能力、

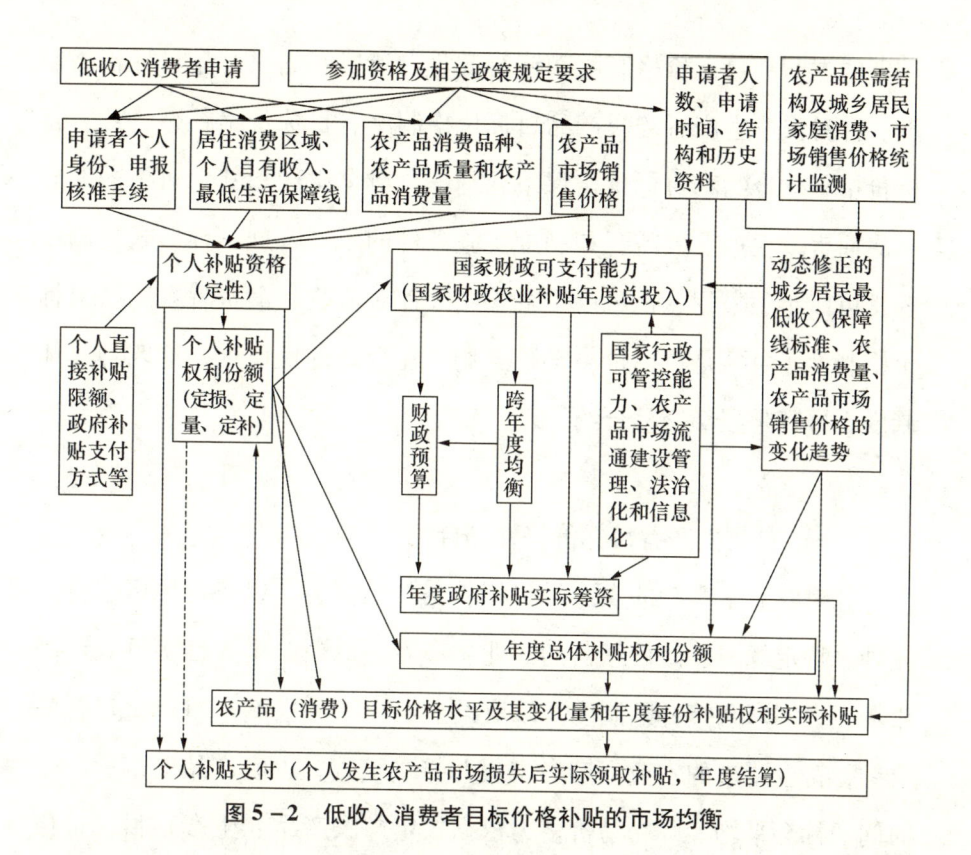

图 5-2 低收入消费者目标价格补贴的市场均衡

农产品消费水平和农产品市场价格变化的实际情况明确规定和定期调整农产品（消费）目标价格及相关条件，对补贴申请者的低收入消费者情况及申报材料进行审查、明确界定和保护（相对）产权、按政策约定及时支付补贴资金。

五、基本形式：适应不同情况，四种制度安排

在放开农产品市场交易的条件下，考虑农产品市场变化的复杂性，考虑政府资源和政府能力的有限性，考虑人的行为的复杂性，引入限定条件，采用公开透明、权责对称、边界清晰的合约治理方式进行管理。在实践中，按照补贴对象性质的不同，可以分为针对农业生

产者的农产品目标价格制度和针对低收入消费者的农产品目标价格制度。针对农业生产者的农产品目标价格制度有目标价格补贴合约、目标价格贷款合约和目标价格保险合约三种具体组织形式。对不同的农产品而言，根据发展需要和制度实施条件的不同，这三种形式的制度安排可以单独采用，也可以结合采用。针对低收入消费者农产品目标价格制度，主要是目标价格补贴合约。在合约的性质上，这四种具体制度安排都是限额交易合约。

（一）农业生产者目标价格补贴合约

针对农业生产者的农产品目标价格补贴制度，以特定地区、特定品种、特定规模、诚信经营的农业生产者为对象，主要是实行农产品市场损失国家直接补贴制度。政府设立农产品（生产）目标价格补贴合约，符合要求的农业生产者申报并接受核查，以农产品上市后一定时间的社会平均实际交易价格为依据核定与农产品（生产）目标价格的差额并计算单位补贴额，结合经办部门核实的作物面积、作物产量、销售数量、年度个人补贴权利份额、年度总体补贴权利份额、年度补贴实际筹资情况等，由财政直接提供差额补助到参加制度的农业生产者。

（二）农业生产者目标价格保险合约

针对农业生产者的农产品目标价格保险制度，以农业生产者缴费参加由保险公司负责的市场价格保险制度为前提，主要是实行农产品市场价格（或成本价格、价格指数、基本收益）政策性保险制度。政府与保险公司合作设立农产品市场价格（或成本价格、价格指数、基本收益）政策性保险合约，由农业生产者自愿缴费参保，财政对农业生产者参加市场价格保险提供保费补贴，然后由保险公司在农产品市场损失发生时按照约定条件和标准对农业生产者进行保险赔付。

（三）农业生产者目标价格贷款合约

针对农业生产者的农产品目标价格贷款制度，以农业生产者向银行或相关金融机构申请并获得营销贷款资金为前提，主要是实行农产品抵押贷款制度。政府对作为抵押物的农产品的生产销售价格提供担保，这个担保价格就是农产品（生产）目标价格。对于作为抵押物的农产品上市后实际市场销售价格低于农产品（生产）目标价格的部分带来的市场损失，由财政按照实际差额损失结合农业生产者的申请核查信息等直接补助到参加制度的农业生产者以及银行。

（四）低收入消费者目标价格补贴合约

针对低收入消费者的农产品目标价格制度，以特定地区、特定身份的低收入消费者为对象，主要是实行农产品市场损失国家直接补贴制度。政府设立农产品（消费）目标价格补贴合约，符合要求的低收入消费者申报并接受核查，以农产品消费市场一定时间的社会平均实际交易价格为依据核定与农产品（消费）目标价格的差额并计算单位补贴额，结合经办部门核实的农产品消费品种、农产品消费量和人口数量、年度个人补贴权利份额、年度总体补贴权利份额、年度补贴实际筹资情等，由财政直接提供差额补助到参加制度的低收入消费者。

第六章
引入农产品目标价格制度的科学方法

在实践中,引入农产品目标价格制度是一个不断探索和不断完善的过程。为了减少建立制度过程中存在的隐含缺陷及其带来的不利影响,科学的方法在制度设计中至关重要。为此,需要将整个制度的设计、制度的执行和制度的保障统筹起来考虑,将人作为制度设计的出发点和落脚点,将制度的参加者作为现实社会中在行为上具有复杂性的利益主体,将参加者的权利和责任统一起来,围绕制度运行涉及的关键问题,提出比较科学合理的解决方案,建立激励约束机制和可持续发展机制,在解决问题的同时,预防和控制产生新问题,使引入制度后的实际结果与制度设计的目标保持一致。

一、主要的影响因素:考虑三个方面

从方法上看,引入农产品目标价格制度是一连串的行动,需要将整个制度的设计、执行和保障统筹起来考虑,将人而不是物作为制度设计的出发点和落脚点,将这个制度作为一种农产品市场损失补助制度而不是农产品市场价格管理制度,将政府在制度中的角色作为能力有限、理性有限、行为复杂、不能解决信息不对称问题的现实社会中的有限责任政府而不是全能政府，对社会上的个人能否参加这一制度并获得补贴支付以及补贴支付数量的差异进行完美地解释。

（一）制度设计考虑要全面

引入农产品目标价格制度是要解决社会现实问题。在现实社会中，由于个人之间的生产生活条件存在差异，个人之间的社会行为特点也有所不同。在微观上，每一个现实问题既有相同的一面，也有不同的一面，而政府在市场经济条件下的能力和理性是有限的，从公共管理服务的角度，政府要解决好问题也是复杂的。在制度设计上，最重要的就是从投入产出入手，全面系统考虑各种影响因素，深入界定问题，实行顶层思维，平等对待每一个人，尊重个人客观差异，将各种变量按照内在一致的逻辑联系起来，提出一套完整的基本框架，引入所有可能变量并在制度内充分显示出来，用于解决一般问题。

变量是对关联因素的一种规范化和数量化，将解决问题的所有影响因素在制度内用变量明确显示出来而不是隐含在制度中，尽管从形式上和从表面上看会使制度的内容和运行变得比较复杂，但这是科学的。基本原因：一是现代科技日新月异，在数据采集、传输、处理和储存等技术上越来越先进，合理增加变量并不必然会影响制度的运行效率。二是将隐含因素转变为显性变量，可以提高制度的适应性，高效处理由于这些变量在现实中的差异以及发生变化后对制度运行带来的影响，预防和控制参加者行为的不确定性，降低系统风险。如果这些因素在制度内不明确表示出来，并不是这些因素的影响不存在，而是意味着这些因素被隐含假设为固定不变，当这些因素发生变化时，就无法在制度内进行及时处理，严重的会危及整个制度运行的安全。

三是引入所有可能变量是一个不断完善的过程，可以促进知识的增长。现代社会分工越来越细，各种影响因素不断变化，充分考虑这些因素，在制度运行中会产生和积累大量数据，这些数据是可以长久不变的，是科学管理的重要依据和宝贵资源，能为全面准确分析经济社会发展现状、人的行为和不断完善制度内容提供客观依据。

在农产品目标价格制度的设计中，要统一思想，提高认识，全面考虑，深入界定问题，实行问题导向，统筹制度的制定、执行、监督、管理和修正工作。首先，这个制度不是一个短期临时实行的制度安排，而是一个长期实行的制度安排，要着眼全局和长远，加强组织领导，系统部署实施，着力提高制度建设的有效性。其次，这个制度不是一个简单考虑、放弃临储和实行政府补贴的制度安排，而是一个统筹兼顾、总体布局、顶层设计的制度安排，要立足现实特别是个人、农产品、市场和政府的复杂性，考虑到最坏的情况，考虑人与人之间的客观差异性和利益平衡性，考虑制度执行的细节和执行不了的可能风险，考虑政府在市场经济中的有限性，着力提高制度建设的合理性。再次，这个制度不是一个自由交易合约，也不是一个管理交易合约，而是一个限额交易合约，要按限额交易合约的方式进行设计和治理，抓住关键，引入条件，将个人按照规定进行申报并严格核查作为基础，将农产品目标价格作为界定农产品市场损失并提供补助的重要依据但不是唯一依据，逐条深入进行规范和规定，建立个人补贴支出与国家财政投入之间的内在关联，着力提高制度建设的科学性。

（二）制度执行要富有效率

在农产品目标价格制度的执行中，涉及多类和多个主体，参加者广泛，利益关系复杂，在工作中很容易产生冲突，制约制度实施的成效。第一类主体是政府及政府部门，包括中央政府和地方各级政府，政府各有关部门和各有关单位，不同地区的政府和政府部门等。第二类主体是农业生产者，包括自然人和法人单位，小农户、大农户和农业企业，不同区域、不同身份、不同农产品的生产者，高水平的生产者、中等水平的生产者和低水平的生产者，长期从事农业生产的生产者和短期临时从事农业生产的生产者，以前参加过制度的生产者和从来没有参加过制度的生产者等。第三类主体是农产品消费者，包括一般消费者和低收入消费者，不同农产品的消费者等。第四类是农产品流通服务者，包括农产品加工企业、农产品购销企业、农产品仓储企业、农产品服务企业、金融保险企业等。

对这些参加者，在组织方式上，要实行统一管理，将每个人的投入回报结合起来，也要分类对待，围绕有限目标、界定产权、明确责任、有效组织、严格监管，建立激励约束机制，实行定性（特殊重要品种，市场损失补助，合法生产者，自愿申报，严格申报，详细核查）、定损（价格损失，损失很深，低于保本）、定量（联系生产，联系销量，联系限额）、定补（付款时间，支付次数，多退少补）、定责（合约管理，有限责任，违约追究）相结合，实现激励相容。

（三）制度保障要可靠有力

农产品目标价格制度落地必须有多方面的保障。一是法治保障。要将制度组织实施的各种内容规范化、定量化和责任化，实行依法行政和合约治理。二是技术保障。推进管理信息化，统一技术标准，建设高效运行的信息网络和管理系统，大力提高效率。三是队伍保障。组建熟悉业务、认真负责的人员队伍，实行企业化管理。四是资金保障。既要有补贴资金，也要有工作资金，还要规范资金预算、拨付、管理办法，有条件时应建立专门的补贴基金，按照基金方式进行资金管理，平衡跨年度的资金筹集和资金支付。五是数据保障。加强基础数据建设的统一规划和管理建设，规范工作流程，形成全面准确和系统完整的业务数据，作为统筹确定农产品目标价格及提供补贴资金的最重要的决策依据。

二、涉及的关键问题：突破六大难题

在农产品目标价格制度建设中，需要处理一系列关键问题，解决了这些问题，就突破了建立制度的瓶颈。概括起来，这些关键问题涉及六个方面，包括产品的选择、钱的问题、人的问题、价的问题、量的问题和管理的问题。

（一）产品的选择：重要农产品如何定

农产品很多，并非所有农产品适用目标价格制度解决问题。对农产品的选择，是建立农产品目标价格制度需要突破的第一个难题。农产品的类型和属性不同，市场流通体系和价格形成机制不同，政府介入的必要性和重要性不同，在财政直补管理上的有效性也不同。建立农产品目标价格管理制度的工作复杂，投入很大，难度很高，国家在有限政府框架内，只能从公共管理的角度出发，从最重要和最必要的农产品入手，有选择地建立。判断重要性的基本依据有以下三点。

一是从政治角度考虑，是否为关系国家战略重大的基础性产品。这些农产品对日常生活必不可少，社会关注度高，农业生产比较效益偏低。这些产品以谷物、生猪、地方自给性强的地产绿叶菜等为主。

二是从问题角度考虑，是否为在农产品市场流通体系建设比较完善、是否为其市场运行在利益分配上存在较大失灵以及政府在解决问题中存在较大失灵。这些产品以棉花和大豆为主。

三是从实践角度考虑，政府是否在农产品市场调节管理上有重要的政策实践和经验教训。对中央政府而言，目前已经建立最低收购价制度和临时收储制度的农产品都属于农产品目标价格制度管理范围，主要是粮、棉、油、糖、生猪。对地方政府而言，目前已经建立价外补贴、价格保险及价格调节制度的农产品属于农产品目标价格制度管理范围，主要是粮食、生猪、蔬菜（地产绿叶菜）等。

（二）钱的问题：公共财政出多少

对农业生产者或低收入消费者的直接补贴需要大笔现金，这些钱来源于公共财政（包括中央财政和地方财政），而政府的财政资源不仅是稀缺的，需要财政开支的领域非常多，在可用于农业补贴的数量上非常有限；而且受预算管理的严格约束，需要在跨年度之间和跨产品之间进行平衡和调节。如何筹集这笔钱并均衡负担，是建立农产品目标价格制度需要突破的第二个难题。在实践中，就需要对此笔资金的筹集、管理、平衡和给付进行专门的制度安排。解决问题的基本方法有以下四点。

一是引入财政扶持，明确每年由财政在预算内安排一笔专项资金，专门用于对农业生产者和低收入消费者发生农产品市场损失时提供直接补助。

二是建立农产品目标价格补贴基金，或者纳入粮食风险基金等其他现有的相关基金统一管理，对跨年度的农产品目标价格补贴资金的筹集和支出进行协调和平衡，实行年度之间财政负担均衡，确保对农产品目标价格补贴需求资金的支付。

三是区分补贴资金实际筹资与年度总体补贴权利份额，明确以补贴资金实际筹资水平为准而不是仅仅按年度总体补贴权利份额确定对申请核准者的个人目标价格补贴资金支付。

四是统筹考虑补贴资金支出和组织管理工作资金支出，调查社会平均农业生产综合成本和农产品消费水平以及目标价格制度组织管理工作成本，评估农产品供求平衡状况和农产品市场价格变化趋势，合理确定和动态修正农产品目标价格，包括农产品（生产）目标价格和农产品（消费）目标价格，调节和控制年度财政负担。

（三）人的问题：资格开放补给谁

对农业生产者或低收入消费者的直接补贴带有免费性，补贴资源是有限的，只能提供给那些遭受农产品市场损失并遵守政策要求的人。但现实中的人是复杂多变的，补贴究竟给谁，是建立农产品目标价格制度需要突破的第三个难题。在实践中，就需要对哪些人不能参加制度、哪些人可以申请参加制度并审查核准其条件，进行严格而明确地规定。解决问题的基本方法如下。

一是准确、详细、明确地规定补贴对象为符合特定政策要求的农业生产劳动者或低收入消费者，而不是地主和一般消费者如下三点。

二是推进对不同类型的参加者及其资格条件实行分类管理并进行政策衔接，包括对不同经营规模的农业生产者进行分类管理（区分基本农户和农业生产经营单位，基本农户由乡村组织联合申报，专业大户、合作社、农业企业等农业生产经营单位要求专门资质认证并进行单独申报），对不同地区的农业生产者分类管理（区分本地户和外地户，要求身份认证），对不同类型的农产品流通者分类管理（区分农产品加工企业和仓储企业，要求专门资质认证），对不同类型的农产品服务者分类管理（区分信贷机构和保险机构，要求专门资质认证），对不同类型的农产品分类管理（区分最低生活保障对象和其他国家政策扶持的低收入消费者，要求专门资质认证）等，引入个人直接补贴限额和个人补贴调节系数。

三是成立专门负责的政府部门或管理机构，引入企业化管理服务，建设规范高效的业务经办管理信息系统，解决由谁来进行登记、谁来组织核实、谁来监督管理并承担法律责任的工作量很大且工作很难的问题。

（四）价的问题：实际价格如何算

对农业生产者或低收入消费者的市场损失是以价格为依据界定，而农产品价格问题本身是复杂的，不同的农产品交易就有不同的价格，同时农产品价格变化因受国内外多种因素影响很难预测，如何定价（农产品目标价格）、采价（农产品市场交易价格）和算价（社会平均农产品市场交易价格），是建立农产品目标价格制度需要突破的第四个难题。在实践中，就需要从政策性补贴价格计算标准的角度，对农产品目标价格进行科学的理论解释，并将这种价格与农产品市场交易价格、政策性补贴支付数量确定的关系进行严格而规范的说明，提高价格信息的具体性、准确性和相关性。解决问题的基本方法如下四点。

一是以国家财政可支付能力为前提，以农产品成本价格调查为基础，结合对农产品供求形势、市场交易量情况和农民申请补贴行为的预测估计，合理确定农产品目标价格的水平，明确规定这种价格的条件，包括交易地区、时期、品种、等级、质量标准、交易对象、交易环节等交易信息和相关交易价格的折算汇总办法，明确这种价格仅仅是作为国家补贴支付的重要依据而不是唯一依据。

二是加强农产品市场建设管理，促进农产品市场交易，建立全面高效的农产品市场交易信息服务系统。明确规定农产品市场价格信息监测、统计、发布的内容和方式，包括采价责任部门及负责人，采价时期，采价地区、品种、等级、质量标准、交易对象、交易环节（收购、批发、零售）、交易数量，以及在采价期内不同价格的统计汇总计算办法等。

三是在部分农产品市场信息比较混乱但经济发展条件较好的地区，为了保证农产品市场价格信息的采集工作公开、公平、公正和高效，可以实行政府购买服务，由政府和相关单位出资，委托专业机构或单位，实行定时、定点和定人采价并进行信息披露。

四是在主产区引入一个特定地区、时期、品种、等级、质量标准、交易对象、交易环节等的农产品市场交易作为基准农产品交易，相应的价格作为基本参考价格，将其他农产品交易市场价格与之进行关联和折算，建立形成社会平均农产品市场交易价格，统一规范社会平均农产品市场交易价格的计算办法，并与政策性补贴价格计算标准（农产品目标价格）进行衔接和配套。

（五）量的问题：实际数量如何核

对农业生产者或低收入消费者的补贴不仅与价格差额有关，而且与数量核定有关。由于补贴因素影响，人们在数量信息上可能投机，导致数量数据弹性很大，可能隐含巨大风险。如何准确选择和核定农产品数量数据，是建立农产品目标价格制度需要突破的第五个难题。在实践中，就需要引入特别的补贴核算办法和市场管理机制，健全制度参加者信息申报管理系统，对数量信息进行采集和核定，实现基本数据名副其实，并对年度补贴权利需求和年度补贴实际筹资之间的差额进行协调。解决问题的基本方法如下五点。

一是选择商品农产品交售数量而不是农业土地面积、农作物面积、农产品产量或者按农产品产量的一定比例作为补贴核算的最主要的依据。相比农业土地面积、农作物面积、农产品产量，商品农产品数量在数据质量上更好，是经过农产品市场交易检验的有效产量，是农业生产者对农产品市场交易的贡献量，可以用农产品市场交易信息来检验和相互印证。

二是加强农产品市场建设管理。引入市场流通环节参与，建立全国统一、高效运行、书面票证和电子数据相结合、高效运行的票证管理系统，多环节结合核定农产品数量信息。

三是引入农业生产计划管理。推进农业均衡生产，探索实行农业生产总量限制、分段限制和单期限制，引入计划配额承保机制。

四是增加参加者信息申报内容。在年度数据申报报表中，要求报送农作物播种面积和农产品品种、质量、产量及销售量等信息，同时报送上年实际、当年统计和下年计划三年农业生产数据和农产品市场交售数量、价格等多种数据。

五是强化数据申报和统计法律责任。加强参加者及时准确申报数据的责任，建立数据失真报警、追查和数据不实责任追究机制。

（六）管理的问题：责权利平衡点在哪

对农业生产者或低收入消费者的补贴是由政府部门执行的，不同政府有不同的政策诉求。由于同时面对多种多样和利益不同的参加者，加之信息不对称，各种参加者之间存在博弈，使组织管理服务复杂，制度落地过程存在很多制约因素。如何进行高效地组织管理，是建立农产品目标价格制度需要突破的第六个难题。在实践中，就需要将各种参加者的权利界定为一种相对产权或有条件的财产权利，对各种参加者在制度内的权利及前提条件和相关责任的具体内容及边界进行严格而规范，并在这些权利、条件和责任之间进行有序衔接和相互匹配。解决问题的基本方法如下三点。

一是将制度作为一个限额交易合约对待，合理界定和保护产权，平衡各种参加者的责、权、利，明确规定参加者的限额内容，包括限定责任、限定标准和限定权利。现实社会中各种参加者的理性和责任都是有限的，超过一定边界都会失灵，只能在合理的范围内发挥作用。在制度内，不管是政府部门，还是其他参加者，每个参加者的权利是有限的，这种权利以制度或合约为依据，是有前提条件和相应的责任的，因而每个参加者的责任也是有限的。

二是从加强政府部门能力建设入手，实行目标管理，建立激励约束机制。将制度建设列入政府目标考核内容，严格规范政府各项组织、管理、服务工作流程，加强制度实施中的各种保障，包括法治保障、技术保障、资金保障、人员保障、数据保障等，建立高效运行的领导、组织、管理、服务系统。

三是促进社会分工与合作，引入专业机构参与，实行政府购买服务。加强农产品市场流通建设管理，引导和促进农业生产者、农产品消费者、村级协保员、农产品加工企业、仓储企业、服务企业、金融保险企业等的参与，明确任务分工、职责要求和质量标准，引入社会参与，建立社会参与台账，实行政府购买服务，加强信息交换、数据处理和档案管理，加强社会监督。

三、关键问题的解决：作为在边际上

由于政府在市场经济条件下的有限性和我国人口多、农业农村处于快速分化状态、农产品供求结构和农业生产经营主体具有特殊性，在建立农产品目标价格制度的过程中，需要解决一些关键难题，使引入制度所实际解决的问题与需要解决的问题保持一致。解决这些关键问题的核心是政府作为在边际上，基本思想是政府做有限的事，同时要将有限的事做好、做到位、做得非常具有效率。这对制度设计的水平和政府本身的能力提出了非常高的要求。

（一）损失补助，利益平衡

引入农产品目标价格制度，首先要对这种制度的特定性质进行准确界定并在此基础上组织开展工作。比较准确的定义是，这种制度在形式上是一种具有特殊针对性的农业补贴制度，在内容上是一种农产品市场损失补助制度，在目标上是为了解决农产品市场机制所不能解决的在利益分配上的失灵问题，在性质上是一种限额交易合约。采取这种定义后，整个制度的核心是农产品市场损失补助，出发点和落脚点是农业生产者和农产品消费者之间以及普通消费者和低收入消费者的利益平衡。政府在制度中的角色是一个公共管理服务者，在有限政府框架内，做有限的事，并致力于将事做好。在制度设计上，准确的定性意味着制度功能和政府角色的合理定位。这些定性主要有以下四点。

一是强调特殊针对性。这种制度是在市场机制充分发挥作用的条件下实行的，不是一种价格支持制度，而是一种农业补贴制度，是专门针对市场机制在利益分配上的失灵问题而建立的制度。

二是强调损失。国家提供补贴的依据是农业生产者为社会做出了劳动贡献，但由于市场价格的变化基本收益不保，消费者得到农产品充分供应和价格下降的好处，没有劳动贡献的地主是没有补贴资格的。

三是强调补助。国家提供补贴的性质是一种补助，由于财政资源是稀缺的，所以不是申请者需要多少就给多少，而是以需要为依据在财政可分配资源额度内提供。如果需要的超过财政可分配资源，那只能按照财政可分配资源满足；如果需要的小于财政可分配资源，需要的可以全部满足，财政可分配资源可以用于其他更有效率的方面。

四是强调利益平衡。国家是从公共管理服务角度提供补贴，重视市场作用，提供有限补助。国家既要考虑农业生产者的利益，帮助分担损失和弥补亏损，激励生产劳动；也要考虑农产品消费者的利益，帮助保障稳定供给和特定供应，平衡跨年度负担，以及普通消费者的利益和低收入消费者利益的差别，帮助低收入者保障基本生活，促进社会和谐稳定；还要考虑政府可分配公共财政资源的有限性，适当控制政府补贴支付负担，合理分配、使用财政资源，发挥市场机制作用，提高社会的宏观资源配置效率和社会总福利水平。

（二）引入条件，合约治理

引入农产品目标价格制度，在组织管理上比较复杂，需要政府深化改革创新并进行艰苦细致的努力。为了提高工作效率和保障工作效果，关键是要合理引入条件，实行合约治理，将整个制度的运行管理具体化为有条件的补贴支付，通过一步一步设立条件，将整个制度的内容分解为定性、定损、定量、定补和定责，改进补贴资金的投入产出方法，从关联因素多数隐含到关联因素充分显示，建立个人补贴支出与国家财政投入的内在关联。在制度设计上，合理的条件意味着制度设计和组织管理的科学有效。这些条件主要有以下几点。

一是只有申请核准者才有补贴资格。没有申请者，就没补贴资格。凡是申请者，无论是否得到补贴，都要承担法律责任或约定责任。在申请者中，只有符合特定要求的农业生产者，合法从事生产经营、生产区域、经营规模、生产品种、质量标准等符合规定要求，以及属于符合政策要求的低收入消费者，按照规定要求和程序及时进行申报，并接受审查和对不实申报承担责任，才有资格。

二是只有农业生产者做出劳动贡献并发生市场损失才有补贴资格，主要依据是从事农业生产劳动、向市场交售商品农产品和农产品生产价格下降或低位运行；只有低收入消费者要发生农产品市场损失，主要依据是农产品消费价格上涨或高位运行。

三是只有属于基本收益损失的农产品市场损失部分，国家才负责提供补贴。主要依据是引入社会平均指定农产品交易，设立政策性补贴价格计算标准或社会平均成本价格，确定农产品目标价格及其价格条件，包括农产品（生产）目标价格和农产品（消费）目标价格，看农产品市场交易的实际价格水平及变化。只有农产品生产价格低于农产品（生产）目标价格时才启动农业生产者补贴核算工作，只有农产品消费者价格高于农产品（消费）目标价格时才启动低收入消费者补贴核算工作。

四是对申请者个人所发生的农产品市场基本收益损失实行分担，不同参加者个人补贴数量差异很大。对农业生产者，农产品市场基本收益损失按照社会平均农产品市场价格高于农产品（生产）目标价格的差额和商品农产品数量或者农产品产量的一定比例计算，国家一般只负责85%左右的基本差额补贴，个人要承担至少15%以上的基本差额损失和超过基本差额的全部市场损失。对低收入消费者,基本收益损失按照社会平均市场价格低于农产品(消费)目标价格的差额和社会平均农产品消费量的计算。

五是个人补贴总额是限额的。国家设立个人补贴最高峰值,控制不同参加者个人补贴之间的差距,促进大规模农业生产者调整生产结构和转变生产发展方式。

六是个人补贴支付方式可以灵活安排,但要实行多退少补。

七是年度补贴支付总额以财政实际筹资为限,考虑全体参加者人数以及年度补贴权利份额,年度补贴支付总需求与财政可支付能力要平衡。

八是实行以筹定支和总体收支平衡。主要是在个人补贴支出核算、个人补贴总额限额与公共财政可支付能力和应承担的责任之间建立内在关联,形成市场均衡和资金平衡关系。

四、主要方法的选择:显示隐含条件

农产品目标价格制度在外在表现形式上就是一种政府补贴制度,但并不是每个人都能获得这种补贴,而且能够获得补贴的人在补贴数量上也有很大的差异。在实践中,如果不能对这种能否获得补贴及补贴数量的差异进行完美地科学解释,并在前提条件和隐含假设上进行严格而规范,在社会上就可能引发矛盾或冲突。解决问题的主要途径就是充分显示隐含假设条件,将隐含在这种制度设计中的基本思想、基本方法和客观依据完整地表现出来,将对农业生产者提供的补贴体现为一种劳动报酬,将对低收入消费者提供的补贴体现为一种低保救助,从而建立个人之间的内在一致性和合理差异性,促进人与人之间在社会分工基础上的相互合作。

(一) 生产者补贴：有劳而获，因损而获

建立农产品目标价格制度，对农业生产者的补贴本质上是一种基于有劳而获和因损而获的劳动报酬。这种补贴有三种不同的形式，但补贴的前提都是从事符合国家政策要求的农业生产劳动，并向市场交售商品农产品和在农产品生产价格下降或低位运行的过程中遭受市场损失，补贴的性质都是必要劳动报酬，这种报酬是农业生产者在市场机制下无法得到但又有必要获得的劳动收入。第一种形式以生产销售为前提，财政提供损失直补，建立农业生产者目标价格补贴制度；第二种形式以参保缴费为前提，财政提供保费补助，建立农业生产者目标价格保险制度；第三种形式以获得贷款为前提，财政提供基价担保，建立农业生产者目标价格贷款制度。这三种制度的前提条件、隐含条件、定性条件、定损条件、定量条件、定补条件和定责条件及与政策实践的关系如表6-1所示。

(二) 消费者补贴：无劳而获，因损而获

建立农产品目标价格制度，对低收入消费者的补贴本质上是一种基于无劳而获和因损而获的低保救助。这种补贴的性质是一种必要的转移支付，是低收入消费者在市场机制下无法获得但又有必要获得的转移性收入。这种补贴以低保统计为前提，财政提供损失补助，建立低收入消费者目标价格补贴制度。在这种制度中，前提条件是家庭收入水平低于最低生活保障标准以及其他符合政策要求的低收入消费者和在农产品消费价格上涨或高位运行的过程中遭受市场损失；隐含条件是农产品市场交易和流通体系比较健全而完善，低收入消费者基本生活不保，政府有可用财政资金用于补助；定性条件是限定区域、限

表 6-1　　三种农业生产者目标价格制度的各种条件比较

	农产品目标价格补贴制度	农产品目标价格保险制度	农产品目标价格贷款制度
前提条件	有政府部门参与，并承办财政资金直接补贴工作	有保险公司参与，并承办农产品市场价格保险业务	有银行等机构参与，并承办农产品营销贷款业务
隐含条件	1. 农产品市场交易和流通体系比较健全而完善 2. 农业生产者付出劳动贡献而在市场机制下得不到合理性的基本回报 3. 政府有可用财政资金用于补助，不管农民是否缴费参保，是否申请营销贷款	1. 农产品市场交易和流通体系比较健全而完善 2. 农业生产者付出劳动贡献而在市场机制下得不到合理性的基本回报 3. 政府有可用财政资金用于补助，农民缴费参保并接受保险公司监管	1. 农产品市场交易和流通体系比较健全而完善 2. 农业生产者付出劳动贡献而在市场机制下得不到合理性的基本回报 3. 政府有可用财政资金用于补助，农民申请贷款并获得贷款和接受银行监管
定性条件	1. 限定产区、限定产品、限定主体，参加者生产指定农产品 2. 参加者申报产销情况和承担约定责任	1. 限定产品、限定主体，参加者生产指定农产品 2. 参加者申报产销情况和缴纳市场保险费参保	1. 限定产品、限定主体，参加者生产指定农产品 2. 参加者申报产销情况和申请抵押贷款并获得贷款
定损条件	按照社会平均农产品市场交易价格的运行变化定损，约定政策性补贴价格计算标准（农产品生产目标价格），如果农产品市场价格实际低于目标价格就出现市场损失	按照社会平均农产品市场交易价格的运行变化定损，约定政策性补贴价格计算标准（农产品生产目标价格），如果农产品市场价格实际低于目标价格就出现市场损失	按照社会平均农产品市场交易价格的运行变化定损，约定政策性补贴价格计算标准（农产品生产目标价格），如果农产品市场价格实际低于目标价格就出现市场损失
定补条件	约定补贴方式，可以分次领取，但年度总额确定，多退少补	约定赔付方式，累计计算，保险公司对参加者一次性赔付	约定还款方式，财政对参加贷款银行一次性补助

续表

	农产品目标价格补贴制度	农产品目标价格保险制度	农产品目标价格贷款制度
定量条件	政府保证农业基本经营收益，补助市场价差损失，约定政策性补贴价格计算标准（目标价格），结合农产品市场价格实际变化、商品农产品贡献、个人补贴调节系数、个人补贴最高限额和年度补贴实际筹资等确定	政府保障农业基本经营收益，补助基本保费投入，约定政策性补贴价格计算标准及农产品价格下降到约定水平后的保险赔付核算办法，结合农产品市场价格实际变化、参保缴费数量等确定	政府保障农业基本经营收益，补助抵押品市场损失，约定政策性补贴价格计算标准及农产品价格下降到约定水平后的贷款还本付息办法，结合农产品市场价格实际变化、参加营销贷款数量等确定
定责条件	由政策规定（隐性合约）明确规定，违规（约）追究责任	由显性合约明确规定，违约追究责任	由显性合约明确规定，违约追究责任
与政策实践的关系	可以适用于主产区棉花、大豆、玉米、水稻、小麦生产者	可以适用于生猪生产者、地产绿叶蔬菜生产者	可以适用于粮食种植大户及合作社

定产品、限定主体，参加者申报并核准；定损条件是农产品消费价格上涨或高位运行，高于政策性补贴价格计算标准（农产品消费目标价格）；定量条件是政府保证低收入消费者基本生活，补助市场价差损失，约定政策性补贴价格计算标准（农产品消费目标价格），结合农产品市场价格实际变化和年度补贴实际筹资等确定；定补条件是约定赔付方式，累计计算，一次性支付；定责条件是由政策规定（隐性合约）明确规定，违规（约）追究责任。

第七章
引入农产品目标价格制度的合理政策

政策是政府进行公共管理服务的一种工具。农产品目标价格制度是与现代市场经济环境相适应的一种经济制度安排,是农业支持保护的重要政策工具,是一种农产品市场损失补助制度。制度建立的基本思路是国家在有限政府框架内帮助个人分担市场损失,解决市场机制所不能解决的在利益分配上的失灵问题以及相关的政府在解决问题过程中存在的失灵问题,促进个人的农业生产性努力并保护其获得基本报酬,平衡农业生产者和农产品消费者之间的利益以及普通消费者和低收入消费者之间的利益,建立良好稳定的社会秩序和社会结构。我国现阶段引入农产品目标价格制度,既是解决社会现实问题的需要,也是保障社会长远发展的需要;既要重视建立这种制度在解决问题方面的重要作用,也要重视建立这种制度在解决问题方面所必须具备的前提条件和所要求的隐含假设。要从理论上提高对这种制度的性质的科学认识,从方法上搞好对这种制度内容的合理设计,着眼全局和长远,对现有的政策框架实行保留、取消与修改相结合,将建立制度与健全市场体系、完善市场服务结合起来,将推进财政改革与推进行政改革和社会改革结合起来,保留临时收储体系、改造临时收储机制,建立票证管理系统、促进企业参与，整合各种补贴资金、统一补贴项目，加强法制化、资金拨备、经办系统和大数据等配套措施建设，防止在建立制度解决问题的过程中又产生新的问题。

一、政策目标：市场的归市场，政府的归政府

我国农产品目标价格制度建立的经济环境是现代市场经济。在这种经济环境中，农产品市场购销完全放开，农产品价格由参加农产品市场交易的买卖双方自主协商确定，农业生产面临资源约束、环境约束、自然风险、技术约束和市场约束，农业生产发展比较效益偏低。在农产品生产价格下降或低位运行的情况下，农业生产者难以承担基本收益的市场损失，将影响农业生产积极性；而农产品消费关系国计民生和社会安全，我国人口多，国家在保障粮食和重要农产品供应安全方面压力很大。政府代表国家具有促进农业生产稳定发展和保障农产品市场稳定供应的重要责任，但政府在市场经济条件下的能力是有限的，政府所能提供的可补贴资源是稀缺的，政府的行为具有复杂性，在组织管理效率上也是受到限制的。引入农产品目标价格制度的基本思路是将国家的角色还原为一个能力有限、理性有限、权力有限和责任有限的公共管理服务者，在有限政府框架内，按照限额交易合约方式，帮助农民解决市场损失问题，发挥市场在资源配置中的决定作用，减少政府作为对农产品市场运行产生的不利影响，提高财政资源配置效率，促进农业生产长期稳定发展和农产品市场长期稳定供应。

市场机制是支撑现代经济增长的重要因素，发挥市场在资源配置中的决定作用是我国深化农业支持保护政策改革的重要方向。市场是

社会分工和商品生产的产物，也推动着社会分工和商品经济的进一步发展。市场起源于买卖双方进行交易的场所，发展到现在，并不仅仅指场所的大小，还包括了消费行为是否活跃等，广义上所有产权发生转移和交换的关系都可以称为市场。市场的重要原则是平等、自愿、公平和诚实守信，具有平衡供求矛盾、商品交换和价值实现、提供服务、传递信息和利益分配五大功能。市场机制是资源在市场上通过自由竞争与自由交换来实现配置的机制，实质和灵魂就是追求物美价廉。经过多年的改革开放，我国农产品市场流通体系建设取得重要成就，农产品购销已经全部放开，农产品价格由市场交易双方自主协商决定，农产品价格基本反映农产品供求关系并对农业生产发展产生重要影响，同时也还存在很多突出问题，如农产品价格形成机制不完善，农产品价格主要反映国内供求关系而对国际市场供求关系变化的反应不足，农产品市场流通基础设施建设赶不上形势发展变化需要，大宗农产品市场流通服务主体改革创新不足，市场自由竞争很不充分，流通成本较高，制约资源配置效率提升。

政府机制也是支撑现代经济增长的重要因素，更好地发挥政府作用也是我国深化农业支持保护政策改革的重要内容。政府是一种制定和实施公共决策、实现有序统治的机构，是国家的权威性的表现形式。在社会主义市场经济条件下，我国政府主要有经济调节、公共服务、市场监管和社会管理四大经济职能。政府机制是指国家通过行政法令等手段对整个经济社会发展进行管理、调节的过程和方式，其重要特点是具有相对独立性，具有稳定性，具有双向互动性。经过多年的不断努力，我国政府在管理和调节农产品价格的方式发生重大变化，主要通过法律手段管理和通过经济手段进行调节，多数管理调节是比较有效的，同时也积累了很多难题。由于近年来粮食最低收购价格政策和重要农产品临时收储政策等农业支持保护政策的实施，多数农产品价格逐步高于国际市场价格并且价格差距不断扩大，不仅造成棉花等不少农产品的国家临时储备持续高位运行，占用巨额财政资源，而且高价的临时收储价格损害了下游产业链的发展和市场竞争力，带来大规模的农产品进口，导致政策调控遭遇"天花板"和"地板"双重挤压，如果不改进支持保护方式，今后发展将难以为继。

我国建立农产品目标价格制度过程的特殊性，决定了在政策目标上不只要帮助农民解决好农产品市场损失补助问题，还要与健全农产品市场体系、完善农产品市场管理服务、改革农产品价格形成机制同时考虑并进行政策衔接和相关配套。目前我国农产品市场购销已全面放开，同时国家建立了粮食最低收购价及重要农产品临时收储制度等，国家建立农产品目标价格制度，既要为解决市场机制所不能解决的在利益分配上的市场失灵问题服务，也要为解决政府在解决与市场失灵有关的问题中存在的政府失灵问题服务。一是实行政府的归政府，积极发挥好政府机制在解决市场机制所不能解决的在利益分配上的失灵问题的重要作用。促进个人的农业生产性努力并保护其获得基本报酬，平衡农业生产者和农产品消费者之间的利益以及普通消费者和低收入消费者之间的利益，建立良好稳定的社会秩序和社会结构。二是实行市场的归市场，充分发挥市场机制在资源配置中的决定作用。改进政府行为方式，将政府的角色控制在有限政府框架内办有限的事和将有限的事办好、办到位和办得具有效率，减少政府对农产品市场价格的直接干预，消除政府对农产品市场价格的不合理干预，在价格中不再含补贴因素或者补贴在价外运行，加强农产品市场建设管理服务，让价格更好地反映农产品供求关系及其变化。

二、改革原则：问题导向，总体设计，长期运作

建立农产品目标价格制度是深化我国农业支持保护制度改革的重要内容。我国是一个大国，推进农业支持保护政策改革关系重大，影响全局和长远。在建立农产品目标价格制度过程中，要联系过去、现在和未来，深入界定问题，实行问题导向，围绕保供稳价、长期发展和解决问题，对现有的政策框架实行保留、取消与修改相结合，合理引入条件，逐步建立农产品收购市场全面放开制度、农产品最低收购价及临时收储制度、农产品目标价格制度"三位一体"的新型管理制度总体框架。一个制度各自分别解决一个问题，确保每个制度在解决问题的同时不产生新的问题，充分发挥市场机制在资源配置中的决定作用，更好地发挥政府在促进资源合理配置和建设现代公平公正社会中的重要作用。

（一）提高认识，转变观念，构建合理发展框架

农产品目标价格制度与农产品收购市场全面放开制度、粮食最低收购价和重要农产品临时收储政策之间具有相关性，但在内容上也有很大不同（见表7-1）。

实行农产品目标价格制度的前提是农产品收购市场全面放开，在此基础上解决相关的利益失衡问题。农产品目标价格制度与现行的粮食最低收购价制度相比有先进性，但不能完全替代粮食最低收购价制度。目前我国对水稻和小麦两种粮食实行最低收购价制度，这种制度在实践中具有"调控价格"和"托底购销"双重功能。作为一种改革方案，如果建立农产品目标价格制度，可以替代其中所包含的"调控

表7-1 三种国家农业支持保护制度的内容比较

	农产品市场购销放开制度	农产品最低收购价及临时收储制度	农产品目标价格制度
基本描述	全面放开农产品购销,实行市场主体决定价格	国家引入最低收购价及临时收储价并以此为依据实行储备调控	国家引入农产品市场损失补助界定机制并以此为依据实行补贴
关键机制	价格机制	储备机制	补贴机制
隐含假设	1. 农产品市场流通基础设施比较完善 2. 农产品交易社会化服务比较完善 3. 农产品价格背后的市场交易条件规范化、标准化、严密化	1. 有国家确定的农产品收储企业参与并承办储备吞吐业务 2. 农产品最低收购价及临时收储价决策合理 3. 农产品收储企业经营管理服务规范而高效	1. 农产品市场交易、流通和社会服务体系健全而完善 2. 国家具备较强财政补贴能力,确保有钱补 3. 政府具备较强行政管控能力,确保补到位
制度功能	可以有效解决价格形成机制的合理性问题,引导社会稀缺资源优化配置	可以有效解决市场机制所不能解决的在农产品物流周转上的失灵问题	可以有效解决市场机制所不能解决的在农产品利益分配上的失灵问题
制度局限	有可能市场失灵,无法处理市场机制在利益分配和物流周转上的失灵问题	有可能政府失灵,很难处理市场机制在农产品利益分配上的失灵问题特别是最低收购价及临时收储价高于国际市场带来的系统风险	有可能政府失灵,无法处理市场机制在农产品物流周转上的失灵问题
实践应用	合理引入条件,解决有限问题,在具备条件的地方采用	合理引入条件,解决有限问题,在具备条件的地方采用	合理引入条件,解决有限问题,在具备条件的地方采用

价格"功能,使市场机制更好地发挥作用,同时将政策性补贴从隐含和难以控制转变为显性和可控,提高政府补贴资金使用的合理性与有效性,但无法替代其中所包含的"托底购销"的功能。农产品目标价

格制度与现行的重要农产品临时收储制度相比有先进性，但也不能完全替代重要农产品临时收储制度。目前我国对玉米、大豆、油菜籽、棉花、糖料等重要农产品实行临时收储制度。这种制度与粮食最低收购价制度类似，也具有对农民生产的农产品进行"调控价格"和"托底购销"的双重功能。作为一种改革方案，如果建立农产品目标价格制度，可以替代其中所包含的"调控价格"功能，但无法替代其中所包含的"托底购销"功能。

在建立农产品目标价格制度的过程中，要从理论上提高认识，正确处理农产品目标价格制度与农产品收购市场全面放开制度、粮食最低收购价和重要农产品临时收储政策之间的关系，实行问题导向，按照既要解决现实问题又要防控和解决新问题从而从根本上解决问题的原则，对现行制度的内容实行保留、取消和修改相结合，对政策改革进行总体设计，建立和完善由农产品市场价格制度、农产品最低收购价及临时收储制度和农产品目标价格制度组成的"三位一体"的新型管理制度整体框架。改革的重要目标是要建立解决市场机制所不能解决的在利益分配上的失灵问题的长效机制，同时要改进政府行为方式，弥补农产品市场价格制度和最低收购价及临时收储制度在设计上存在的隐含缺陷。核心是要将国家的职责放在有限政府框架内，建立专门的政策性补贴制度，将政府代表国家为主产区农民及符合政策法规要求的特定消费者提供的隐含的和不确定的价格补贴转变为显性的和确定的直接补贴，提高补贴的精准性和可控性，实行信号的归信号（由市场供求决定）、利益的归利益（由政府补贴调节）。

（二）双轨并存，逐步替代，构建稳定发展预期

在建立农产品目标价格制度的过程中，要以重要性、必要性和条

件性为依据，逐步建立制度，逐步完善制度。特别是现阶段，还只能在具备一定条件的品种和地区先试行，实行双轨并存，对粮食最低收购价和重要农产品临时收储制度所存在的价格调节功能进行逐步替代，在大宗农产品中全面实施农产品目标价格制度还需要一个很漫长的过程。这些条件是，对农产品市场化流通没有障碍和政策性补贴能有效操作的要优先实行，对农产品市场化流通体系落后和政策性补贴操作困难的最后实行或不实行。分品种看，大体顺序是棉花和大豆、生猪、糖料、油菜籽、玉米、小麦和水稻等；分地区看，大体顺序是新疆、东北、广西、其他地区。

考虑到目前国内外水稻、小麦和玉米市场价格接近，可以保持水稻、小麦最低收购价格政策和玉米临时收储政策不变，但国家收购价格不再提高或者要统筹考虑国内外市场价格的变化，严格控制收购价格提高的幅度和节奏。在引入农产品目标价格制度后，在政策上既要明确价格水平，也要明确价格背后的社会平均市场交易条件及其内在相关性；对目标价格水平的确定要从低起步，逐步提高；如果农产品市场价格持续下降或低位运行，还可以适当降低目标价格水平。对于那些暂时不宜建立农产品目标价格制度的品种和地区，在国内市场价格明显高于国际市场价格、国内生产发展面临国际市场低价农产品冲击压力的情况下，可以通过增加对农民的粮食直接补贴、控制最低收购价或临时收储价涨幅乃至适当降低绝对价的办法，解决市场机制所不能解决的利益分配问题以及政府在解决问题过程中存在的失灵问题，实现对农业生产者基本经营收益的保护问题。

（三）加强基础，相互印证，构建信息化系统

实行农产品目标价格制度，拉近了政府与农业生产者或低收入消

费者的距离，实现了政府直接补贴个人，但这是建立在大量复杂而高效的信息处理和管理工作基础上，对政府本身的改革创新和公共管理服务工作提出了很高的要求。由于补贴因素的存在，人们在提供信息数据时可能出现利益驱动，对整个系统的运行安全带来影响，这就对加强基础工作提出了非常高的要求，需要收集多种渠道的信息数据并在其中进行合理选择和相互印证，以提高信息数据的真实性和可靠性。建立农产品目标价格制度是一个政府有"退"有"进"的过程。这个"退"的过程，主要是退出政府对农产品价格变化的直接干预或不合理干预，让农产品价格的变化由市场供求关系决定，让粮食最低收购价或农产品临时收储价可涨也可落，由国内和国际两个市场决定。这个"进"的过程，就是要做好日常基础工作和应急系统建设，全面加强公共财政可支付能力、政府行政管控能力、农民生产经营能力和国有企业服务能力，要建立面向基本农户、农业生产经营单位、农产品加工流通企业的业务登记调查统计系统，建立统一规划、统一标准和高效运行的现代化信息大网络，建立基础大数据库。

由于农产品购销涉及税收，国家对农民卖自产农产品免税，在税务部门的要求下，以中储粮公司为代表的一些企业建立了一套票证制度，要求农民在销售过程中提供自产证明和个人身份证，并在农民销售后为其开具正式发票。在新疆棉花目标价格改革试点中，已经基本建立了这套制度。实行这套票证制度，对于实行农产品目标价格制度非常有意义。但在实际操作中，这套票证制度的设计和执行不完善，存在很大缺陷，运行效率还不高。建议由国家财政和税务部门牵头，以现行的全国农业补贴管理信息系统和税务管理信息系统为基础，多部门参与，加强对农产品收购环节的规范管理，明确责任、分工合作、整合资源、技术支撑，建立全国统一、内容完整、书面票证和电子网络相结合、以电子数据为基础、高效运行的农产品收购票证管理系统、农业生产经营者信息申报登记系统和农业数据共享平台，以此作为对农民计算和核发农产品目标价格补贴的最重要的客观依据。

（四）长期运作，前后印证，构建动态修正机制

实行农产品目标价格制度，由于农产品市场损失的定性、定损、定量和定补工作量大、政策性强，容易产生冲突，同时不同年度的补贴资金支付和补贴资金筹资存在差异。为了提高政府部门工作的计划性、严密性、数据质量和运行效率，在组织管理方法上，要着眼长远，长期运作，探索建立跨期信息申报、核对和修正系统，实行前后印证，同时引入周期管理机制，按照农业生产发展趋势和农产品市场价格波动的大体周期（比年3年、5年、10年等）进行预测分析和调节管理，以全面扎实的系列调查统计数据为客观支撑，在确定年度农产品目标价格及补贴支付标准上实行渐进调整和综合平衡，建立动态修正机制。

（五）分类管理，因地制宜，构建组合配套政策

实行农产品目标价格制度，隐含假设是农产品市场流通体系健全而完善和具有较强的财政补贴能力及行政管控能力，这在不同的农产品和不同的地区之间存在较大差异，因而需要分类管理和因地制宜（见表7-2）。

对粮食，以建立全国性粮食生产支持机制为目标，价格由市场供求形成，国家保证生产者基本收益，引入目标价格补贴制度和目标价格贷款制度。对棉花、油料和糖料，以建立重要性主产区生产支持机制为目标，价格由市场供求形成，国家保证生产基本收益，建立目标

表7-2　　　　　不同农产品农业支持保护制度的类型

	粮食	棉油糖	生猪	蔬菜
粮食最低收购价制度	√			
重要农产品临时收储制度		√	√	√
农业生产者目标价格补贴制度		√		
农业生产者目标价格保险制度		√	√	√
农业生产者目标价格贷款制度	√	√		
低收入消费者目标价格补贴制度	√		√	√

价格补贴制度和目标价格贷款制度。对生猪，以建立长期性生产支持机制为目标，价格由市场供求形成，国家保障生产者基本收益，引入目标收益保险机制，探索目标价格贷款制度。对蔬菜，以建立均衡性生产支持机制为目标，建立季节性保供稳价机制，价格由市场供求形成，国家保证生产者基本收益，引入目标价格保险制度，探索目标价格贷款制度。中央政府建立农产品目标价格制度的农产品主要是粮、棉、油、糖，这些是属于国家必须保障市场供应的最基本的主要农产品。地方政府可以在此基础上，结合地区农产品市场和农业生产发展的特点进行组合配套。

三、隐含前提：健全市场体系，完善市场服务

引入农产品目标价格制度的一个隐含前提是农产品市场流通体系健全而完善，市场机制能充分有效地发挥作用。这样，对农民而言，不管农产品是紧缺还是过剩，是质量高还是质量低等，都可以顺利卖出去，实现物流周转，能保证生产者获得起码的应有收入和实现产品的价值，最后从生产领域转移到消费领域，唯一问题是交易价格高低或利益平衡的问题。市场机制发挥作用的重要途径是推进农产品交易

条件的统一化、规范化和标准化，引入可比较的价格，利用价格作为信号促进交易并反映农产品市场供求形势的变化，比如价格上升表示需求相对于供给上升，价格下降表示供给相对于需求上升，价格稳定表示供求基本平衡等，以此引导社会资源的优化配置。但是价格在资源配置中发挥重要作用也是有隐含条件的，需要确保市场上不止一个市场主体可竞争性收购和销售农产品，需要确保农民生产的农产品质量安全，需要建立公开、公平和公正的市场交易秩序，需要有政府与社会组织提供公共管理服务和社会化服务。

理想的市场体系是一个完全竞争和规范管理的统一、高效、竞争、有序的市场系统。如果农产品市场交易和流通体系本身不健全和不完善，那么由农产品市场交易所提供的农产品价格信息的真实性、准确性和质量就会存在问题，市场机制在促进稀缺资源优化配置中的作用就会打折扣，也会直接影响到农产品目标价格制度建设的效果。因此，在建立农产品目标价格制度的过程中，还需要配套推进农业市场化改革和农产品市场流通体系建设，改善农产品市场交易环境，加强市场交易管理，完善市场交易服务，规范市场价格信息披露背后的价格条件。

（一）改善市场交易环境，确保有人收购

加强农产品市场流通体系建设的重要基础是健全农产品市场流通渠道，改善农产品市场交易环境。我国城乡差距大，农业经营规模小，农村生产生活条件落后，农产品集中交易、仓储、物流设施较差，而农业生产受天气和市场等多种因素的影响，有丰有歉，在农产品生产丰收时，容易出现地方企业不愿收购乃至竞相压级压价的情况，形成"卖难"。为确保农民生产的农产品在收获后可以卖出去，要围绕促进

农产品市场交易，协调和整合国家农村市场流通资源，同时推进开放搞活，扩大招商引资，发展现代农产品流通企业，健全农产品市场流通渠道，切实改善农产品市场交易场所及交通运输仓储等基础设施条件。

(二) 加强市场交易管理，保证交易公平

加强农产品市场流通体系建设的重要保证是引入资质审查机制，强化农产品市场交易管理。在社会现实中，农产品多种多样而供求关系多变，不同农产品差异很大，但市场上买者和卖者的信息是不对称的，买卖双方进行合理交易很困难或者交易时容易产生冲突，农业生产者往往在市场交易中处于弱势，如果对农产品市场交易缺乏监督管理，很难保证交易公平和价格合理，将影响到农业生产者的利益。在实践中，要加强对农产品收购环节各种流通企业的资质管理，建立统一的票证管理系统，严格落实企业社会责任。一是要建立农产品收购企业申报管理和信息披露制度，实行自愿参加，登记备案（申报企业情况、收购地点等），接受监管，提供发票，及时在信息网上公布包括农产品收购地点、时间、收购价格等农产品交易的相关信息。二是要建立农业生产者申报管理和信息披露制度，实行自愿参加，登记备案（申报地理位置、土地面积、土地边界、自产证明、银行账户和联系方式等），及时在信息网上公布包括作物面积、作物产量、销售数量、销售金额、销售发票、销售时间等农业生产和农产品交易的相关信息。三是要探索建立代理人申报管理和信息披露制度，实行自愿参加，登记备案（申报基本信息、联系方式等），及时在信息网上公布包括经纪人、合作社、代理工作人员、服务范围、服务对象、为农户提供代理服务内容、为企业提供代理服务内容等农产品交易服务信息。

(三) 完善市场交易服务，提高交易效率

加强农产品市场流通体系建设的重要支撑是培育市场服务主体，完善农产品市场交易服务。农产品市场交易服务是现代社会分工深化的产物，也促进现代社会分工的进一步发展。农产品市场交易服务的内容很多，既包括政府基本公共服务，也包括社会化公共服务；既包括政策法规咨询服务，也包括专业技术服务，还包括代理服务和劳务服务等。农产品市场交易服务的核心是解决信息不对称问题、合理引导市场预期、减少或消除机会主义的威胁、帮助市场参加者提高农产品交易效率、促进买卖双方在市场内交易成功和向社会提供市场交易信息服务。要加快培养培训现代市场交易服务主体，积极发展现代服务业，加强农产品市场交易服务管理规范，在农产品市场交易场所推行持证上岗，公开各种相关政策法规，及时披露市场交易信息，不断完善农产品市场交易服务的内容，不断改进农产品市场交易服务的方式。

(四) 规范价格背后的条件，提供标准价格

加强农产品市场流通体系建设的内在要求是统一规范价格条件，提供高质量、规范化和标准化的农产品价格信息服务。农产品价格问题是复杂的，一个具体的价格背后隐含了众多的假设和条件。人们在提到价格的时候，对农产品价格的理解往往太简单，忽视农产品价格的多元性、多阶段性和多样性。其实，每一个价格的背后都隐含了众多的假设和条件，比如交易目标、交易时间、交易环节、交易地点、交易对象、交易规模、交易频率、交易可持续性、产品品种、产品等级、产品质量等，一个交易就有一个价格，不同的交易就有不同的价格。如果简单抽掉价格背后的这些假设条件，是无法对价格进行合理评价的。换言之，只有规范化、标准化的价格信息才是有意义的，才

可以用于比较，才可以用于核算。要加强对农产品价格信息背后农产品交易的价格条件和价格服务的规范，提供标准价格，公开显示价格背后的价格条件，提高价格信息服务的质量和水平。

四、重要思路：保留临时收储，改造临时收储

农产品目标价格制度的主要功能是提供具有特殊针对性的政策性补贴或市场损失补助，建立这个制度可以解决市场机制所不能解决的在农产品利益分配上的失灵问题，但不能解决市场机制所不能解决的在农产品物流周转上的失灵问题。我国在自2004年建立了粮食最低收购价制度和重要农产品临时收储制度，在解决市场机制所不能解决的在农产品物流周转上的失灵问题方面具有特殊功能，在实践中取得了重要成效。作为一种改革方案，在建立农产品目标价格制度的过程中，需要对粮食最低收购价制度和重要农产品临时收储制度进行改革，但并不意味着今后就要彻底取消粮食最低收购价制度和重要农产品临时收储制度，而是要对这个制度实行保留、取消和修改相结合，既要对这个制度有所保留，也要对这个制度有所改造，特别是要保留临时收储体系、改造临时收储机制，让最低收购价回归"最低"，让临时收储回归"临时"，发挥这个制度在解决市场机制所不能解决的在农产品物流周转上的失灵问题方面的重要功能，为控制农产品目标价格制度建设风险、牢牢把握我国政府在重大农产品市场变化调控上的主动权、保障国家粮食安全和促进社会和谐稳定发展方面提供支撑。

（一）稳定的内容：收购体系和监管制度

粮食最低收购价及重要农产品临时收储制度具有很强的"托底购

销"功能，实现这个功能的一些制度安排，在建立农产品目标价格制度过程中要予以保留。主要内容是国家建设垂直管理的政策性农产品收储企业，加强主产区农产品收购体系建设，实行定点、定期、定价临时收储和在批发市场进行公开拍卖，建立一套严格的进行监督管理服务的制度，为主产区农民生产的农产品提供包收渠道，保证农民生产的农产品能及时顺利卖掉，在全国范围内跨地区和跨年度之间进行余缺调剂，实现农产品产后物流周转。

我国农村人多地少，农业主产区主要位于经济欠发达地区，总体上仓储物流条件比较差，农产品加工企业不发达，而农业生产受天气和市场等多因素影响，有丰有歉，在农业生产丰收时，容易出现地方企业不愿收购乃至竞相压级压价的情况，形成"卖难"。保留这些制度内容以后，国家通过垂直管理的政策性收储企业的介入，可以在农产品收购季节和市场低迷时按照限定的最低收购价格实行定点收购，然后在全国范围内跨地区和跨年度之间进行仓储调剂和市场拍卖，帮助农民解决在农产品丰收后地方企业仓储物流设施不足、地方加工企业和其他社会购销企业不愿收购乃至竞相压级压价的难题，是国家对主产区农民利益的实质性保护和可靠性保护，也可以使国家掌握成本较低的农产品资源，用于在全国范围内跨地区调剂和跨年度调剂余缺，是政府防通胀、保民生和提升国际经济竞争力的物质基础和重要手段。

（二）取消的内容：高价收购和只涨不落

粮食最低收购价制度及重要农产品临时收储制度的隐含缺陷是最低收购价及临时收储价的定价不断提高并超过国际市场和带来巨大财政风险，产生这个问题的一些制度安排，在建立农产品目标价格制度过程中要予以取消。主要内容是以全国农产品市场流通体系建设现状及农产品物流周转存在的问题为依据，结合地方政府及农业行政主管部门的临时收储或应急收储申请核查，合理确定国家实行粮食最低收购价及重要农产品临时收储的范围和地区，严格控制国家最低收购价及临时收储的收购价格水平和收购数量，取消单纯以主产省及主产区为依据设立粮食最低收购价及重要农产品临时收储的范围和地区的做法，取消高价（主产区收购价格高于国际市场价格）收储以及与此相关的通过增设代储库进行大规模临时收储的做法，取消年度最低收购价及临时收储价只涨不落的做法，取消年度临时收储数量占当地市场收购量大部分份额的做法。

（三）修改的内容：定价机制和临储时间

在建立农产品目标价格制度后，对粮食最低收购价制度及重要农产品临时收储制度中有一定合理性但又不完善的一些制度安排，要予以修改并进行配套改革。主要内容是改造其定价机制，在政府确定的有必要进行临时收储或应急收储的范围和地区之内，如果当地农产品市场价格低于国内外两个市场农产品平均价并达到一定程度（比如1/3以上）才启动政府收储，适当缩短政府收购时间，适当拓展收购范围。一是改造粮食最低收购价的定价机制，将政府定价改为市场定价，将固定价格改为弹性价格（比如分两次定价，根据农产品实际收购市场情况，第一次定价略低，第二次定价再降低），实行国内外市场均衡定价，使粮食最低收购价的定价向名副其实的"最低"回归，这仅用于保障主产区农民生产的粮食在市场低迷时能全部卖掉及在全国范围内跨地区和跨年度之间进行余缺调剂。二是改造重要农产品临时收储价的定价机制，将政府定价改为市场定价，将固定价格改为弹性价格（比如分两次定价，根据农产品收购市场情况，第一次定价略低，在收购季节上半期，按目标价格水平的 2/3 左右定；第二次定价再降低，在收购季节下半期，按目标价格水平的 1/2 左右定），实行国内外市场均衡定价，使政府收储向名副其实的"临时"回归，仅用于保障主产区农民生产的重要农产品在市场低迷时能全部卖掉及在全国范围内跨地区和跨年度之间进行余缺调剂。三是将粮食最低收购价制度和政府重要农产品临时收储制度中的政府调控价格的范围进行调整和拓展，从主要考虑国内市场变化转变为考虑国内和国际两个市场变化相结合，从主要考虑短期变化转变为考虑短期与中长期变化相结合，从主要考虑一般交易转变为考虑政府财政可补贴能力、特定主体、特定交易和责任分担相结合。

五、重大举措：下决心转方式，建设基础数据

引入农产品目标价格制度的重要工作是下决心对传统的文件式政策进行改革，推进政策措施制定深入基层、深入农民、深入企业，推进政策措施中的前提条件、基本主张、资金预算、组织方式、管理标准和法律责任等组合配套，建设覆盖全面的农业劳动者个人、农户家庭和各种法人单位的基础数据并不断进行补充完善和动态更新，以大数据为支撑，以超过 2~3 年的时间周期为长度，以限额交易合约为形式，实行法案式政策，提高政策制定的科学性和制度实施的有效性。现代社会分工越来越细，技术进步越来越快，不同生产经营水平的个人和单位之间的差异会越来越大并出现社会分化，决定了人与人之间进行合作至关重要。开放的市场是促进人与人之间进行合作的平台，但仅有开放的市场是不够的，不仅市场上各种交易的隐含假设条件需

要进行统一化、规范化和标准化,以产生可比较的高质量的价格信息,而且市场上存在的交易失败、无法交易、交易不公平和不合理等现象也需要进行管理协调,同时市场机制在参加者利益分配上还可能存在失灵问题,这就需要发挥现代国家的合理作用。从经济社会发展长期趋势来看,国家在经济发展中提供公共管理服务的职责任务绝对不是越来越轻和越来越简单,而是越来越重、越来越深、越来越细和越来越复杂,关键是要把事办对、办好、办到位和办得高效。

(一) 有补贴重要,没有补贴的工作也是重要的

建立农产品目标价格制度,国家对农业生产者提供补贴支付是有条件的,这种补贴支付非常重要而必要,但不一定是每年都有,也不一定是每个申请者都有。从国家发展需要的角度,有补贴支付是重要的,没有补贴支付的工作也是重要的,在某种意义上,围绕补贴支付进行的一系列定性、定损、定量、定补和定责的工作,相比补贴支付本身可能更具有基础性和重要性。这些工作是现代国家深入基层、深入农民、深入企业组织进行公共管理服务的重要渠道,是每年进行、规范进行和系统组织的,每个参加者是利益相关的,既有积极参与的内生动力,也有负责参与的外生压力,在工作质量上相对较高。通过这种公共管理服务工作,可以产生比较系统而完整的基础数据。现代经济是不断发展的,社会是不断变化的,人是不断流动的,但基础数据可以是长期稳定不变的,可以是长久保存保管而有效的。有了基础数据,不仅可以为农业生产经营者向国家申领必要而公平的农业补贴提供最重要的客观依据,而且可以为中央和地方各级政府部门面向农业、农村、农民组织开展科学而合理的公共管理服务提供最重要的决策依据,还可以为社会劳动者个人、农户家庭和各种法人单位之间组

织进行深入广泛的分工合作提供最重要的参考依据。

(二) 下决心转变方式, 面向劳动者进行管理服务

建立农产品目标价格制度, 需要国家深化改革创新, 下决心转变过去比较简单和粗放的文件式政策制定执行的方式, 加快实行法案式政策, 加强制度顶层设计, 直接面向劳动者个人和劳动者单位, 深入基层、深入农民、深入企业, 进行公共管理服务。要对农业生产者在制度内申领补贴过程中进行定性、定损、定量、定补和定责的条件和内容进行准确、明确而细致的规定, 对农产品加工者、仓储保管者、物流运输者、市场建设管理者和中介服务组织等的资质审查和在制度内的相关责任进行准确、明确而细致的规定, 将政策条件规定得科学合理而具有可操作性, 将管理流程设定得环环相扣和高效运转, 将参加者的投入回报结合起来, 激励相容, 让参加者和政府都在严格的条件约束下办事, 这些条件在制度内充分显示出来, 降低整个制度在实施过程中可能出现的两个不确定性 (行为上的不确定性和结果上的不确定性) 问题, 确保制度执行的结果与制度设计目标保持一致。

六、核心内容: 财政、行政与社会改革相结合

引入农产品目标价格制度的重要保证是政府的财政支付能力和组织管理能力比较强大以及政府具有控制参加者在制度内进行寻租或投机的有效手段。这样, 国家能够保证农产品目标价格制度在实践中能够有效实施, 同时将有限的财政资金投入才能够使用得好、准确到位、没有浪费和发挥效益, 不会在社会上引发矛盾和冲突。在政策实践中, 这就需要政府本身进行改革创新并做艰苦细致的努力, 深入推进财政

改革、行政和社会改革，将政府的职责严格限制在有限政府和公共管理服务范围之内，加强公共财政可支配能力、公共行政可管控能力和现代社会服务支撑能力建设，推进农业生产发展方式转变，主要的工作是总体算账、考虑细节和建立秩序，在必要的情况下可以实行政府购买服务。

（一）财政改革：总体算账，变暗补为明补

建立农产品目标价格制度，需要将过去在实行粮食最低收购价及重要农产品临时收储制度中比较隐含的和带有不确定性的农业补贴转变为比较显性的和比较确定的农业补贴，这是对我国财政支农制度的一项重要改革。改革的方向是坚定不移的，改革的关键是要总体算账，建立补贴支付需要与财政补贴能力的市场均衡机制。要深入推进财政改革，探索建立农产品目标价格补贴基金，建立专门配套的财政资金系统，提升公共财政可支付能力。

（二）行政改革：考虑细节，实行企业化管理

建立农产品目标价格制度，需要将过去在实行粮食最低收购价及重要农产品临时收储制度中从管理到仓储企业转变到管理监督服务到农户、经纪人、仓储企业、加工企业等，这是对我国政府行政管理制度的一项重要改革。要深化政府行政管理体制和公共管理服务方式改革，建立专门配套的行政管理服务体系，加强对主产区农户及相关农业生产经营者的调查、统计、联系和支持，建立全国统一、内容完整、书面票证和电子网络相结合、以电子数据为基础的、高效运行的农产品收购票证管理系统，建立低保及特殊消费群体购买农产品统计报告系统，不断健全与完善农产品市场交易价格监测统计体系，提升公共

行政可管控能力。

（三）社会改革：建立秩序，推进社会激励约束

建立农产品目标价格制度，需要实行依法治国和合约治理、不断健全和完善农产品流通体系、改革深化国有农产品流通企业管理制度、推进农业生产经营管理方式创新等，这是对我国社会管理体制的一项重要改革。要深入推进社会改革，引导和促进社会化力量广泛参与，探索建立农产品商品信贷公司，促进民营企业规范发展，强化各参与者在制度内的社会责任，建立信息披露平台，建立专门配套的金融管理和信息化技术支撑系统，提升优势企业发展能力。

七、关键支撑：建立票证管理系统，促进企业参与

建立农产品目标价格制度的出发点和落脚点是人，而现实社会中的人是多种多样的，既有可能诚信务实，也有可能投机寻租，使制度的组织管理既简单又复杂。简单主要表现在这个制度简化了政府承担的责任，不再负责定价，政府的主要职责是对农业生产者或低收入消费者在发生市场损失达到约定程度的情况下提供补助，联系更直接，关系更简单。复杂主要表现在这个制度的参加者多，涉及环节多，人的行为复杂，统计信息容易失真，在人的管理方式上需要进行创新。中国农业以小生产为主，农业农村发展处于不断分化中，政府经办工作面临的对象是非常复杂的、多样的和差异化的，这就要求建立专业的组织管理经办系统，对符合政策法规要求的特定生产者和特定消费者按照统一规定进行专门登记申报并接受审查，要求控制相应的组织管理成本、制度内博弈成本和总体财政支出负担。

（一）建设票证管理系统，形成补贴客观依据

所谓票证管理系统，是政府从农业生产源头入手，建立比较规范的政策性补贴申请核准管理机制和信息系统，引入农业生产证明和农产品收购发票，按照产业链和供应链的方式进行管理，对参加农产品目标价格制度的人员的整个农业生产经营行为进行跟踪、记录、计量、报告和监督，以此作为对农业生产者按照约定提供市场损失补助及追究责任的最重要的客观依据。建立这一系统的核心是解决市场信息不对称和管理信息不对称问题，提高农业生产和农产品市场交易信息的真实性、准确性和质量。要积极推动农业发展方式转变，培养现代农业经营主体，完善市场交易组织管理体系，规范市场交易秩序，严格申请核准管理要求和手续，推进管理客观化、规范化、数据化、档案化，使参加者在制度内的责任和权利可测量、可报告、可核查。要引入科学票证系统，实行全国统一管理，规范参加主体资格和各种数据格式，简化监督工作内容，严格参加者责任。要建立高效的信息系统，加强信息网络与数据库开发工作，实行网上下载、书面填表、网上和网下申报相结合、联网审核和专门备案相结合，明确申报时间要求和责任，建立全面详细数据，比如申报登记近三年生产数据、上传照片、登记责任人、权益人、代理人、审核人等，提供数据查询服务。

（二）发挥加工流通企业作用，成为物流周转主体

加工流通企业在建立农产品目标价格制度过程中可以发挥非常重要的支撑作用。与农户相比，农产品加工流通企业所提供的信息数据更加客观、有据可查和可以追究违约责任，而建立农产品目标价格制度对这些企业的发展本身是有好处的，可以降低农产品采购成本，提高国际市场竞争力，所以这些企业在从事经营服务的过程中也应当承

担相关的社会责任。要引入资质管理，加强农产品市场监管，积极发挥农产品加工流通企业的作用，明确农产品加工流通企业在收购农产品过程中为农民服务和向社会提供交易信息服务的责任，为农民及时准确开具农产品收购发票并将农产品交易信息及时报送给政府指定的农产品信息调查统计部门或单位。要积极培育现代粮油食品、饲料、原料加工企业和现代农产品流通企业，使之成为农产品物流周转的最重要的主体，推进纵向一体化，延伸产业链条，向生产者和消费者两头延伸和提供服务，缩短流通环节，降低流通成本，提高流通效率，从根本上化解农产品的市场损失问题，提高农业生产经营效益。

八、长远方向：整合各种补贴资金，统一补贴项目

农产品目标价格制度的主要内容不是一种价格支持制度，而是一种农业补贴制度。由这个制度提供的农业补贴，尽管与粮食直补、农资综合直补、良种补贴、农机补贴等农业生产补贴一样都属于农业补贴，但也有很大不同，要求与实际生产销售挂钩并由市场价格变化来进行检验，如果制度设计合理，这种补贴是更加具有科学性和合理性的。在这种补贴制度中，国家的本质是一个中间人，是在农产品生产出现阶段性或临时性过剩以至于市场价格大幅回落、全社会消费者获得农产品价格下降带来的实质性福利的时候，国家代表消费者为农业生产销售者提供一定的限额补偿，保障基本经营收益，实现生产者与消费者之间的利益平衡，促进农业生产长期稳定发展和保障农产品市场长期稳定供应，建立良好的社会秩序和社会结构。从今后我国农业支持保护制度改革发展的长远方向来看，要以农产品

目标价格制度为重点，整合各种补贴资金，统一补贴项目，将农产品目标价格制度的内容设计好、执行好和发展好，推进国家农业支持政策的整体创新。

（一）建立目标价格制度，完善目标价格制度

目前我国还没有立法建立全国性的农产品目标价格制度，但随着我国经济社会发展阶段的转变和国内外农产品市场供求形势的变化，建立这个制度不仅越来越必要，而且越来越重要。要提高认识，解放思想，转变观念，将人作为制度的出发点和落脚点，以科学的理论和方法为依据，以总结2014年新疆棉花目标价格改革试点和东北及内蒙古大豆目标改革试点的实施办法为基础，广泛吸收苏州市、上海市、北京市、张家港市等已经开展的带有农产品目标价格政策性质的制度改革试验和探索的经验，针对粮、棉、油、糖等重要农产品，提高对农产品目标价格制度的设计水平，加快建立和完善全国性的农产品目标价格制度。

一是全面考虑农产品目标价格的四大决定因素，从制度设计和政策宣传上明确农产品目标价格及制度的科学内容，合理确定农产品目标价格的水平和条件以及参加者在制度内定性、定损、定量、定补和定责的条件和内容。从经济学上看，农产品目标价格的概念非常特殊，农产品目标价格是一种政策性补贴价格计算标准，由假设条件和价格水平两个部分组成。由于农产品价格是不断变化的，农产品政策性价格上限和下限在实践中需要定期或不定期进行调整。农产品目标价格制度在形式上是对农产品目标价格的一种制度安排，在性质上是有特殊针对性的一种政策性补贴制度及反周期补贴制度。引入农产品目标价格制度的政策目标，是将农产品价格形成机制与政府补贴机制分

开，让价格由市场决定，同时又将农产品价格的变化与政策补贴机制联系起来，对由于农产品生产价格过度下降给符合政策法规要求的特定生产者带来的基本利益损害和由于农产品消费价格过度上升给符合政策法规要求的特定消费者带来的基本利益损害，由政府进行适当补偿。农产品目标价格制度的具体内容由参加者在制度内定性、定损、定量、定补和定责的条件和内容组成。

二是正确处理农产品目标价格制度与农产品收购市场全面放开制度、粮食最低收购价和重要农产品临时收储制度之间的关系，建立和完善由农产品市场价格制度、农产品最低收购价及临时收储制度和农产品目标价格制度组成的"三位一体"的新型管理制度整体框架，防控和化解在建立农产品目标价格制度过程中面临的风险和问题，包括农产品价格波动可能增大、农产品流通问题可能凸显和国家对特定生产者或消费者的补贴政策执行存在困难等突出问题。在保护生产者基本经营收益上，农产品目标价格制度与粮食最低收购价和重要农产品临时收储制度相比，没有什么本质的不同，主要的差异是政府行为发生变化，要引入和界定补贴的具体条件、对象、价差、数量、流程等，对农产品流通配套体系建设和规范化管理的要求更高，对农业支持保护的方式更加深化和细化，财政补贴从隐性（价内补贴）走向显性（价外补贴）、从不确定走向确定、从难以控制走向可控。

三是深化改革创新，将建立农产品目标价格制度与健全市场体系、完善市场服务结合起来，保留临时收储、改造临时收储，实行财政、行政与社会改革相结合，建立票证管理系统，促进企业参与，合理引入条件，不断完善制度设计内容，发挥这种制度在解决市场机制所不能解决的失灵问题以及政府在解决问题过程中存在的失灵问题的特殊而重要的作用。

(二) 以目标价格制度为基础，整合农业补贴资金

引入农产品目标价格制度后，如果制度设计完善，在制度组织实施过程中将产生一系列与农业生产发展和农产品市场交易有关的比较系统而完善的调查统计数据和信息，这些数据和信息是国家调整优化农业生产结构、促进农业发展方式转变和合理配置农业支持保护资源的最重要的客观依据。在实践中，要以建立农产品目标价格制度为契机和基础，探索整合各种农业补贴资金，将各种农业补贴资金集中起来用于农产品目标价格补贴，发挥市场机制在资源配置中的决定性作用，解决市场机制所不能解决的失灵问题以及政府在解决问题中所存在的失灵问题，提高国家农业补贴资金作为一种稀缺资源使用的效率、效益、公正性与合理性，确保农业支持保护政策执行的结果与政策设计的目标保持一致。

在补贴资金确定上，要将财政补贴资金列入年度预算，中央财政出基本支出，地方出补充支出，建立由基本补贴资金与必要的工作经费补助组成的总体资金保障机制，同时将总量资金和农户补助分开管理，总量资金实行资金计划、资金拨付，农户资金以生产数量和销售数量以及参加制度情况为依据，按照当年收购季节社会平均综合差价标准，实现定额补贴、差额补贴和限额补贴。

在补贴操作方式上，由国家财政每年在预算内拨出一定专款，同时促进相关主体配套投入，建立专项补贴基金，用于专门提供农产品目标价格补贴。国家建立针对符合政策法规要求的特定生产者和符合政策法规要求的特定消费者的生产统计、交易统计和价格统计及详细的农产品市场价格调查统计报告制度，每年根据农产品市场运行实际情况和政策需要确定或调整农产品目标价格水平及实施条件，农业生产者补贴的对象是主产区符合规定条件的农民，补贴方式是实行差额

补贴、限额补贴与合约补贴，低收入消费者补贴的对象是最低生活保障对象和部分大中小学校等特殊单位中符合规定条件的人员等，补贴方式是实行差额补贴、限额补贴与合约补贴。

九、配套措施：法制化，资金拨备，经办系统，信息化

建立农产品目标价格制度的过程是一个系统工程，制度实施需要综合措施配套。在组织管理上，这些措施主要有推进法制化，实行依法治国和合约治理；进行及时足额的资金拨备，保障国家对参加者在发生市场损害时按照约定要求提供必要的补贴支付；建立高效的经办系统，降低管理成本，提高制度实施效率，确保补贴支付准确到位；以大数据为基础，不断积累知识，建立技术支撑；强化责任，对违规者实行重罚，实现激励相容，建立激励约束机制等。

（一）完善立法，制定国家专门管理条例

建立农产品目标价格制度涉及面广，关系千家万户的切身利益；时间性强，联系过去、现在和未来；利益复杂，关系消费者、生产者、加工企业、流通企业和各级政府的收支；责任重大，关系政府、单位和个人职责；社会关注，不怕钱少，就怕不公，不怕对的，就怕错的。解决问题的最重要途径就是实行依法治国和合约治理，要制定法律或国家专门管理条例，对制度的性质和内容框架进行明确而系统地规范。针对农业生产者申报工作的监督管理，要多部门和单位参与，农业部门检查土地承包和土地流转，统计部门检查农业面积和农业单产，地方政府（省级政府、县级政府、乡政府）和村级组织检查土地

边界、种植品种、播种面积和收获面积。针对农产品收购企业申报工作的监督管理,也要多部门和单位参与,粮食部门检查收购资格和数量,财政税务部门检查发票和税收,工商部门检查企业资格和信誉,金融部门检查资金,组织部门检查管理人员配置等。

(二) 建立基金,将补贴资金纳入财政预算

资金保障是建立农产品目标价格制度的条件。要实行收支两条线,在补贴资金的筹集上实行预算制度,每年进行资金拨备,在补贴资金的管理上建立专门基金或纳入粮食风险基金等进行管理,在补贴资金的使用上实行审批制度,按照规定管理程序从基金支付。

(三) 规范管理,建立统一高效经办系统

经办系统关系农产品目标价格制度能否有效落地实施。要实行规范管理,明确生产者、企业、代理人、管理者的责任,加强信息告知,实行违约处罚,建立全国统一专业经办系统,建立档案、报表和数据库,加强能力建设,提高经办效率,为监督检查提供客观依据。提高规范管理水平,像上海市土地征收管理实施办法一样进行严格管理,必要的时候追究责任,可申请法院强制执行。

(四) 技术支撑,建设现代信息化网络

信息数据是建立农产品目标价格制度的核心资源。要实行电子政务,推动电子商务,全面加强信息化工作,将所有管理数据、申报数据和工作数据规范化、标准化和电子化,建立全国统一规范、书面票证与电子数据相结合、以电子数据为基础、高效运行的基础数据管理信息系统和大数据库及农业数据共享平台,为科学决策和政府加强组

织、管理、服务提供技术支撑。

(五) 违规重罚，从重处罚参与者违规行为

强化责任是建立农产品目标价格制度的组织保障。要实行参与制管理和合约治理，明确所有制度参与者的重要责任，不参与者没有责任，但一旦参与，就要坚守诚信，严格遵守制度规定，对自己的参加行为负责，对违规行为要承担处罚责任。加大监督检查、纪检监察，建立违规行为有奖举报制度。实行举报必查，违者必究，一旦查实，不仅在经济上从严从重处罚，而且可从行政上和刑事上追究责任。在处罚方法上，对于申报信息不实特别是故意虚报冒领补贴资金等违约违规行为，可以按照抽查比例和数据差错比例区域总体进行推算核定损失，由违规者承担区域损失全部经济责任，并在全社会进行公开通报，纳入社会诚信监督管理体系登记备案。对于存在合谋欺诈、失职渎职、贪污受贿等违法犯罪行为的，要依法追究刑事责任。

第八章
对降低农产品目标价格制度
操作成本的政策建议

　　2015年中央1号文件提出，要总结新疆棉花、东北和内蒙古大豆目标价格改革试点经验，完善补贴方式，降低操作成本，确保补贴资金及时足额兑现到农户。农产品目标价格制度的操作成本是政府在引入农产品目标价格制度过程中开支的各种相关的组织管理服务成本费用的总称，是实施农产品目标价格必然要发生的重要支出，是国家农业支持保护支出的重要组成部分。在制度实践中，大力降低这种成本是重要而必要的，但由于现实社会中农业生产经营情况和个人行为的复杂性，这种成本也并非越低越好，而是要科学、合理、适度和可控。降低农产品目标价格操作成本的过程决定于一系列的前提条件和隐含假设，是一连串的行动和一系列措施的组合。降低操作成本的基本思路是全面系统深入考虑制度实施影响因素，推进重大决策科学化，提高制度设计水平；推进制度形式法治化，明确申报补贴的基本农户和农业生产经营单位在提供信息数据上是第一责任人，实行"假一罚十"；推进操作成本公开化，引入申报者缴费机制；推进数据采集处理电子化，建设强大的基础数据；推进经办服务网络化建设，提高制度运行效率；推进监督管理协同化，建立数据失真自动报警及责任追查追究系统。在中国建立农产品目标价格制度的过程中，建议要改革创新政策组织形式，从源头上降低制度操作成本；引入申报缴费机制，调整优化政府组织管理服务内容；加强现代化信息技术支撑，建设高效运行的农产品收购票证管理系统和农业数据共享平台。

一、提高对农产品目标价格制度操作成本的认识

（一）操作成本是农产品目标价格制度实施成本的重要组成部分

在建立农产品目标价格制度的过程中，整个制度的实施成本由两个部分组成，一个是直接补贴，即政府及相关机构对符合条件的农民或低收入消费者提供的财政直接补贴支出；另一个是操作成本，即政府及相关机构在制度的设计修改、宣传推广、组织管理和提供服务过程中所发生的各种相关组织、管理、服务等成本费用。操作成本是实施农产品目标价格制度必然要发生的重要支出，是国家农业支持保护支出的重要组成部分。从国内外实施农产品目标价格制度的情况看，操作成本是一种很大支出。在美国，这种成本是显性的，除了制度的设计修改由国家财政直接支出外，每个申请参加农产品目标价格制度的人每年都必须缴纳100美元，专项用于制度的组织、管理和服务等。在我国，目前这种成本主要是隐性的，相关支出主要由政府直接从财政列支。从上海农产品目标价格保险制度实施的情况看，根据多年来的经验测算，操作成本大体上要占整个制度实施成本的30%，否则保险公司是亏损的，以至于难以承办。

（二）降低操作成本是重要而必要的，但操作成本并非越低越好

在建立农产品目标价格制度的过程中，大力降低操作成本是非常重要的而且是必要的，但这种成本也不是越低越好，而是要科学、合理、适度和可控。基本原因是只要建立和实施制度，就会带来操作成本。农产品目标价格制度实施的出发点和落脚点不是物而是人，目标函数是为了建立一种合理的社会秩序，实行问题导向，致力于在有限政府框架内解决市场机制所不能解决的在利益分配上的失灵问题以及与此相关的政府的失灵问题，具体内容主要是由政府代表国家针对从事商品生产的特定农业生产者所建立的一种农产品市场损失补助制度。准确地说，这种制度建立的目的不是解决物的问题（促进物的增长或投入的节约）或农业技术问题，而是解决人的问题或商品农产品生产者市场损害的利益补偿问题（平衡农产品生产者与农产品消费者之间的利益关系以及低收入消费者与普通消费者之间的利益关系）。这种制度实施的环境不是简单假定的数学社会，而是多元化、多样化和多形态的现实社会，不仅现实社会中农业生产经营情况是复杂的，而且任何个人的行为是复杂的，都可能既有生产性努力，也有分配性努力（见表 8-1）。

政府在制度中的基本角色是一个中间人或公共管理服务者，为了保证制度设计的目标在现实社会中顺利落地并有效实现，有必要对制度在实施过程中各种可能的隐含假设条件进行严格界定，操作成本不可能为零或者越低越好。否则，由于制度规定及操作上的过于简化或片面简化，政策实行效果会大打折扣甚至南辕北辙，如将不应获得补贴的变为获得补贴，或者将应获得补贴的排除在实际补贴之外，或者将应多获得补贴的变为少拿补贴，或者将应少获得补贴的变为多拿补贴等，导致政府稀缺资源使用出现错配，扭曲社会分配秩序，导致社会不公平乃至激化社会矛盾。

表8-1　政策落地的现实社会与简单假定的数学社会的比较

制度安排	简单假定的数学社会	政策落地的现实社会	政策落地的现实社会与简单假定的数学社会差异的根源	政策含义
补贴核算与土地面积挂钩	土地面积就是一个数字，数据申报准确	多种可能的土地面积，数据会尽可能多报	有土地不一定有实际种植及农产品市场损失，土地本身有不同权属、等级、大亩、小亩等，有补贴人就有多报的动力	将土地面积作为补贴依据需要合理引入条件，进行严格界定，必然就有操作成本
补贴核算与种植面积挂钩	种植面积就是一个数字，数据申报准确	多种多样的种植面积，数据会尽可能多报	农业种植方式有单作、间作、套作、轮作等多种，有补贴人就有多报的动力	将种植面积作为补贴依据需要合理引入条件，进行严格界定，必然就有操作成本
补贴核算与实际产量挂钩	实际产量就是一个数字，数据申报准确	多种多样的产量，数据会尽可能多报	农产品产量有优质产品量、低质产品量、无效产品量等多种，有补贴人就有多报的动力	将产量作为补贴依据需要合理引入条件，进行严格界定，必然就有操作成本
补贴核算与实际销量挂钩	实际销量就是一个数字，数据申报准确	多种多样的销量，数据会尽可能多报	农产品销量有优质销量、低质销量、质量不同投入悬殊等多种，有补贴人就有多报的动力	将销量作为补贴依据需要合理引入条件，进行严格界定，必然就有操作成本
补贴核算与实际价格挂钩	实际价格就是一个数字，数据申报准确	多种多样的价格，数据会尽可能低报	农产品价格有优质优价、低质低价、不同地点不同价格等多种，有补贴人就有低报的动力	将价格作为补贴依据需要合理引入条件，进行严格界定，必然就有操作成本

(三) 降低操作成本的过程决定于一系列的前提条件和隐含假设

在建立农产品目标价格制度的过程中，降低操作成本决定于一系列的前提条件和隐含假设，既是一连串的行动，也是一系列措施的组合。降低操作成本的前提条件是这个制度的内容和形式本身在设计上是正确的、科学的和合理的，隐含假设是政府具备较强的财政可支付能力、行政可管控能力和先进技术手段支撑，可以对符合规定条件的申请者按约定标准进行农业补贴并及时有效地纠正补贴过程中的各种偏差，而唯一的问题是所谓的操作效率以及成本高低问题等。不同的制度所隐含假设的条件内容是不同的，人们不能简单抽调其背后的隐含假设条件而对其操作成本进行简单评价。换言之，制度操作成本不是独立的，而是因制度而异的，要降低制度操作成本，首先应联系其政策目标，考察制度本身的性质、类型及其内容形式的正确性、科学性和合理性，然后在此基础上对操作成本的科学性、合理性、适度性和可控性进行评价，探讨降低操作成本的有效途径。

二、降低农产品目标价格制度操作成本的基本思路

(一) 注重推进重大决策科学化，提高制度设计水平

科学的制度设计和重大决策优化是降低操作成本的重要前提。制度设计的基本要求是科学，基本出发点和落脚点是人，科学性关系全局长远，核心是要从根本上解决问题。一个在设计上存在失误或缺陷的制度，对很多现实因素考虑不足以至于很难落地，或很难高效率地执行，或者一进入实际操作就会出现迂回、停滞、再研究和再决策，不仅可能会给制度本身的运行带来系统性风险，出现政策被误解或误读或反读，结果各方都不满意政府的行为，导致政府出力不讨好，而

第八章 对降低农产品目标价格制度操作成本的政策建议

且可能对社会的良性运行造成很大的危害,出现政策实施浪费资源甚至政策实施效果刚好是相反的。一个在设计上比较好的制度,强调重大决策科学和政策顶层设计,是考虑现实社会因素比较多、各种变量设置全面而完整、能应对多种不确定性及变化的制度,是从长计议、着眼长远、能长期保持稳定运行的制度,是立足现实社会、直接面对个人(包括自然人和法人)、能统筹个人责任和个人权利的制度,是连接投入产出、市场均衡、能平衡人与人利益关系的制度,可以大幅度降低迂回成本,减少政策实施结果的不确定性。

2014年在我国棉花和大豆目标价格制度试点中,中央对棉花和大豆目标价格政策的解释说明就非常简单粗糙,比如在价格中没有明确说明产品品种、质量标准、交易地点、价格计算方式特别是加工成本考虑等条件,在补贴中没有说明财政资源的有限性约束或限额性,导致在政策落地过程中出现难题,国家花了大价钱但很多地方及农民还很不满意。从实践来看,目前上海、张家港等实行的绿叶菜和北京实施的生猪目标价格保险合同就是一种设计比较科学的制度,对各种制度参加者所能享受的权利及其条件和所承担责任的范围、相关程序和法律责任等进行了详细规定,尽管合同的内容比较复杂,但在合同签署后,操作成本是相对较低的,也非常有效,是农产品目标价格补贴制度设计可以借鉴和参考的重要方式。在实行农产品目标价格制度过程中,制度建设的核心目标是从公共管理的角度出发,从根本上解决问题,致力于在有限政府框架内提供公共产品或平台产品,实现特定的政策目标,防止稀缺资源错配以及使用浪费,要对所有影响因素进行统筹考虑并在内在逻辑一致的框架内解决问题,建立市场平衡机制。

(二) 注重推进制度形式法治化，实行"假一罚十"

严格的法治约束和违规责任追究是降低操作成本的重要保障。法制是现代文明成果，法治的含义不只是政府以法律来治理国家，而是政府本身要遵守法律并要在法律的约束下办事，任何人的权利都是有限的或有条件的，任何人违法都可进行责任追究，从而建立稳定运行的良好秩序。引入法治的重要内容是将政策形式从文件式转变为法案式，界定和保护产权，明确产权背后的条件和责任，提高对申请补贴者和政府等各种参加者的约束力；明确申请补贴者是制度实施的第一责任人，要对自己的申报行为承担法律责任，从源头上提高申报信息数据的准确性；明确政府要严格按照规则办事，将规则制定完善而严谨，保护参加者各方的合理权利，明确权利条件并严格追究违约者的责任，先说清、后不乱，实行"假一罚十"，建立和形成长期稳定运行的良好社会秩序，从整体上降低制度操作成本，特别是从源头上预防和控制人们进行不合理的分配性努力及其所带来的成本费用。

实行法案式政策，从表面上看非常复杂，但实际上其综合效率很高，是节约成本的。引入法治后，一方面可以严格界定和保护产权以及界定和明确责任，明确制度内所有参加者包括各种补贴申请者和政府机构在内的各项权利及其相关的条件和所承担的法律责任，明确制度内的各种办事流程要求并使其规范化、标准化和定量化，建立良好而合理的组织运行秩序，既减少各种参加者个人行为的不确定性，也减少参加者按照制度办事后在行为结果上的不确定性；另一方面具有震慑效果，可大幅度减少乃至排除投机分子及其投机行为，控制道德风险，从源头上降低操作成本和提高制度效率，特别是在出现参加者违约事件后，可以利用国家司法系统的公共资源来协调解决人的矛盾和追究责任，提高处理制度内矛盾和冲突的层次及专业化水平，更好地保护各种类型参与者包括政府的合理权利，同时也分解制度运行负担。

（三）注重推进操作成本公开化，引入申报者缴费机制

公开的信息披露和引入申报缴费是降低操作成本的重要手段。公开是高效管理手段，公开后可以统一思想和协调行动，特别是暴露问题、防控寻租和解决问题。最重要的公开首先是要向老百姓说清楚国家是在有限政府框架内做事，政府可用于补贴的财政资源是非常稀缺的，这种补贴资源不是天上掉下来的，在本质上是一种转移支付，是一种限额补助。一定要将制度设计及实施背后的基本经济学原理和决定农产品目标价格标准及个人补贴支付数量的四大因素全部向社会公开，同时实行谁受益、谁负担，引入申报缴费机制，将制度操作成本从隐性化改为显性化，推进制度组织管理服务工作的专业化、规范化、标准化和高效化，为严格控制和不断降低操作成本提供可行途径。以引入申报缴费机制为核心，实行信息公开后，不仅可以利用大众媒体进行正确的政策宣传从而大幅度降低制度咨询解释成本，将制度隐含因素显性化，促进人们提高思想认识，特别是提高人们对制度操作全过程和各种影响因素的认识；而且还可以完善社会监督机制并加强对参加者投机及违法行为的约束，加强申报责任，保护申报者权利。此外，还可以引导和促进农业商品生产和规模经营的发展，排除自给自足人员和投机分子对制度运行的干扰。

对农民而言，参加农产品目标价格制度是一种必要的投资或保险，需要由农民承担相应的组织管理服务成本。因为政府在制度中的合理角色是一个中间人或公共管理服务者，代表消费者为遭受农产品市场损失的农业生产者及低收入消费者分解负担、提供限额补贴。这种补贴是有操作成本的，最低不可能为0，因为这种操作由人来组织管理服务的，这些人在工作中不仅需要成本费用，还需要处理信息不对称以及道德风险等问题。这些工作包括对所有补贴申请者进行登记管理、监督检查、明确权利责任和信息化数据处理等。从操作成本的角度看，对每位申请者的要求以及相应的工作流程是一样的，每个申请者都需要保证支付一定的基本费用；同时，农业经营规模越大的，登记信息越复杂，信息核查以及信息处理工作量将更大，所要求的组织管理服务成本也越高。在制度设计上，可以对不同经营规模的申请者在缴费上实行区别对待，比如申请者每年基本缴费100元、申报农业经营规模超过100亩的每增加1亩增加1元等。实行这种制度安排，农业经营规模越小的，平均每单位经营规模的申报费用相对越高，对促进农业经营规模的发展具有引导和促进作用。

（四）注重推进数据采集处理电子化，建设强大基础数据

数据的规范采集和统一电子化处理是降低操作成本的重要基础。数据是精确管理工具，也是模块化管理工具，数据的规范化、标准化、大规模采集和电子化处理应用是现代科技发展的重要成果。数据的重要特点是可以长久保存并不断积累和完善，可以将复杂的社会问题进行逐一分解而又按照内在一致的逻辑统一地进行解决。数据有文本、数字和图片等多种形式，在进行规范化和标准化处理以后，所有数据都可以电子化，很容易保存、传输和使用，成为可以快速进行横向和纵向分享、比较、汇总、统计、分析、报告、跟踪监管的定量信息。从发达国家的经验来看，全面引入数据并将数据电子化处理，是政府进行社会经济管理的重要手段。美国联邦政府实行的个人所得税制度，深入到城乡居民家庭，可以按照家庭的不同类型以及收入的不同水平进行征缴并引入社会调节因素，是以数据及其电子化处理为基础

进行管理运行的。美国联邦政府实行的基本社会养老保障制度，尽管没有为个人建立个人账户，但在核算个人退休待遇方面超过了个人账户的效果，主要原因也是美国建立了针对个人基本养老缴费的强大基础数据并以此为依据进行精确核算和科学管理，实现了多劳多得、少劳少得和不劳不得。

在建立农产品目标价格制度过程中，通过建立全面、系统、详细、完善的关于农户家庭及农业生产经营单位身份信息、农业生产投入和农产品市场交易的基础数据，形成农业大数据库，可以用于精确分析比较个体情况、跟踪了解个人行为特点并进行长期积累，为政府实行科学的公共管理服务提供最客观的依据。

（五）注重推进经办服务网络化，提高制度运行效率

网络的开发利用和建立工作平台是降低操作成本的重要支撑。网络是高效工作平台，重要特点是高科技支撑和业务流规范整合。引入网络工作平台后，可以大幅度提高数据采集、传输、处理、报告和分享能力，能够及时对参加对象的行为进行实时监测、发现问题、分析问题和处理问题。目前我国在政府公共管理服务方面对电子信息网络开发利用非常有成效的一个管理信息系统是金税工程。

1994年以来，我国启动建设金税工程，通过吸收国际先进经验、运用高科技手段、结合我国增值税管理实际，设计建立了一套高科技管理系统，形成了由一个网络（从国家税务总局到省、地市、县四级统一的计算机主干网）和四个子系统（覆盖全国增值税一般纳税人的增值税防伪税控开票子系统、覆盖全国税务系统的防伪税控认证子系统、增值税交叉稽核子系统和发票协查信息管理子系统）构成的完整增值税管理监控系统的基本框架。目前这一工程已经进入三期开发，

总体目标是根据一体化原则，建立基于统一规范的应用系统平台，依托计算机网络，总局和省局高度集中处理信息，覆盖所有税种、所有工作环节、国地税局并与有关部门联网，包括征管业务、行政管理、外部信息、决策支持等四大子系统的功能齐全、协调高效、信息共享、监控严密、安全稳定、保障有力的税收管理信息系统。根据国家税务总局的统一部署，重庆税务局作为全国地税首家金税三期试点单位，于2013年2月正式上线运行金税三期工程核心征管、个人税收管理、决策支持1包和外部信息交换等软件。在建立农产品目标价格制度过程中，金税工程建设成果是可以利用的。不仅如此，近年来，财政部以及农业部等在对农户进行财政直接补贴工作过程中也建立了一套专门的农业补贴管理系统。

在建立农产品目标价格制度过程中，可以开发利用这些电子信息网络及管理信息系统建设的成果，要以国家金税工程、财政农业补贴信息网络为基础并进一步创新完善、拓展系统服务领域和提升系统服务功能，建立高效的农产品目标价格补贴申请者及相关信息的数据填报规范明确、申报、传输、统计、分析、报告、预警、报警的现代化计算机网络、管理信息系统以及工作平台，大幅度提高数据采集、处理和修正的工作效率，支撑农产品目标价格制度的高效运行。

（六）注重推进监督管理协同化，建立责任追查机制

协同的部门参与和加强监督管理是降低成本的重要抓手。协同是监督管理利器。引入协同，在管理上具有奇特效果，特别是能为提高整个制度运行的各种信息数据的质量提供支撑，通过多部门参与协同和建立数学模型，及时有效发现个人申报数据中的失真、虚假、差错等现象并据此进行报警、及时检查、修正补充和追查责任，可以大幅

度减少投机寻租行为，完善激励约束机制。基本原理是农产品目标价格补贴是针对农产品市场损失的补偿或救助，而农产品市场损失的出现是与农业生产经营全过程或投入产出联系在一起的，需要用水及交水费，需要占地及具备土地利用手续，需要购买种子化肥及接受农业科技服务，需要基础设施建设及推进基本建设，需要咨询农产品价格及统计价格信息，需要财政参与进行保险等，相关数据之间具有内在逻辑关系，通过建立申报数据之间的相关性就可进行预警和报警。

比如，申报了种植面积，就可能需要缴纳水费，依据水费的缴纳情况可以发现种植面积数据的准确性并追查责任；申报了农产品销量，就需要有种植面积和农产品产量，依据当地农产品单产水平的数据以及购买农产品一方的数据，就可以发现销量数据的准确性并追查责任。新疆阿克苏地区在2014年实行棉花目标价格制度过程中，由于农业生产者申报棉花种植面积的增加并经过核查属实，当年农业用水缴费从6000万元增长到7000万元，增加了1000多万元。

在建立农产品目标价格制度过程中，可以利用水利、国土、农业、发改、财政等各部门之间的分工合作关系和各种数据之间一定的逻辑关系，自动查找各种调查统计数据的失真并建立数据失真责任追究机制，与实行法案式政策相结合，通过严格追究参加者违规违法行为的责任，引导和促进参加者自觉遵守诚信原则，提高补贴资金使用的精准性。

三、对降低农产品目标价格制度操作成本的几点建议

（一）改革创新政策组织形式，实行依法治理和合约治理，从源头上降低制度操作成本

要改革和创新我国农业支持保护政策的组织形式，落实党的十八

届四中全会和 2015 年中央 1 号文件精神，加强政策法治化建设，推进政策的组织形式从文件式转为法案式，通过对农产品目标价格制度的政策设计、组织实施、监督检查和修改完善的整个过程进行统筹考虑和系统优化，从降低制度操作总成本入手，着眼于长远和全局设计制度，深入考虑现实社会各种影响因素，减少制度内容在实施过程中本身的迂回、冲突、再研究和再决策，实行依法治理和合约治理，加快提高公共政策设计和组织实施的水平。

与传统管理方式不同，依法治理和合约治理的基本思想是对参加者充分信任，但实行高标准、严要求、强自律，将政策要求规范化、严密化和合约化，形成详细的操作性标准，标准就是法律，一旦违反标准或不按标准办事以及与标准有偏差和差错，就要严格追究责任，实行从重处罚，包括"假一罚十"以及按照概率进行处罚等，从而保证制度实施的有效性。

在实践中，就是要将以政府为主进行调查统计的多级核查体制转变为"制度充分信任尊重参加者 + 制度详细约定参加者责任、权利、标准 + 申请者严格自主申报 + 政府机构分类抽查 + 违约违规重罚"机制。具体方式上，可以参考上海市、张家港市实行绿叶菜成本价格保险制度和北京市实行的生猪价格指数保险制度的经验，将农产品目标价格补贴制度设计为一种具有法律约束力的完整合同。这种合同的性质为限额交易合同。在合同中，要明确政府所承担的保障农产品市场供应、促进农业生产稳定发展、保护农业生产者基本经营收益、安排并支付必要的财政补贴资金、帮助农民及低收入消费者分担农产品市场损失的责任、条件、限额和市场平衡方式，明确目标价格补贴申请者的条件、责任、权利、参加流程以及违约行为处罚和责任追究机制等。这种合同经过法定程序就成为公共政策法案，具体以国家法律或国务院条例等形式公布实施,在实施过程中体现先说清、后不乱、依法办事、高效运行和内在平衡。属于政府违法的,参加制度的基本农户和农业生产经营单位可以依法在法院起诉维护自己的合理权利;属于基本农户或农业生产单位虚报信息或违法的,政府可以依法进行经济处罚、行政处罚以及向法院申请强制执法,从而大幅度提高财政补贴资金作为一种稀缺资源的使用效率,从源头上降低制度操作总成本。

(二)引入实施申报者缴费机制,实行谁受益、谁投入,调整优化政府组织管理服务内容

要引入和实施申报者缴费机制,通过将制度操作成本从隐性化改为显性化,从成本内生化入手发现成本、规范成本和管控成本,探索引入市场机制,积极拓展降低操作成本的新途径。具体可以参考美国对农业补贴申请者按照每人(户)每年为100美元的申报费标准进行收费,以及上海市、张家港市实行绿叶菜成本价格保险制度和北京市实行的生猪价格指数保险制度中农民需要承担10%~20%的保险缴费的做法。在建立农产品目标价格补贴制度中,明确设定为每人(农户或法人)每年的申报费为100元(人民币)以上;具体标准是申报种植面积在100亩以下的,申报者缴费最低为100元(人民币),相当于一个从申报到领取补贴的整个管理流程的最基本成本;申报种植面积在100亩以上的,申报者缴费为每亩1元(人民币)或者申报种植面积每增加1亩申报费增加1元(人民币)。

建立申报者缴费机制后,缴费要实行专款专用,由补贴申请者在办理农业生产证明的过程中最后获得证明之前缴纳,由负责经办服务的专业机构进行管理,专门用于对农产品目标价格补贴的所有申请者进行登记备案,申报的数据图片信息等规范化、标准化、电子化并上网运行，发放全国统一编号、规范和标准化的农业生产证明，明确申请者的权利和法律责任。加强正确的宣传引导，提升普通老百姓对现代社会和现代国家性质的认识，明确国家是在有限政府框架内办事、办有限的事，也要将有限的事办好和办到位，理解政府在制度中的角色，将制度操作的全过程规范化、标准化、优化、量化和责权一体化，探索政府公共管理服务专业化、社会化和市场化。在有条件的情况下，可以实行公共服务外包，引入市场竞争机制，以降低操作成本。

（三）大力加强科学技术支撑，实行电子化操作，建设现代化的农产品收购票证管理系统和农业数据共享平台

要建立和完善高效运行的计算机管理信息系统，引入高科技，从成本优化入手，节约成本，寻求成本替代，减少差错和提高监督管理效率。通过加强管理信息化建设、强化科技支撑、实行电子政务，建设集农户及农业生产经营单位基本信息申报登记核查、农业生产情况申报登记核查、农产品产量情况申报登记核查、农产品交售情况申报登记核查等数据信息为一体的农业数据共享工作平台。具体可以由国家财政和税务部门牵头，以国家金税工程、财政农业补贴信息网络为基础并进一步创新完善，多部门参与、分工、合作、协同、拓展和提升，建立和完善全国统一、规范运行、内容完整、电子网络和书面票证相结合、以电子数据为基础、高效运行的农产品收购票证管理系统、农业商品生产者信息申报登记系统和农业数据共享平台，建设形成关于农业基础数据的大数据库和相关的调查统计监测机制、数据失真自动报警系统以及参加者违约违规责任追查追究系统等。

现代化的农产品收购票证管理系统和农业数据共享平台，是一种重要的制度基础设施，也是一个高效的管理信息系统。以这个系统和

平台为支撑，要从制度和技术上统筹优化业务经办服务流程和监督管理流程，大幅度节约申报者数据采集处理、汇总统计、调查核实和补充修正等工作量及控制工作中的偏差，同时引入现代抽样统计技术，对整个基础数据质量和数据总体特征进行科学分析，及时发现问题、追查问题、修正数据和提高数据质量。以此为基础，与实行法案式政策相结合，明确申报补贴的基本农户和农业生产经营单位在提供信息数据上是第一责任人，实行"假一罚十"，强化责任追究，大幅减少政策实施中的重复劳动、低效劳动以及无效劳动（矛盾冲突），大幅提高政府组织、管理、监督、服务工作的效率和水平，从技术上确保制度设计目标的实现和操作成本的降低。

致谢
Thank

　　研究农产品目标价格制度建设问题任务光荣，责任重大。随着中国社会经济从挤压式追赶型增长转向成熟稳定型发展，最需要转变和加强的是要在一些关系全局和长远的基本制度建设上实现突破。农产品目标价格制度就是这样的制度之一，它覆盖城乡，连接农业、农村和农民，关系过去、现在和未来，涉及经济发展、社会建设和政治文明，组合资金保障、合约治理和技术支撑。设计好、执行好和发展好这个制度对于充分发挥市场在资源配置中的决定作用，更好地发挥政府作用，解决市场机制所不能解决的在利益分配上的失灵问题，以及与此相关的政府在解决问题中的失灵问题，意义重大。

　　本书内容是国务院发展研究中心副研以上招标课题"引入农产品目标价格制度的理论、方法和政策研究"的综合研究成果。该课题主持人和负责人为秦中春，课题参加人为国务院发展研究中心农村经济研究部潘耀国研究员，江苏省粮食局陈杰局长，江苏太仓市委王永林常委，北京市农业委员会王修达委员、博士，北京市农业委员会研究室王鹏翔副处长、博士，中国储备粮管理总公司办公厅胡素全副主任，北京市东方戴瑞乳业信息咨询有限公司豆明总经理、陈联奇主编，中国人民大学农业与农村发展学院博士生张璟等。在课题研究过程中，曾经向中央财经工作领导小组办公室韩俊副主任、国务院发展研究中心张军扩副主任，农村经济研究部叶兴庆部长、刘守英副部长和何宇鹏副部长，国际合作局程国强局长，农业部政法司张天佐司长、农业部经管司张红宇司长等进行了请教；曾经到北京、上海、江苏、黑龙江、吉林、辽宁、新疆等省区市进行实地调研，曾经委托北京市东方戴瑞乳业信息咨询有限公司进行过专题研究；曾经向新疆维吾尔自治区党委、政府及农办的领导和同事们进行专门请教和交流，在此一并表示衷心感谢。

　　本书内容由秦中春执笔，书中的观点是课题组从学术研究角度独立提出的，仅供学术界和政策制定领域参考。由于时间短和能力有限，一些分析可能有不当之处，文字上也难免存在疏漏，欢迎各位专家学者批评指正和不吝赐教。

作　者

2015年6月

参考文献 References

[1] 百度百科：市场，http：//baike.baidu.com/view/9165.htm

[2] 百度百科：市场机制，http：//baike.baidu.com/view/131351.htm

[3] 百度百科：政府，http：//baike.baidu.com/view/78407.htm

[4] 百度百科：政府机制，http：//baike.baidu.com/view/10392878.htm

[5] 程国强．我国粮食价格支持政策效果与调整思路研究．国务院发展研究中心招标课题报告，2013

[6] 程国强．中国工业化中期阶段农业补贴制度与政策选择．国务院发展研究中心招标课题报告，2011

[7] 蔡东丽，谢加书．论罗斯福新政时期的农业立法．安徽农业科学，2008（27）

[8] 崔小年，乔娟．北京市政策性生猪保险调查分析．农业经济与管理，2012（3）

[9] 戴冠来．粮食目标价格的地位和作用．中国物价，2009（10）

[10] 戴冠来．确定粮食目标价格的一些思考．价格理论与实践，2009（10）

[11] 广东省价格协会课题组，文武汉．建立广东稻谷目标价格政策研究．市场经济与价格，2010（1）

[12] 国务院发展研究中心课题组．中国新农村建设推进情况总报告——对17个省（市、区）2749个村庄的调查．改革，2007（6）

[13] 国务院发展研究中心"中长期增长"课题组，秦中春执笔．到2023年中国农业增长趋势预测．国务院发展研究中心调查研究报告，2014

[14] 国务院发展研究中心"中国近中期经济社会发展的特征、挑战与战略选择研究"课题组，秦中春执笔．中国未来十年农产品消费增长预测．国务院发展研究中心调查研究报告，2013年第58号（总4307号）

[15] 国务院发展研究中心"中国近中期经济社会发展的特征、挑战与战略选择研究"课题组，秦中春执笔. 中国未来十年农业生产增长预测. 国务院发展研究中心调查研究报告，2013年第59号（总4308号）

[16] 韩俊等."十二五"时期农村改革发展的基本思路与建议. 国务院发展研究中心调查研究报告，2010

[17] 韩俊等. 我国农村改革发展回顾与"十二五"时期主要预测目标. 国务院发展研究中心调查研究报告，2010

[18] 韩俊，秦中春. 我国农产品供求的基本格局与政策取向. 国务院发展研究中心调查研究报告，2009

[19] 韩俊，秦中春，张云华，陈波. 改革开放以来我国农村经济发展的若干重大变化. 国务院发展研究中心调查研究报告（专刊），2007

[20] 韩俊，秦中春. 我国新一轮生猪周期波动分析. 国务院发展研究中心调查研究报告，2007

[21] 胡兴盛，赵相禄，陈凤霞. 建议改进生猪保险理赔办法. 中国牧业通讯，2010（9）

[22] 胡文忠，杨汭华. 农户对生猪保险需求行为的实证研究——以北京市为例. 农业展望，2011（2）

[23] 吉瑞. 农产品价格保险对农产品价格风险调控的影响及启示——以上海市蔬菜价格保险为例. 中国财政，2013（12）

[24] 姜亦华. 美、欧、日的农业补贴及其启示. 世界经济与政治论坛，2002（6）

[25] 吉林省物价局粮价课题组，李志隆，屈校民. 关于实行玉米目标价格政策的探讨. 价格理论与实践，2012（4）

[26] 吉林省物价局和吉林省价格协会粮价课题组，冯晓波，屈校民. 关于制定粮食目标价格问题的研究. 价格理论与实践，2012（5）

[27] 孔祥平，许伟. 关于建立粮食目标价格的几点思考. 价格理论与实践，2010（3）

[28] 孔祥平，许伟. 关于建立粮食目标价格的几点建议. 经济研究参考，2010（36）

[29] 廖楚晖，温燕. 农产品价格保险对农产品市场的影响及财政政策研究——以上海市蔬菜价格保险为例. 财政研究，2012（11）

[30] 李林茂，余耀明. 关于粮食目标价格的思考. 价格月刊，2011（4）

[31] 李传健. 关于我国农业补贴的经济学解释. 生产力研究，2007（19）

[32] 李长健，黄岳文，李昭畅. 利益机制视角下我国农业补贴制度的发展进路. 东北师大学报（哲学社会科学版），2008（2）

[33] 李超民. 美国70年来农产品立法与农产品常平仓计划的现实意义. 农业经济问题，2004（4）

[34] 李超民. 论美国新政"常平仓计划"受王安石经济思想的影响——兼与卜德先生商榷. 西南师范大学学报（人文社会科学版），2002（6）

[35] 李超民.《1938年农业调整法》与常平仓：美国当代农业繁荣的保障. 财经研究，2000（12）

[36] 李超民. 美国当代的"青苗法": 商品信贷公司. 世界经济文汇, 2000 (5)

[37] 李超民. 稳定农业生产, 借鉴、建立现代常平仓制度. 中国农村观察, 2000 (3)

[38] 李超民. 美国农业稳定的保障: 常平仓与《农业调整法》. 福建农业大学学报（社会科学版）, 2001 (3)

[39] 李超民. 中国经济思想史研究的意义: 以美国《1933 年农业调整法》为例. 济南大学学报, 2001 (1)

[40] 李超民. 思想、制度与启示: 中国古代常平仓思想的当代意义. 石油大学学报（社会科学版）, 2001 (6)

[41] 李超民. 王安石变法与美国 20 世纪 30 年代的新政. 西安交通大学学报（社会科学版）, 2001 (2)

[42] 李超民. 常平仓: 当代宏观经济稳定政策的中国渊源考察. 复旦学报（社会科学版）, 2002 (2)

[43] 李军. 西方经济思想的中国渊源——基于文献的初步回顾与总结. 古今农业, 2008 (1)

[44] 李勤昌. 美国农业保护制度的政治经济学分析. 东北亚论坛, 2010 (3)

[45] 李唐宁. 农产品价格指数保险加速铺开. 经济参考报北京报道, 2014－05－23

[46] 刘殿友. 生猪保险的重要性、存在问题及解决方法. 养殖技术顾问, 2012 (2)

[47] 刘勇, 李洋, 王波, 付亚萍. 我国生猪保险现状分析. 金融经济, 2009 (20)

[48] 刘刚, 侯晋封. 完善粮食补贴政策 实行反周期性粮食直接补贴. 宏观经济管理, 2008 (6)

[49] 刘俊颖, 刘瑞平, 陈晨. 目标价格合同激励模式及失效原因探究. 国际经济合作, 2009 (9)

[50] 刘树杰. 农产品价格调控: 政策目标与目标价格. 中国物价, 1997 (10)

[51] 马发生, 王爱明. 浅析美国新农业法案对农业支持政策的调整. 苏南乡镇企业, 2000 (9)

[52] [美] 阿瑟·刘易斯. 经济增长理论. 北京: 商务印书馆, 2010

[53] [美] 埃里克·弗鲁博顿, [德] 鲁道夫·芮切特著. 姜建强, 罗长远译. 新制度经济学——一个交易费用分析范式. 上海: 格致出版社, 上海三联书店, 上海人民出版社, 2010

[54] [美] 道格拉斯·诺斯, 罗伯斯·托马斯著. 历以平, 蔡磊译. 西方世界的兴起. 北京: 华夏出版社, 2009

[55] [美] 劳埃德·雷诺兹著. 微观经济学－分析和政策. 北京: 商务印书馆, 1982

[56] [美] 劳埃德·雷诺兹著. 宏观经济学－分析和政策. 北京: 商务印书馆, 1983

[57] [美] 约翰·R·康芒斯. 制度经济学. 北京: 商务印书馆, 1962

[58] [美] 约翰·R·康芒斯. 资本主义的法律基础. 北京: 商务印书馆, 2006

[59] [美] 约翰·奈斯比特著. 大趋势——改变我们生活的十个新趋向. 北京: 新华出版社, 1984

[60] [美] 奥利弗·E·威廉姆斯. 资本主义经济制度. 北京: 商务印书馆, 2007

[61] 秦中春. 中国粮食流通体制: 宜管? 宜导? 宜放? . 中国农村经济, 2003 (3)

[62] 秦中春．论全球农业商务的发展趋势及对我国农业发展的思考．中国农村观察，2006（3）

[63] 秦中春．2009 年农业农村经济形势分析．国务院发展研究中心调查研究报告，2009

[64] 秦中春．我国新型粮食储备体系的形成和特征．国务院发展研究中心调查研究报告，2009

[65] 秦中春．完善我国粮食储备制度．国务院发展研究中心调查研究报告，2009

[66] 秦中春．我国生猪市场运行新特点与建议．国务院发展研究中心调查研究报告，2009

[67] 秦中春．我国粮食市场形势分析与建议．国务院发展研究中心调查研究报告，2010

[68] 秦中春．我国生猪价格的变化趋势与政策选择．国务院发展研究中心调查研究报告，2013 年第 125 号（总 2119 号）

[69] 秦中春．我国粮食价格的变化趋势与政策选择．国务院发展研究中心调查研究报告，2013 年第 128 号（总 2122 号）

[70] 秦中春．探索建立生猪生产周期性损害救助制度．国务院发展研究中心调查研究报告，2013 年第 199 号（总 4448 号）

[71] 秦中春．未来 10 年中国部分农产品存在缺口．中国经济时报，2014 年 5 月 12 日

[72] 秦中春．应建立更完善的农业生产价格支持体系．中国经济时报，2014 年 6 月 12 日

[73] 秦中春．我国生猪市场调控的局限与对策选择．中国畜牧杂志，2014（12）

[74] 秦中春．科学理解农产品目标价格制度的内容．中国经济时报，2014 年 9 月 22 日

[75] 秦中春．农产品目标价格制度改革的方向．中国经济时报，2014 年 9 月 25 日

[76] 秦中春．新养老金经济学．北京：清华大学出版社，2014

[77] 邱天朝，尹磊．建立适合国情的农产品反周期补贴制度．中国科技投资，2013（8）

[78] 曲哲．蔬菜价格保险破冰．农经，2011（12）

[79] 上海安信农保试验蔬菜价格保险　破解菜贱伤农．21 世纪经济报道，2011 年 5 月 19 日

[80] 盛洪．现代制度经济学．北京：北京大学出版社，2003

[81] 盛洪．论投机和垄断．天津社会科学，1990（3）

[82] 徐雪高，沈贵银，翟雪玲．我国大豆目标价格补贴研究．价格理论与实践，2013（3）

[83] 孙占刚．2011 年上海蔬菜价格保险的调查及思考．中国蔬菜，2012（1）

[84] 孙靖帮，孔哲礼，张俊星．美国棉花补贴政策实施情况及对中国的启示．金融发展评论，2010（3）

[85] 王永春，王秀东．美国农业生产者补贴及其对我国的启示．农业经济问题，2008（S1）

[86] 王学增．加强政府对农业的支持与保护　推进社会主义新农村建设．中国乡镇企业会计，2008（3）

[87] 王茂丽，周德翼，周向阳．中美两国大豆政策比较分析．生态经济，2009（6）

[88] 王文涛．粮食目标价格和反周期补贴政策研究——基于市场化国际化背景下的分析．价格理论与实践，2011（12）

[89] 文武汉. 建立广东稻谷目标价格政策研究报告. 中国物价, 2010（1）

[90] 吴寒冰, 陈杰. 抓好夏淡蔬菜价格 保险保障绿叶菜市场供应. 上海蔬菜, 2013（2）

[91] 伍世安, 刘萍, 付兴. 论中国粮食目标价格的目标及测算: 以玉米为例. 江西财经大学学报, 2012（1）

[92] 伍世安. 关于粮食目标价格的再认识. 价格理论与实践, 2012（8）

[93] 吾际舟. 生猪保险中的问题及对策——访南京农业大学经管学院黄惠春博士. 中国猪业, 2008（5）

[94] 夏叶丹, 邹贤奇, 西爱琴, 曾维忠. 政策性生猪保险支付意愿及其影响因素分析——以四川省仁寿县、资中县为例. 四川农业大学学报, 2012（2）

[95] 颜华. 当前生猪保险条款问题剖析. 中国牧业通讯, 2007（22）

[96] 叶兴庆. 农产品价格"破顶"后市场调控应有新思路. 国务院研究室决策参考, 2013

[97] 叶兴庆. 应对农产品自给率下降的思路与建议. 国务院研究室决策参考, 2013

[98] 永康生猪保险咋叫好不叫座. 北方牧业, 2005（14）

[99] [英] H. 迈因特著. 复旦大学译. 发展中国家的经济学. 北京: 商务印书馆, 1978

[100] 于洋. 农户畜牧业生产风险与费率厘定实证分析——以盘锦市生猪保险为例. 广东农业科学, 2012（9）

[101] 赵汴. 优化我国政策性生猪保险制度的研究. 改革与战略, 2011（11）

[102] 赵英兰. 分配性努力对经济增长的制约与推动. 山东师范大学学报（人文社会科学版）, 2005（1）

[103] 张汉麟, 傅新民, 邓亦武, 何松森, 李众敏等编译. 美国2002年农业法专题研究. 北京: 经济管理出版社, 2005

[104] 张美玲. 安徽省蔬菜价格保险研究. 铜陵学院学报, 2013（3）

[105] 张跃华, 刘纯之, 利菊秀. 生猪保险、信息不对称与谎报——基于农户"不足额投保"问题的案例研究. 农业技术经济, 2013（1）

[106] 张千友. 粮食目标价格: 内涵、障碍与突破. 价格理论与实践, 2011（3）

[107] 张领先, 傅泽田, 张小栓. 基于农民增收的我国农业国内支持的结构优化. 系统工程理论与实践, 2007（4）

[108] 张哲, 和丕禅. 农业保护与农业支持辨析. 中国农村经济, 2002（1）

[109] 曾小琛, 李建奎. 生猪保险如何走可持续发展道路. 中国猪业, 2008（5）

[110] "清华三农论坛2015"举行 专家畅谈"三农"改革新思路. 中国经济网, http://www.ce.cn/xwzx/gnsz/gdxw/201412/30/t20141230_4233534.shtml

[111] 中华联合财产保险股份有限公司四川分公司农险课题组. 政策性农业保险 政府主导是关键——从中华财险资阳中心支公司生猪保险试点看政府主导地位. 西南金融, 2008（7）

[112] 周静文，李德. 苏州在全省率先启动粮食价外补贴政策. 新华日报，2009年11月28日

[113] 邹建铭. 绿箱补贴——财政支农政策的调整取向. 发展研究，2003（4）

[114] 邹妍. 大豆目标价格改革今年开始推进. 绥化日报，2014年10月11日

[115] 朱新法. 苏州率先告别粮食托市收购 推"价外补贴"政策. 新华日报，2013年9月12日

[116] Milton and Rose Friedman. Free to Choose, A Personal Statement. Harcourt Brace Jovanovich Press，1979.